Nils Heinrich

WIR HATTEN NIX, NUR UMLAUTE

Meine Kreisstadtjugend mit Systemwechsel

Rowohlt Taschenbuch Verlag

Originalausgabe
Veröffentlicht im Rowohlt Taschenbuch Verlag,
Reinbek bei Hamburg, Januar 2013

Umschlaggestaltung ZERO Werbeagentur, München
(Abbildung: © Thorsten Wulff)
Satz Kepler PostScript, InDesign, bei
Pinkuin Satz und Datentechnik, Berlin
Druck und Bindung GGP Media GmbH, Pößneck
Printed in Germany
ISBN 978 3 499 62963 1

Für Karl-Heinz Heinrich

Inhalt

Was ist da bloß passiert?

Herzlichen Glückwunsch. Sie halten ein Buch in den Händen. Ein Buch über die DDR, das Ende der DDR und über das Ende der DDR hinaus. Es ist weder eine DDR-Opfer-Biographie noch ein DDR-Ostalgie-Schmöker. Ich war einer von Millionen. Ich wurde nicht verfolgt. Ich wurde nicht abgehört. Niemand denunzierte mich. Ich war glücklicherweise weder im Heim eingesperrt, noch musste ich im Jugendwerkhof Kassettenrekorder für den Quelle-Versand zusammenlöten. Ich hatte ein durchschnittliches Jugendlichenleben in einer Otto-Normalverbraucher-Familie in stinknormalen Verhältnissen. Ich machte mit, wo es nicht anders ging, und ich duckte mich weg, sobald sich die Möglichkeit bot. Ich konnte nicht überallhin reisen, aber immerhin zu den Zielen, die meiner Familie im Rahmen der finanziellen Verhältnisse möglich waren. Sicher gibt es vieles, was ich über die DDR nicht weiß oder ganz anders sehe als andere. Manchmal lese ich mir die bizarren Diskussionen durch, die in Internetforen oder in YouTube-Kommentaren von verbohrten DDR-Verteidigern mit kompromisslosen Sozialismuskritikern geführt werden. Danach habe ich meistens Kopfschmerzen.

Die DDR war ein kleines Gernegroßland mit subventionierten Kindergärten in grauen Städten, günstigen und knappen Mietwohnungen in kaputten Häusern, luftgetrocknetem Suppengemüse, Schwefel zum Einatmen, genannt «Luft», und kostenloser medizinischer Versorgung.

Viel Zeit ist mittlerweile ins Land gegangen. Junge Menschen von heute höre ich fragen: «DDR? BRD? Was sind das denn für Dateiformate?» Oder: «BRD, klar, kenn ich, das ist die Abkürzung von Blu-ray-Disc. Aber DDR? Sorry, keine Ahnung.»

Und warum sollte das heute überhaupt noch irgendwen interessieren? Komplexe Fragen, einfache Antworten: Ich wuchs im Sozialismus auf, einer sympathischen Schnapsidee, die leider nicht funktioniert hat. Hätte man den Menschen damals ihr Ego wegoperiert oder alle Gehirne mit geheimnisvollen Strahlen behandelt, die Geiz, Gier, Neid und Missgunst unterdrücken, wäre vielleicht was draus geworden. Es wird aber immer Wichtigtuer geben, die darauf brennen, anderen ihren Willen aufzudrücken. Genauso wie es immer Duckmäuser geben wird, die willenlos dem hinterherlaufen, der am lautesten brüllt. Die Geschichte hält da einen Fundus voller Beispiele parat.

Die DDR schrieb man in der BRD, die sich selbst als Deutschland bezeichnete, nur in Gänsefüßchen. Heute heißt die DDR «Kaufland». Ihre chaotische Insolvenz fand vor verdammt vielen Jahren statt. Das Land brach komplett zusammen. Und mit ihm ein Gesellschaftssystem, das sich selbst für überlegen hielt, aber bei genauerer Betrachtung ebenso unperfekt ist wie der gute alte Kapitalismus. Der funktioniert auch nicht. Es sei denn, man legt ihm sehr starke Ketten an, hält ihn im Keller gefangen und knüppelt ihm pausenlos auf seine gierigen Fingerchen. Der Unterschied zwischen beiden Systemen besteht nur darin, vor welchen Läden sich die Menschenschlangen bilden: im Sozialismus vor der Bananenausgabestelle und dem Bettwäscheladen – im Kapitalismus vor dem Apple-Store und der Drogenberatung bzw. vor der Armenspeisung, wenn mal wieder ein Wachstumszyklus rum ist und alles zusammenkracht.

Ich durfte der DDR beim Sterben zuschauen. Live und ein bisschen in Farbe. Denn Farbe war ja Mangelware, das Credo des Ostens war Bescheidenheit. Credo im Westen war ein Deoroller.

Lediglich der verwöhnte Ostteil Berlins, offiziell «Hauptstadt der DDR» genannt, bot gefüllte Kaufhallenregale, eine zufriedene Hauptstadtbevölkerung und breite, repräsentative Boulevards. Für die Einwohner Ost-Berlins hat der Sozialismus aus Sicht eines DDR-Provinzlers nämlich sehr wohl und wunderbar funktioniert. Kein Wunder, dass die große Mehrheit der verhätschelten und immer bestens versorgten Berliner erst in den allerletzten Tagen des heißen Herbstes 1989 massenhaft auf die Straße ging. Die Berliner wollten beim Event namens «Unblutige Revolution», das in Leipzig Fahrt aufgenommen hatte, zum Schluss auch mit dabei sein. Galt es doch, an die Zukunft zu denken und die Kerze an die richtige Stelle zu stellen. Siehe Angela Merkel.

Berlin. Hauptstadt der DDR. Schaufenster des Ostens. Jährlich fanden dort schneidige Militärparaden statt. Schnittige Panzermodelle aus sowjetischer Produktion rollten über die kilometerlange schnurgerade Karl-Marx-Allee. Das DDR-Fernsehen war stets live dabei. Die dunkelgrünen Totmacher wurden vorgeführt, als wären sie brandneue Sommerkollektionen an affektierten Topmodel-Gazellen auf Pariser Fashion-Shows. Auf einen solchen hausgroßen Schützenpanzer mit Dieselmotor musste ein NVA-Soldat nicht mal halb so lange warten wie ein DDR-Zivilist auf einen Trabi, der ja erst achtzehn Jahre nach der Bestellung ausgeliefert wurde. Wer nicht weiß, was ein Trabi ist: Sein richtiger Name ist Trabant, er war einer der zwei viereckigen Pkws, die die volkseigene Automobilindustrie der DDR zusammenfrickelte. Das andere Würfelauto hieß Wartburg. Die Karosse des Wartburgs bestand aus echtem Blech, die des Trabis aus einem Kunststoff namens Phenoplast, einer Mischung aus Epoxidharz, Spucke und Altkleidern – ein Spitzenprodukt der stolzen ostdeutschen Chemieindustrie. Beide Pkws wurden von Zweitaktmotoren angetrieben und mit Gemischbenzin betankt, mit dem man bis heute Mofas und Kettensägen zum Schreien bringt. Beide Pkws stießen beim Fahren hochtoxische Abgase aus und erzeugten ein hysterisches Knattern. Das war nicht der Sound von Eleganz oder Schnelligkeit, das war der Gesang sich zur Wehr setzender Pferdestärken, die man zum Rossschlächter treibt. Jenseits von sechzig km/h klangen die rollenden Möbelstücke so, als würde man mit einem Pürierstab klingelnde Handys zerschreddern. Fahrspaß hört sich anders an.

Immer stärker verblassen die Bilder der Vergangenheit. Die Mauer ist ja fast schon wieder länger weg, als sie überhaupt stand. Wobei das mit der Mauer ja auch wieder so ein privilegiertes Berlin-Ding war. Als hätte die hochnäsige Bevölkerung dieser gepäppelten, im Rest der DDR gleichermaßen verhassten wie beneideten Kackstadt Berlin noch nicht genug in den dicken Hauptstadthintern geblasen bekommen, stand dort auch eine imposante, handwerklich akkurat hochgezogene, vorzeigbare wunderschöne Mauer. Eine berühmte Sehenswürdigkeit, ein Weltstar aus Beton. Vor dieser Mauer wurden sogar Musikvideos gedreht. Der Clip zum einzigen größeren Hit der englischen Band *Marillion*, *«Kayleigh»*, zeigt zum Beispiel den *Marillion*-Sänger Fish, wie er vor der Berliner Mauer auf und ab taumelt, natürlich auf West-Berliner Seite, und eine Perle namens Kayleigh singend um Verzeihung anfleht. Mit seinen fettigen Haaren und der abgerissenen Oberbekleidung sieht Fish kein bisschen aus wie ein berühmter Popstar, sondern eher wie ein depressiver Religionslehrer, den sie gerade aus der Kneipe geworfen haben. Warum ein Engländer, der miserabler frisiert und angezogen ist als ein Ostdeutscher, ausgerechnet vor der Berliner Mauer ein Liebeslied singt, ist mir bis heute unerklärlich. Vielleicht symbolisiert die Mauer seine Trennung von Kayleigh. Oder die ominöse Kayleigh soll ihm bitte endlich vergeben, sonst macht er es wahr und macht in den Osten rüber – und das kam in den Achtzigern nicht mal für hartgesottene Kommunisten aus der BRD in Frage. So fies sie den leibhaftig erlebten Kapitalismus auch fanden, im real existierenden Sozialismus mochte keiner von ihnen leben. Und wenn doch, dann nur, weil die DDR wie im Falle der untergetauchten RAF-Terroristen eine Art offener Vollzug mit lecker Kompott nach dem Mittagessen war, im Gegensatz zur einzigen anderen Alternative: Einzelzelle. Einigen gutgläubigen Träumern, die trotzdem voller Aufbruchstimmung den vermeintlich besseren deutschen Staat austesteten – dem Hamburger Wolf Biermann und einer Handvoll anderer Intellektueller aus Westdeutschland –, wurden ganz fix die Schattenseiten aufgezeigt. Ihr Traumland offenbarte ihnen seine muffig-faltige Fratze: gerontokratisch in Grund und Boden verwaltet von einer greisen Gang, die immer schon «dabei gewesen» war und Klassenkampf gegen die eigene Bevölkerung führte.

Vermutlich hat Kayleigh ihrem Fish angesichts seines Vorhabens umgehend vergeben, die Trennung rückgängig gemacht und ihn so für immer davon abgehalten, weitere Hits zu schreiben.

Der miserabel frisierte Achtziger-Jahre-Classicrockstar war nicht der Einzige, für den die Mauer eine gruslig-funktionale Kulisse abgab. Politiker aus aller Welt gaben sich vor der doppelten Trennwand des Kalten Krieges ein Stelldichein und wurden vor ihr für die internationale Presse abgelichtet.

Jaja, die Mauer. Tolles Ding! Uns, den vernachlässigten Deppen in der popligen Provinz-DDR, bot nur ein schnöder Maschendrahtzaun Schutz vor den heimtückischen Attacken des bösen, bösen Westens.

Einige Überlebende mögen nun einwenden, dass immerhin der Zusammenhalt in diesem ominösen «Früher» stärker gewesen sei. Und der Sex ehrlicher. Und der Körpergeruch intensiver. Stimmt. Das ist nun mal der Vorteil, wenn Autos so knapp sind, dass nicht jede Frau eins besitzt, um schnell aus der Dorfdisco zu türmen, bevor ihr ein schnauzbärtiger Schmerbauchträger in Ganzkörper-Schneejeans erfolgreich ein Ohr abkaut. Nach langen Stunden schweigsamer Anteilnahme an seinem Leben kapituliert sie, weil er ihr an der Bar alle nötigen alkoholischen Narkosemittel für die gemeinsame Nacht spendiert hat und irgendwann eh alles egal ist.

Ach, Sozialismus, alter Loser! Du warst eine Schorle aus innerer Verweigerung, Resignation, konspirativer Systemkritik und billigem Bier, das schneller sauer wurde, als man es sich in den Hals schütten konnte. Jeder Tag war eine einzige Flatrateparty voller Zusammenhalt. Mehr Zusammenhalt sogar, als einem lieb war – wie man dann später in seinen Stasi-Akten nachschmökern konnte. Apropos Liebe: Unsere Scheidungsrate war noch höher als der Medaillenspiegel unserer Olympioniken. Und deren Medaillenspiegel wiederum ebenso hoch wie ihr Testosteronspiegel. Je mehr Medaillen beispielsweise eine weibliche Spitzensportlerin gewann, umso gründlicher musste sie sich an immer ungewöhnlicheren Körperstellen rasieren. Glücklicherweise hatten wir in der DDR fürs Rasieren und überhaupt für alles Mögliche viel Zeit. Denn es passierte ja kaum was Aufregendes.

Oder etwa doch?

Bevor ich aus dem Nähkästchen meiner Kindheit plaudere, möchte ich kurz die Stadt beschreiben, in der mein Schicksal seinen Lauf nahm: Sangerhausen.

Steuert man sein Auto auf der neuen Südharzautobahn A 38 zügig gen Osten, stehen irgendwo zwischen Wallhausen und Riestedt, zwischen Pölsfeld und Oberröblingen, wo sich Fuchs und Hase «Gute Nacht» nicht mehr sagen, sondern twittern, die Reste der Berg- und Rosenstadt Sangerhausen. Diese Stadt hatte zu DDR-Zeiten mal so etwas wie eine Bedeutung. Eine Maschinenfabrik («Mafa»), eine Fahrradfabrik («Mifa»), eine Malzfabrik (vermutlich «Malza»), eine Brauerei, eine Feilenfabrik, die überall in der DDR anzutreffende Landwirtschaftliche Produktionsgemeinschaft (LPG), ein Elektroanlagenbau, ein Starkstromanlagenbau und vor allem der hoch oben über Sangerhausen thronende Kupfer-Schacht («Thomas-Müntzer-Schacht») machten die Einwohner zu stolzen Werktätigen. Doch das ist lange her. Die einstmals stolze Kreisstadt ist nahezu komplett in Rente gegangen und genießt ihre Ruhestandserrungenschaften. Die immer älter werdenden Einwohner steuern ihre sauberen Autos über glatte, sanierte Straßen vorbei an farbenfrohen Mehrgenerationenhäusern, hypothekenbelasteten Einfamilienschlösschen sowie dem ein oder anderen neu erschlossenen Gewerbegebiet ohne Gewerbe. Auf einer riesigen Freifläche im Osten der Stadt standen vor wenigen Jahren noch die imposanten Backsteinhallen der Sangerhäuser *Mafa* – ein richtiges Industriedenkmal war das! Dann wurde alles abgerissen. Heute ist von all den Gebäuden nicht mal mehr ein einziger, winziger Ziegelstein vorhanden. Und die Sangerhäuser Maschinenfabrik nur noch ein Gerücht.

Seit Jahren macht die Konjunktur einen großen Bogen um die Stadt, obwohl die Infrastruktur mit Gleisanschluss und Autobahn vor der Haustür denkbar beste Voraussetzungen für geschäftstüchtige Vertreter der mittelständischen Wirtschaft bietet. Aber warum passiert nichts? Liegt es an der Lokalpolitik? Liegt es an der ganz speziellen Mundart des Mansfelder Landes, dem *Mansfelder Wackenschäddeldialekt*, der in unvorbereiteten Ohren noch fürchterlicher klingt als Schwäbisch – was potenzielle Investoren abschrecken könnte? Oder ist mal wieder die Gesamtsituation verantwortlich? Niemand vermag es zu sagen. Das Angebot an Ausbildungsplätzen tendiert, abgesehen von Einzelfällen, nicht nur gegen null, sondern gegen null Komma null. Jahr für Jahr verlässt ein weiterer frischgebackener Jahrgang Schulabgänger die Stadt, um endlich in der Ferne sein Glück zu suchen. Die Zahl der Schulabgänger wiederum schrumpft kontinuierlich. Es werden immer weniger Kinder geboren. Irgendwann wird keine Menschenseele mehr da sein. Eine Spirale des Niedergangs, die sich langsam, aber unaufhörlich weiterdreht.

Der einzig nennenswerte innerörtliche industrielle Arbeitgeber ist nach wie vor das Fahrradwerk *Mifa* – laut Eigenwerbung der «Größte Fahrradhersteller Deutschlands». In puncto Produktivität und Entlohnung begegnet die kleine Firma, die zu DDR-Zeiten das ganze Land mit Fahrrädern ausstattete, der gnadenlosen asiatischen Konkurrenz auf Augenhöhe. Das heißt: In der gut ausgelasteten Sangerhäuser Fahrradmanufaktur, wo Einzelteile aus Billiglohnländern zu Fahrrädern und vor allem E-Bikes *Made in Germany* zusammengeschraubt werden, gibt es zwar Arbeit, aber kein Geld zu verdienen. Vor allem ein Gesellschafter reißt sich nach und nach immer mehr Anteile an der offenbar hochprofitablen *Mifa* unter den Nagel: die *Maschmeyer Group* von Carsten Maschmeyer aus Hannover. Die traurige Realität ist: Nahezu alle Angestellten der rentablen Drahteselschmiede müssen sich ihren kargen Lohn von der Arbeitsagentur aufstocken lassen. Sonst könnten sie auch gleich zu Hause sitzen bleiben – was viele andere Sangerhäuser seit Jahren tun. Diese Leute müssen verwaltet werden, weshalb die Arbeitsagentur Sangerhausen einer der beiden größten städtischen Arbeitgeber ist – neben dem Krankenhaus.

Im finsteren Sozialismuspleistozän kauerte am Ostrand der Stadt eine Tierkörperverwertung. Wie der Name schon sagt, wurden hier Tiere verwertet – Tiere, wie sie toter nicht sein konnten. Meistens tote Rinder aus der örtlichen LPG. Aus den Kadavern holte man das Letzte raus. Was genau, kann ich nur vermuten, da die Tierkörperverwertung schon lange nicht mehr arbeitet. Knochen, Knorpel und Bindegewebe kochte man vermutlich wie Dreckwäsche stundenlang in mannsgroßen Bottichen, wo die tierischen Rohstoffe bei riesiger Hitze Gelatine ausschwitzten. Rinderknochen geben Gelatine ab, wenn man sie vorher mit – Achtung, liebe Faktenhuberpolizei – Kalkmilch behandelt. Was immer Kalkmilch auch sein mag. Neulich hielt ich im Drogeriemarkt eine Tüte politisch korrekter Gummibärchen eines kleinen Herstellers in der Hand. Der Hersteller wollte auf besonders schlau machen. Seine Bärchentüte gaukelte vor, eine besonders unbedenkliche Nascherei zu enthalten, die «Ohne Rindergelatine» auskomme. Offenbar sollten damit begriffsstutzige Vegetarier geködert werden. Die Gelatine, die in der Gummibären-Zutatenliste an zweiter Stelle auftauchte, war zweifelsohne stinknormale Schweinegelatine. Aus Schweinen wird das Zeug ja hauptsächlich gewonnen. Aber unsere kleine DDR war das Land der großen Unmöglichkeiten. Und wenn Schweinemangel herrschte, waren eben Rinderknochen fällig. Wir haben alles aus allem rausgeholt. Nach wie vor ist schöne Gelatine ja ein wichtiges Material für die Lebensmittelindustrie. Ohne den glibberigen Geist der toten Tiere müsste man Joghurt mit dem Strohhalm trinken. Ja, liebe Blähbauchsekretärinnen, die Sie Bakterienjoghurt löffeln, damit Sie nicht pupsen müssen, wenn Sie sich beim Chef einschleimen: Tote Tiere – Sie baden gerade Ihren Löffel darin! Eine Welt ohne Gelatine wäre undenkbar. Auch die leckere grüne Götterspeise verdankt der Gelatine ihre Existenz. Sogar Butter, Margarine und Tortenguss verdanken dem Tiergelee ihre Stabilität. Ebenso kann die unser Leben lebenswerter machende Medizintechnik nicht auf den Einsatz von Gelatine verzichten. Und die erfinderische Pharmaziebranche fertigt aus Gelatine Kapseln für Pillen oder Beschichtungen für allerlei Gefäßimplantate. Gelatine landet also letztlich wieder dort, wo sie einst drin war: in einem Körper. Knochen auskochen ist eine lebensverlängernde Maßnahme, das Leben und der Tod sind ein ewiger Kreislauf – aber ich schweife ab. Blicken wir wieder auf die von uns gegangenen Großvieheinheiten zurück. Auch ihre Außenverkleidung blieb nicht ungenutzt: Dem Kuhfell wurden die Haare abrasiert, bis die Lederhaut glatt genug zum Gerben war. Den toten Augen schälte der klassenbewusste Schinderhannes die Netzhäute ab. Medizinische Betriebe bereiteten die labbrigen Linsen auf. Volkseigene Ärzte pflanzten sie dann augenkranken Ostrentnern ein. Denn die mussten ja richtig gucken können, um beim Verwandtschaftsbesuch im Westen durch Entgegennahme der richtigen Kaffeesorte brenzlige Dauerengpässe der ostdeutschen Bohnenkaffeegrundversorgung abzumildern.

Tierkörperverwertung war eine wesentliche Stütze der ostdeutschen Wirtschaft. Hatten die Kadaververwerter am Ende wirklich alles aus den Viechern herausgeholt, verfeuerten sie die ausgelutschten Reste. Was nicht verbrannt werden konnte, vergruben die Ausbeuter des profitablen Tiertodes in der Erde. Hoffentlich schön tief.

Die totgemolkenen Kühe, die im steten Kampf gegen den Imperialismus im Schulterschluss mit den Kühen der UdSSR ihre letzte Milch gegeben hatten, waren für alle Werktätigen der DDR Vorbild und Mahnung zugleich, für die Stärkung des Sozialismus das Letzte zu geben. Und wenn es nur ein Knorpel war, der von aufeinanderschabenden Bandscheiben breitgedrückt wurde und den Nerven im Rückenmark meldete: «Bandscheibenvorfall!»

Wenn man Tierkadaver auskocht, röstet und abschmirgelt, riecht das natürlich ganz fürchterlich. Tag für Tag quoll aus den dicken Schloten der Abdeckerei, wie diese Einrichtung damals treffender hieß, dicker Endzeitnebel. Mehrfachstufenfilter aus Aktivkohle für das Abgassystem der Abdeckerei existierten nicht. Ich bezweifle sogar, dass die Abdeckerei überhaupt irgendein Abgassystem hatte. Sie hatte einfach nur Abgas!

Die Stinkeschwaden lungerten zäh und träge in der Luft herum. Kam der Wind von Ost, verteilte er den Hauch des Todes gleichmäßig in allen Straßen und ließ schlechte Tage endlich so riechen, wie sie waren: schlecht!

Menschen stellten das Atmen durch die Nase ein. Hunde fanden ihr markiertes Revier nicht wieder. Man ließ den Mund zu, gesprochen wurde nur das Nötigste. Raucher hörten auf zu rauchen, die Zigaretten schmeckten einfach nicht mehr. Außer *Karo* ohne Filter, die schmeckten wie immer. Den scharfen Gestank des toten, brennenden Fleckviehs werde ich nie wieder vergessen. Ihn verbinde ich ebenso mit Heimat wie die große Sangerhäuser Schachthalde.

Hoch oben über der Stadt thront ein gigantischer Kegel. Er besteht aus purem Schotter. Über andere Städte wacht ja hin und wieder eine imposante Burg – das Wahrzeichen von Sangerhausen ist grauer Steinmüll. Jahrzehntelang wurde der Schotter aus dem Untergrund tief unter der Stadt gebrochen und an der höchsten Stelle nördlich der Stadt aufgeschüttet. Kupfer war der Grund. Genauer: eine höchstens zwanzig Zentimeter dünne, wie ein Pizzateig unterm Mansfelder Land ausgerollte Kupferschieferschicht. Irgendwo im Harz guckt sie aus der Erde, um dann in Richtung Süden immer tiefer gen Erdmittelpunkt abzusinken. Unter Sangerhausen versteckt sich die Kupferkruste in einer Tiefe zwischen dreihundert und vierhundert Metern. Nicht nur in den Sangerhäuser Schacht, auch über weitere Schachtbetriebe in den Nachbarorten fuhren bis zum Ende der DDR die Kumpel, vulgo «Wackenschäddel», in den Berg ein, um der Mansfelder Unterwelt unter widrigsten Bedingungen das wenige kostbare Buntmetall möglichst gründlich abzutrotzen. Unglaublich viel Steinmüll fiel dabei an, sodass jeder einzelne dieser Schächte die gleiche Abraumhalde ausspuckte, wie Sangerhausen eine krönt. Man drang bei der Kupferschieferförderung so tief ins Sediment vor, dass die Kumpel teilweise bei Temperaturen bis zu dreißig oder gar vierzig Grad zu arbeiten hatten. Tief unter der Erde war es wärmer als oben in der Stadt im Hochsommer. Im Kampf für den Sozialismus machten die tapferen Wackenschäddel selbst vor dem äußersten Kreis der Hölle nicht halt. Bergmann zu sein hieß, sich mehrere hundert Meter unter der Erde in absoluter Finsternis, die nur ab und an von einer Glühlampe durchbrochen wurde, den Körper kaputt zu knechten und sich zur Stimmungsaufhellung eine stabile Alkoholsucht aufzubauen. Keine paradiesischen Zustände.

Doch die lokalpolitische Propaganda und einige Lehrer in der Schule hämmerten uns jahrelang ein, dass die fleißigen Kumpel des VEB-Mansfeld-Kombinates «Thomas Müntzer» den Untiefen der Südharzer Scholle das weltweit reinste Kupfer abtrotzten; das Buntmetall aus dem Schacht Sangerhausen sei sogar im Westen sehr begehrt. Denn der Westen verfüge selbst nicht über Kupfer von solch perfekter Reinheit.

Frage im Unterricht: «Warum ist unser Kupfer im nichtsozialistischen Wirtschaftsgebiet so begehrt?»

«Weil es billig ist?»

«Falsch. Ganz falsch! Oder sollte das eine Provokation sein? Unser Kupfer ist reiner als Westkupfer!»

«Es hat ja auch die richtige Überzeugung.»

«Das habe ich jetzt nicht gehört.»

Kurz vor dem endgültigen Zusammenbruch der DDR wurde publik, dass der Kupferbergbau in unserer Gegend schon lange mehr Geld verschlang, als er einbrachte. Mit dem Verkauf von Antiquitäten, Kunst, Waffen und karierter Bettwäsche, die politische Häftlinge in Knastnähereien herstellen mussten, nahm die DDR deutlich mehr Devisen ein. Diese zögerten das Kollabieren des maroden Staatshaushaltes noch einige Jährchen hinaus, konnten es jedoch nicht verhindern.

Mit Einbruch der Wende war dann Schicht im Schacht – zu teuer die Förderung, nicht einträglich genug das Kupfergeschäft. Ich habe mal gelesen, dass die DDR mit Kalibergbau sehr viel mehr verdient hätte als mit dem popligen Kupfer. Aber so weit wurde politisch nicht gedacht. An den Schalthebeln der Wirtschaft saßen unfähige Nieten. Die Spezialisten mit Visionen, Fachwissen und Ideen steckten in machtlosen Positionen fest, in denen sie nichts, aber auch gar nichts

entscheiden konnten.

In all den Nachwendejahren sickerte in die hohlgebuddelte Unterwelt des Mansfelder Landes immer mehr Grundwasser ein. Der Sangerhäuser Untergrund ist dank Bergbau so porös wie ein siffiger Abwaschbecken-Schwamm, und nur der Teufel alleine weiß, wann alles mit Getöse in sich zusammenfällt und das wenige restliche Leben oben auf der Erde mit sich in die Tiefe reißt.

Immerhin: Die riesengroße Schotterhalde ist begehbar. Nach dem zwanzigminütigen Hochkraxeln wird der stolze Bezwinger oben auf dem Gipfel zunächst mit einem überwältigenden 360°-Rundum-Ausblick über den wunderschönen Südharz belohnt. Die Gegend rund um Sangerhausen mit ihren sanften Hügeln, den saftig grünen Wiesen und kleinen Wäldchen wirkt tatsächlich so, als hätte ein Riesenbaby ein kleines Stückchen aus dem Teletubbieland ausgestanzt und nördlich von Thüringen runterfallen lassen. Wenn man großes Glück hat, erspäht man auch hin und wieder einen scheuen, leicht übergewichtigen Eingeborenen, der ein bisschen wie ein Teletubbie aussieht.

Der Schachthaldenbezwinger hockt also erschöpft, aber glücklich hoch oben auf seinem Steinberg, genießt den Ausblick und belohnt seine Leistung anschließend mit einer ortsüblichen Fettbemme. Oder einer grauglänzenden Hausschlachteleberwurstbemme, die er mit herzhaften Hapsen verzehrt. Das ist das Frühstück des unbekannten Kupferkumpels, nur hat der damals tief unter der Erde zusätzlich noch eine daumendicke Schwarte Speck vertilgt, einen Energieriegel, der nicht nur Kraft spendet, sondern noch lange von innen nachfettet.

Hoch oben über den Wäldern verströmt der traditionelle Brotaufstrich den strengen Angstgeruch der dafür getöteten Sau. Jetzt noch mit einem kühlen *Hasseröder Pilsner* («Männer wissen warum») nachspülen – herrlich! In der feuchten Hitze unter Tage stank es nach strengem Essen, doch oben auf dem Schachtberg bekommt niemand mit, wie es aus dem Hals riecht.

Zum Riechen sind ja auch die schönen Sangerhäuser Rosen da, die für das «Rosen» in Berg- und Rosenstadt stehen und deren betörenden Duft man seit der Schließung der Abdeckerei auch wieder riechen kann. Mehrere zehntausend Rosen blühen Jahr für Jahr in der botanischen Dauerausstellung namens Rosarium, die weit über die Grenzen von Sangerhausen hinaus bekannt ist. In der Sommersaison wird das Rosarium von dezent parlierenden Rosenliebhabern aus aller Welt besucht. Farbenmeer und Duftcocktail sind ein einziger Festrausch für die Augen und die Näschen der überwiegend rüstigen Rosenfreunde. Ja, das muss man deutlich sagen, es duftet jetzt gut in Sangerhausen. Jeder Tag ist ein neues Festival für leidenschaftliche Schnüffelnäschen. Im Sommer feiert sich das Rosarium jährlich mit dem «Berg- und Rosenfest», das mehrere Tage dauert. Dieses Highlight veredeln regelmäßig Prominente oder zumindest Semiprominente mit ihren Auftritten. Zum Beispiel Schlagersänger, deren Namen nur den Zuschauern aus dem Einflussbereich des Mitteldeutschen Rundfunks etwas sagen. Diese Stars zum Anfassen singen auf der Freilichtbühne des Rosariums ihre Lieder, die durch die Bank genau so klingen, als hätte man sie schon mal von Andrea Berg gehört, woraufhin die Leute auf Verdacht mitklatschen. Alle fünf Jahre beehren dann mal richtige Stars vom Schlage der Kastelruther Spatzen die Stadt. Allerdings sind selbst deren Auftritte nicht ausverkauft. Zum einen sind die Eintrittskarten unerschwinglich teuer, und zum anderen sind die Hardcorefans der Spatzen nicht mehr so gut zu Fuß. Der Rest, der nur gucken will, ob die Kastelruther Spatzen genauso gedrungen und alt aussehen wie im Musikantenstadl, lungert hartnäckig vorm abgesperrten Konzertareal herum und lauscht. Denn es ist endlich mal was los in Sangerhausen, und da muss man ja mal hingucken. Damit man am nächsten Tag mitreden kann, wenn die anderen erzählen, was sie so gehört haben. Was ja auch wichtig ist für Leute wie mich, die schon lange nicht mehr in Sangerhausen leben, aber trotzdem wissen wollen, was dort gerade passiert. Oder nicht passiert.

Zu den eher finsteren Erinnerungen an meine eigentlich recht schöne Kindheit gehört die an eingedickten Holundersaft. War ich stark erkältet, bereitete mir meine Mutter voll guter Absicht das allgemein als heilsam bewährte Hausmittel zu. Aller Widerstandskräfte beraubt, musste ich den heißen, sauren Sirup unter ihrer strengen Aufsicht vom Teller löffeln.

1979. Sangerhausen. Bezirk Halle.

«Mutti, ich will das nicht essen!»

«Halt den Mund, du isst das!»

«Ich kann das nicht essen!»

«Doch, du kannst das!»

«Ich muss brechen, wenn ich das esse!»

«Das werden wir ja sehen.»

Damit sollte sie recht behalten. Ich führte den Löffel zum Mund. Meine Zunge musste gar nicht erst schmecken, was jetzt kommt. Meine Zunge konnte es riechen. Unmittelbar setzte der Würgereiz ein. Quod erat demonstrandum!

Ich hasste eingedickten Holundersaft. Vom Teller aus dampfte mir das offensive Obst seine ungezügelte, aggressive Energie in die Nase. Holunderbeeren sind eigentlich kleine, friedliche Gesellen aus dem Wald. Aber ihre Essenz, ihr purer Wille, kann Bösewichte töten. Vor mir stand der tiefe Teller, bis zum Rand gefüllt mit fanatisierter heißer Masse, die absolut bereit war, einen Vernichtungskrieg gegen feindliche Krankheitserreger vom Zaun zu brechen. Ich musste nur einen Löffel davon runterwürgen. Oder zwei. Oder fünf. Aber ich schaffte es nicht. Das Zeug schoss schneller wieder nach oben, als ich's runterschlucken konnte.

Meine Eltern hatten es auch sonst nicht leicht mit mir. Ununterbrochen war ihr Junge krank. Das hatten sie sich anders vorgestellt. Man setzt doch kein Kind in die Welt, damit es schlapp und blass im Bett liegt! Da kann es doch keiner von den Nachbarn sehen. Ein krankes Kind *will* auch keiner sehen. Das steckt ja alle an!

Ein Kind soll was leisten. Es soll krabbeln lernen. Wörter brabbeln. In ganzen Sätzen sprechen. Sich am Sofa hochziehen. Alleine aufstehen, ohne Sofa. Laufen, ohne sich festzuhalten. Und Fahrrad fahren ohne Stützräder, denn Stützräder sind für Pussies! Man will den kleinen Racker beim Menschwerden beobachten, besessen vom starken Wunsch: «Hoffentlich wird es ein vernünftiger Mensch und kein Vollidiot!» Inständig hofft man, dass die eigenen kostbaren Erbinformationen einigermaßen fehlerfrei verknüpft wurden. Das Gedeihen der Lendenfrucht soll die Eltern mit Stolz erfüllen, nicht mit Scham. Zusätzlich gilt es zu verhindern, dass dem Nachwuchs was zustößt. Hoffentlich stürzt kein russischer Weltraumschrott aus dem All auf die Erde, wenn der Kleine gerade draußen im Sandkasten sitzt! Einmal nicht hingeguckt – Beule am Kopf! Und am schlimmsten: Weil im entscheidenden Augenblick wieder mal kein Fotoapparat zur Hand ist, existiert von der Kollision des eigenen Kindes mit einem sowjetischen Spionagesatelliten nicht mal ein schönes Pannenfoto! Das war selbst in der DDR ärgerlich, denn Fotoapparate besaß jeder. Preiswerte Einsteigermodelle erhielt man für wenig Geld im Fachhandel. Auch die Filme und die Entwicklung der Fotos im Fotogeschäft waren bezahlbar – wenn man sich an Schwarzweißfotos hielt. Farbe musste man sich leisten können.

Die auf diesem Planeten am meisten fotografierten Dinge – noch vor Katzenbabys – sind die eigenen Kinder. Eltern müssen ihr Kind schon aus Sicherheitsgründen pausenlos ablichten. Und natürlich aus Sentimentalität. Beispielsweise gehören alle adipösen Abschnitte der Kindheit lückenlos dokumentiert! Die Fotos dieses kleinen dicken Jungen möchte man ja anlässlich seines achtzehnten Geburtstages oder, noch lustiger, vor der versammelten Hochzeitsgesellschaft im möglichst großen Familien- und Freundeskreis auf einer möglichst großen Leinwand vorführen.

Da ist es natürlich mehr als kontraproduktiv, wenn das Balg nicht draußen spielt, wie es sich gehört, sondern laut röchelnd unter der Bettdecke irgendwelche kranken Exzesse mit wildfremden Keimen veranstaltet. So wie ich das tat. Ich war meinen Eltern ein todlangweiliges Kind, in keiner Weise vorzeigbar.

Als letzte vermeintliche Wunderwaffe gegen das ewige Kranksein, vielleicht aber auch als Vergeltungsmaßnahme, wurde also eingedickter Holundersaft in Stellung gebracht.

Aber mir ging es doch wirklich nicht gut! Masern, Röteln, Windpocken, Mumps, Grippe, Verdacht auf Hirnhautentzündung, Akne, Nasenbluten und Pubertät – was auch immer an Krankheiten gerade in der Gegend war, sie kamen alle mal eben auf einen Sprung bei mir vorbei und blieben auf unbestimmte Zeit.

Wären die Pocken, die Pest, Milzbrand und offene Tuberkulose mit blutigem Auswurf in den späten Siebzigern und frühen Achtzigern populär gewesen – ich hätte sie mir auch zugelegt. Garantiert!

Kinderarbeit

Nicht nur meine Eltern waren für mich DDR-Kind erziehungsberechtigt. Das System hatte den beiden zur Unterstützung noch jede Menge kompromisslose Anordnungen und ausdrückliche Verbote zur Seite gestellt. Zum Beispiel im Straßenverkehr: «Bei Rot bleib stehen, bei Grün darfst du gehen!» Für mich eine abstrakte Regel. Auf meinem Schulweg befand sich keine einzige Ampel. Ich ging auf Sicht und Gehör über die Straße. Die Motorengeräusche unserer Autos konnte ein Tauber ohne Hörgerät nämlich schon aus drei Kilometern Entfernung hören. Die gleichermaßen schwache wie ohrenbetäubende Motorisierung der sozialistischen Kraftfahrzeuge und deren entsprechende Geschwindigkeit ließen, während der Radau langsam zunahm, hinreichend Zeit zum Überqueren der Straße, sogar rückwärts und auf einem Bein. Wenn man das kreischende Gefährt nicht mehr nur hören, sondern auch noch riechen konnte, war man schon sicher auf der anderen Seite angekommen. Das funktionierte also auch ohne Ampel.

Verbote wie zum Beispiel «Betreten für Unbefugte verboten!» oder «Reichsbahngelände, Lebensgefahr!» sollten unseren Willen brechen, verhießen aber meist Spiel, Spaß, Spannung und Abenteuer. Mit einigen Jungs aus meiner Schulklasse bin ich so häufig unbefugt über den großen städtischen Müllplatz gestromert, dass man uns eigentlich Mitgliedsausweise für das Gelände hätte ausstellen müssen. Ich fand damals sogar heraus, wie Alufolie gewalzt wird: Man legt einfach DDR-Münzgeld, das ja aus Aluminium gepresst war, auf Eisenbahngleise und lässt einen Güterzug drüberrattern. Fertig.

Neben den Verboten machte ich gleichzeitig die Bekanntschaft großer Versprechen. Die man allerdings nicht mir gab, sondern die ich zu geben hatte. Auf Anordnung. Gratis zu meiner Einschulung 1978 bekam ich auch die Mitgliedschaft in der Pionierorganisation «Ernst Thälmann» geschenkt. Gerade war ich noch als tölpelhaftes Kindergartenkind durch die Gegend gestolpert, schon war ich Schüler plus Jungpionier. Das war das Komplettpaket und gehörte zusammen wie Volksmusik und Säuferleber. Oder wie Gottesfürchtigkeit und Genitalverstümmelung, wenn man unschuldig in eine entsprechende Religion hineingeboren wird. Niemand fragt dich, und trotzdem bist du mittendrin, obwohl du nie dabei sein wolltest.

Man händigte mir zwei weiße Pionierhemden aus – ein kurzärmliges für den Sommer und eins mit langen Ärmeln für den Herbst, den Winter und die kalten Abschnitte des Frühlings. Außerdem erhielt ich das blaue Halstuch der Jungpioniere. Und den ersten richtigen echten Ausweis meines Lebens: den Jungpionierausweis! Darin klebte mein Passbild, glaube ich. Da ich noch nicht schreiben konnte, nur krakeln, hatte die Pionierleiterin unserer Schule, der Polytechnischen Oberschule «Ernst Thälmann», den Ausweis für mich unterzeichnet. Einfach so, ohne zu fragen, hatte die Frau meine Seele an die Pionierorganisation verkauft. Ich kam der Urkundenfälscherin erst viele Monate später auf die Schliche, als ich endlich lesen konnte. Aber da war es schon zu spät. Sie hatte für mich den freiwilligen Selbstverpflichtungen zugestimmt, die man «Pioniergebote» nannte und die in folgender Reihenfolge im Pionierausweis abgedruckt waren:

Wir Jungpioniere
lieben unsere Deutsche Demokratische Republik.
Wir Jungpioniere
lieben unsere Eltern.
Wir Jungpioniere
lieben den Frieden.
Wir Jungpioniere
halten Freundschaft mit den Kindern der Sowjetunion und aller Länder.
Wir Jungpioniere
lernen fleißig, sind ordentlich und diszipliniert.
Wir Jungpioniere
achten alle arbeitenden Menschen und helfen überall tüchtig mit.
Wir Jungpioniere
sind gute Freunde und helfen einander.
Wir Jungpioniere
singen und tanzen, spielen und basteln gern.
Wir Jungpioniere
treiben Sport und halten unseren Körper sauber und gesund.
Wir Jungpioniere
tragen mit Stolz unser blaues Halstuch.
Wir bereiten uns darauf vor, gute Thälmann-Pioniere zu werden.

Das war das Gegenprogramm zu den zehn Paragraphen des kirchlichen Grundgesetzes, die man «Gottes Gebote» nannte. Ich wollte also ein guter Mensch werden, der sich regelmäßig wäscht und gern bastelt, wenn er nicht gerade singt, tanzt, spielt oder jemandem bei einer schweren Arbeit unter die Arme greift. Am besten gefiel mir das Gebot mit dem Frieden, denn Weltfrieden fand ich persönlich immer schon gut. Der macht nicht so einen Krach und so viel kaputt wie Krieg. Auch «Freundschaft mit den Kindern aller Länder halten» sagte mir zu – vielleicht war es ja möglich, eines der befreundeten friedliebenden Kinder mal in seinem schönen Land zu besuchen? Ich war ein kleiner lieber Junge, auf den die Gebote gut passten – bis auf das mit dem Sport. Waschen ja, aber Sport musste nicht sein.

Mein Einsatz für den Weltfrieden erschöpfte sich erst mal im Sammeln von Altstoffen. Altpapier, Altglas, Alttextilien und Altmetall wanderten in der DDR nicht so einfach in den Müll – das ganze alte Zeug war nämlich prinzipiell noch zu gebrauchen und wurde von allen Haushalten gesammelt. Mehrmals im Jahr klingelte dann ein engagierter Jungpionier in Zivil – die Pionierkluft trugen wir nur an offiziellen Feiertagen und zu Pioniernachmittagen – an den Haustüren in der Nachbarschaft und holte die staubigen und muffig nach Mangel und Trostlosigkeit riechenden Sekundärrohstoffe mit einem Bollerwagen ab, um sie zur Sekundärrohstofferfassung zu transportieren, wobei jeder Altstoffabholer seinen festen Kundenkreis hatte. Die mühsame Plackerei rentierte sich. Denn je mehr Gewicht die vergilbten Zeitungen, die dicken Einweckgläser oder die von ganzen Familienverbänden fransig getragenen Alttextilien auf die Waage brachten, umso mehr Geld zahlte der Sekundärrohstoff-Erfassungsmann dem Jungpionier aus.

In Sangerhausen waren die Altstoff-Patzers der absolute Platzhirsch auf diesem Gebiet; die drei graugesichtigen Patzer-Söhne betrieben dank ihrer kathedralengroßen Lagerräume den größten SeRo-Stützpunkt der Stadt. Mutter Patzer tauchte nur gelegentlich auf, um ihren Söhnen dicke, strengriechende Wurststullen zu bringen. Den Vater der

Patzer Brothers hatte noch niemand zu Gesicht bekommen. Vermutlich hockte der Altstoffpate in einem Hinterzimmer, drehte den Siegelring um seinen dicken Wurstfinger und ließ sich die Sorgen und Nöte seiner Mitmenschen vortragen, um ihnen dann «einen Gefallen zu tun». Ich nehme ja an, dass das Syndikat der Patzers von der DDR-Aufbereitungsindustrie sehr viel mehr Geld für das alte Zeug einstrich, als sie den emsig sammelnden jungen Pionieren dafür auszahlte. Die an Rohstoffen arme DDR kaufte das Geraffel auf und veredelte es in aufwendigen Wiederaufbereitungsprozessen, die wiederum Geld kosteten, zu neuen Rohstoffen. Diese gingen dann für wesentlich weniger Geld, als ihr Aufkauf und die Wiederaufbereitung gekostet hatten, an die volkseigene Industrie. Wirtschaftliches Arbeiten sieht anders aus. Aber dieser Kreislauf rechnete sich immerhin für mich und mein Sparschwein.

Die meiste Kohle machte man auch damals schon mit Altmetall. Profis mit krimineller Energie besorgten sich das Zeug bei Nacht und Nebel an Orten, wo es am nächsten Tag fehlte. Ein Enthusiasmus, der mir zu mühsam erschien. Mein Geschäftssinn war noch nie sehr ausgeprägt. Ich begnügte mich mit dem, was die Haushalte abwarfen, bei denen ich auf meiner Altpapiersammeltour zur kraftvollen Unterstützung der Wirtschaft unseres Landes klingelte. Die damit verdienten Penunzen reichten höchstens mal für den Kauf einer illegalen Flasche *Vita Cola*, schnell in einer dunklen Ecke hinter der Kaufhalle ex getrunken, damit niemand was sah und die Eltern nix vom Drogenmissbrauch mitkriegten. Ansonsten sparte ich eisern für größere Anschaffungen wie zum Beispiel Leerkassetten, mit denen ich die Hits der Radiohitparaden aufnahm. Um die Kassetten kaufen zu können, musste ich erhebliche Summen investieren.

Schnell hatte ich raus, bei welchen Rentnern sich das Klingeln rentierte und welche Geizknochenwohnungen man am besten links liegen ließ. Die Gier nach noch mehr Altstoff und noch mehr Geld ließ mich hin und wieder unvorsichtig werden, und so klingelte ich eines Tages bei einer alten Frau, die bisher noch nicht von mir besucht wurde.

«Ja?»

«Ja, guten Tag, ich wollte fragen, ob Sie Altstoffe für mich haben.»

«Ja.»

«Ja?»

Sie drückte immer noch nicht den Summer, damit ich ins Haus konnte.

«Sie müssen die Tür aufmachen, dann komme ich rein.»

«Nein. Ich komm raus.»

Das war ja seltsam. Alle anderen waren froh, wenn ich ihnen die zentnerschweren Zeitungsbündel oder Kisten mit Altglas aus der Wohnung oder aus dem Keller wuchtete und sie selber nicht mit anfassen mussten.

«Gut, dann warte ich hier.»

Das tat ich dann auch. Mehrere Minuten stand ich vor einer Haustür, die mir verschlossen blieb. Es wäre vernünftig gewesen, jetzt einfach mit dem Bollerwagen zum nächsten vertrauenswürdigen Altstofflieferanten abzuschieben. Aber nein, meine Gier war stärker. Ich brauchte dringend eine neue Sechzig-Minuten-Kassette. Die kostete im Laden immerhin zwanzig Mark! So lange, wie die Frau auf sich warten ließ, schien mir eine besonders fette Ausbeute an Altstoffen sicher. Heute würde ich steinreich werden! Aber wann? Die Sonne war schon ein erhebliches Stück weitergewandert, als sich die Haustür dann noch öffnete. Die alte Frau wirkte verwirrt und schwerfällig. Ihre knochigen Finger umklammerten die Griffe einer prall gefüllten Plastiktüte. Kaum hatte ich die Tüte ergriffen, fiel die Haustür ganz langsam wieder zu, und die Frau glitt wie auf Schienen in Zeitlupe in den dunklen Hausflur zurück. Gruslig! Die Tüte in meiner Hand steckte, so wie es aussah, voller alter Zeitungen. Akkurat aufeinandergestapelte Zeitungen. Wenn diese Zeitungen jemals gelesen worden waren, so musste die Alte sie danach gebügelt haben. Und auf diese lächerliche Ausbeute hatte ich einen halben Nachmittag gewartet! Sinnlos vertane Zeit. Bloß weg hier!

Mein Bollerwagen rumpelte über den Bordstein, sodass die Tüte der Rätseloma umfiel. Da sah ich die Bescherung: Unter den Zeitungen hatte die alte Hexe ihre Küchenabfälle versteckt. Was für eine Sauerei! Übelriechende Eierschalen, Gurkenschalen, vergammelte Möhren und schimmliges Brot. All die guten vergorenen Kostbarkeiten, die die Alte in ihrem Mülleimer für mich aufgehoben hatte, reiherte die Tüte mir jetzt in meinen Wagen. Teilweise war der Küchenabfall eingewickelt in Alufolie, die dankenswerterweise auch noch beschmiert war mit einer eiersalatähnlichen Paste! Es machte keinen Sinn, die Abfälle von der Alufolie abzukratzen, denn Alufolie nahmen die Patzer Brothers nicht entgegen. Aluminium gab es weiß Gott reichlich in der DDR. Schon tanzte ein Fliegenkollektiv über dem stinkenden Haufen auf meinem Wagen. Zum Glück hatte die Alte nicht auch noch in die Tüte reingekackt. Oder doch? Ich vermied es nachzusehen und warf die schmutzige Bombe in die nächste Mülltonne. Glücklicherweise hatten es die Küchenreste der hinterhältigen alten Frau nicht geschafft, meine bisher gesammelten echten Sekundärrohstoffe auf dem Bollerwagen zu verseuchen. Bei der fiesen Rentnerin klingelte ich nie wieder.

Wenn ich heute nachts aus Versehen bei *Spiegel TV* in eine der ständig laufenden Dokumentationen über komplett verranzte, bis zur Decke mit Zivilisationsmüll vollgestopfte Messiewohnungen reinzappe, werde ich wehmütig und denke mir: «Das hätte es damals nicht gegeben!», beziehungsweise: «Boah, wenn ich DEN ganzen Kram bei den Patzer Brothers abgeliefert hätte, hätte ich so viel Geld verdient, dass ich mir davon mehrere *tausend* Leerkassetten hätte kaufen können. Und drei gebrauchte Ladas. Mit Spoiler *und* Fuchsschwanz!»

Aber immerhin reichte es für mehrere Leerkassetten und eine Gangschaltung für mein *Mifa*-Fahrrad, die ich selbst anmontierte und die bis zuletzt tadellos funktionierte.

Einmal besaß ich ein bisschen überflüssiges Geld und kaufte mir davon heimlich eine Spritzpistole wie die anderen coolen Jungs aus meiner Klasse. Ein anderes Mal sogar eine grüne Plastewumme, in die man Zündplättchen legen konnte, damit es auch schön ballerte!

Zu Hause durfte ich mit solchen Sachen nicht spielen, ich durfte sie nicht besitzen, Kriegsspielzeug war böse und basta! Stand ich dann im Spielzeugladen, um welches zu kaufen, zitterte ich vor Aufregung und überlegte, bis ich an der Kasse zu zahlen hatte, ob ich die Knarre nicht doch lieber zurücklege. Genauso fühlt es sich übrigens an, wenn man in den Puff gehen will, aber nicht die Eier dafür hat. Dann lungert man nämlich feige auf dem Fußweg gegenüber vom Bordell rum und tut so, als ob man auf den Bus wartet – an einem Punkt, wo überhaupt keine Haltestelle ist. Letztlich landet man dann doch wieder alleine in einer Kneipe. Oder – noch trauriger – in der tristen Junggesellenbude, wo man in der Hoffnung, dass im Fernsehen noch irgendwas läuft, stundenlang fassungslos den dicken Frauen von *Astro TV* beim Telefonieren zuguckt. Doch dies nur am Rande.

In unserer Familie wurde Pazifismus großgeschrieben. So groß, dass das Wort nicht nur zur hohlen Phrase verkam. Pazifismus wurde bei uns gelebt. Unter den wenigen Spielzeugautos, die den Straßenverkehr in meinem Kinderzimmer ausmachten, befand sich kein einziges Militärfahrzeug. Mein Kinderzimmer war abgerüstet! Hier war der Weltfrieden zu

Hause. Eine entmilitarisierte Zone innerhalb der bis an die Zähne bewaffneten Deutschen Demokratischen Republik, eines wehrhaften und wachsamen Mitglieds des Warschauer Paktes. Man weiß ja heute gar nicht mehr, wie potenziert die militaristische Propaganda im Alltag der Deutschen Demokratischen Republik eingesetzt wurde. Staatspresse, Medien und letztlich die auf uns Schüler einwirkende Bildungspolitik überhöhten die Soldaten der Nationalen Volksarmee in gleichlautenden hypnotischen Floskeln zu heroischen Lichtgestalten. Als offizielle Redewendung für den achtzehn Monate langen NVA-Grundwehrdienst verwendete die Staatspropaganda das Unsinnswort «Ehrendienst». Als ob es eine Ehre ist, sich von Unteroffizieren anschreien zu lassen, deren Gehirn kleiner ist als eine Walnuss. Offiziersanwärter mit dem IQ eines Brotes reißen dein akkurat gebautes Bett auseinander: Sieh es als Auszeichnung! Stirb im dritten Weltkrieg für ein Land, das dich nie gefragt hat, was du willst und was du von ihm hältst: Sei stolz darauf!

Es war auch damals schon für mich paradox, im Unterricht von den Zwangsmaßnahmen und der enthemmten Militarisierung im Dritten Reich zu erfahren, aber gleichzeitig in meinem ach so friedliebenden Land rund um die Uhr mit Militärpropaganda konfrontiert zu werden. Ich stand nicht besonders auf Krieg. Und ich gruselte mich schon als Schüler davor, eines Tages zum «Ehrendienst» eingezogen zu werden. Ich wollte nicht schießen, ich wollte nicht Panzer fahren, ich wollte nicht robben, nicht springen und schon gar nicht wollte ich mich von irgendwelchen dahergelaufenen Offizieren anschreien lassen.

Mein Vater schimpfte regelmäßig über die allgegenwärtige Militärpropaganda. Er hatte auch einen guten Grund. Sein eigener Vater war im Krieg erschossen worden, irgendwo in einer finsteren Ecke in Russland. Kurz nach der Geburt seines Sohnes erwischte ihn die tödliche Kugel. Wohin man auch schaute, die Heroisierung des Soldatentums hatte sich in sämtlichen Bereichen des täglichen DDR-Lebens eingenistet. Die Spielzeugläden waren gut gefüllt mit Kriegsspielzeug. Im Sportunterricht ertüchtigten wir uns im «Schlagballweitwurf», mit dem man uns, wie sich später herausstellte, auf die richtige Handhabung von Handgranaten vorbereiten wollte.

Im Bälleweitwurf war ich ausnehmend schlecht. Jeder andere Junge schleuderte den Ball zwanzig oder dreißig Meter weit weg. Meine weiteste Distanz waren fünf Meter. Mein Schultergelenk oder aber die Muskelpartien meines rechten Arms waren für solchen Unsinn nicht ausgelegt. Oder mein Hirn erwies sich als zu renitent, dem rechten Arm die nötigen Befehle für die Feinabstimmung beim Wurfvorgang zu erteilen. Ich stellte mich schlicht zu doof an, einen einfachen Ball einfach mal wegzuschmeißen. Im Krieg würde ich also draufgehen, das war sicher.

Ab dem sechsten Schuljahr, glaube ich, händigte man uns dann sprengstofflose stählerne Handgranatenhüllen aus. Die DDR und der Sozialismus sollten ja irgendwann auch von uns verteidigt werden, uns Söhnen der Arbeiterklasse, mit einer politisch korrekten Schusswaffe in der einen und einer antifaschistischen Handgranate in der anderen Hand.

Die Granaten fühlten sich gefährlich an und waren schwerer als ein Schlagball, sollten aber mindestens genauso weit geworfen werden – in meinem Fall also weiter weg, als ich es konnte. Paradox: Privat kam ich auf Geheiß meiner Eltern nicht mal in die Nähe militärisch angehauchten Spielzeuges, und im Sportunterricht sollte ich Handgranaten in die Richtung imaginärer Klassenfeinde schleudern. Das Paradox ging noch weiter: Ein paar Mal nahm ich meine Kinderknarre aus dem Spielzeugladen furchtlos mit in den Unterricht. Nach einem letzten kurzen Kampfeinsatz zwischen zwei Schulstunden gegen bewaffnete Banden aus der Parallelklasse geriet mein Schießeisen schlussendlich in die Hände des absolut spaßfeindlichen Mathelehrers Vierhänder, der sie konfiszierte. Private Bewaffnung in der Schule war nicht erlaubt, Handgranatenschmeißen im Sportunterricht allerdings offizielle Disziplin. Und im eigenen Kinderzimmer durfte ich nicht mal einen Panzer anfassen. Und da sollte ich nicht durcheinanderkommen!

Gesiegt hat dann final doch die waffenfreie Einstellung meiner Eltern. Ich habe bis heute nie eine Waffe besessen und immer einen großen Bogen um Schützenvereine und Schießstände gemacht. Bei Biathlonübertragungen im Fernsehen schalte ich prinzipiell um, schon allein weil ich Biathlon stinklangweilig finde. Diese deutscheste aller Sportarten, Schießen und Weglaufen, interessiert mich nicht ansatzweise. Dabei erwies ich mich bei früheren Schießübungen oft als guter Schütze. In besagten Schulpausen zum Beispiel. Oder im Wehrlager und an der Schießbude auf dem Rummelplatz, wo das Luftdruckgewehr, dem ich über Kimme und Korn klarmachte, wo es hinzuballern hat, so gut wie nie danebenschoss. Aber – sagt der Pazifist in mir – man kann sich und anderen vielleicht auch auf andere Art als Schießen beweisen, dass man seinen Körper beherrscht, nicht zittert und gute Augen hat! Man kann mit glühenden Stricknadeln Mikado spielen. Oder auf einem Bein stehen und zwei bis zum Rand mit ätzender Säure gefüllte Schnapsgläser auf den Rücken beider Hände balancieren – schwappt ein bisschen Säure daneben, entstehen dauerhaft eindrucksvolle Narben, und man darf sich lebenslanger Aufmerksamkeit anderer Menschen sicher sein. Oder man macht irgendwas mit heißen, öligen

Flüssigkeiten oder elektrischem Strom. Alles pazifistische, wenn auch leicht kranke Alternativen zum gemeingefährlichen Gebrauch todbringender Schusswaffen.

Beim Schießen geht es ja gar nicht um Präzision oder Körperkontrolle. Wer mit einer Waffe ein Ziel trifft, weil er Kimme und Korn gekonnt auszutarieren weiß, hat die Macht, einen Menschen zu töten. Am effektivsten mit einem Schuss in den Kopf und eindrucksvoll an der Wand verteilter Hirnmasse. Dafür, nur dafür, werden Waffen und Munition von Ingenieuren entwickelt. Nicht, um damit Löcher in Zielscheiben zu schießen.

Wer was anderes behauptet, lügt.

Ein Mörder wird gesucht

Nils, du besuchst nächste Woche Oma und Opa. Und zwar die ganze Woche lang. Die freuen sich, wenn ihr Enkel mal wieder da ist, wir freuen uns, wenn du weg bist, also: keine Widerrede. Und jetzt pack deine Sachen!!!»

Ich, der achtjährige Nils, war mal wieder nicht gefragt worden, wie es denn um meine Freude steht. Ein Besuch, nein, besser die «Verbannung nach Oma und Opa», das war einfach nur langweilig, das war wie Ferienlager auf dem Friedhof – im Winter. Denke ich an diese langweiligsten Wochen meiner Kindheit zurück, dann sehe ich da nur meinen Opa auf dem Sofa liegen. Er lag und lag und lag, immer auf demselben Sofa.

Sein früheres Leben muss sehr anstrengend gewesen sein. Den Krieg erlebte er als Koch in der Kombüse des Kriegsschiffes *Emden*.

Zu DDR-Zeiten ging er dann einigen rätselhaften Beschäftigungsverhältnissen nach. Einige davon setzten die Mitgliedschaft in der SED voraus. Mit der Mitgliedschaft in einer totalitären Partei hatte Opa kein Problem. Vor der SED hatte ihn bereits die NSDAP als Mitglied geführt. Dass die frischgebackene *Diktatur des Proletariats* sich auf Mitläufer des Dritten Reiches stützte, ist mittlerweile kein Geheimnis mehr. Die erste Volkskammer der DDR bestand fast zur Hälfte aus Altnazis. Die NVA ließ ihre Uniformen sogar nach den alten weltbekannten Schnittmustern schneidern.

Mein Opa war nun alt und krank. Gicht, Herz – das volle Programm. Soweit ich das einschätzen konnte, war das Sofa sein Leben. Er schlief dort am Vormittag nach dem Frühstück, er schlief dort nach dem Mittagessen, und er schlief

auf dem Sofa, bevor er abends ins Bett ging. Wie konnte ein Mensch so viel schlafen?

Vielleicht dachte er ja die ganze Zeit über sein Leben nach? Über all die Fehler, die er gemacht hatte? Über all die Länder, die er als Matrose sehen durfte? Sein Schiff, die *Emden*, hatte vor Kriegsausbruch Asien, Afrika und einige andere exotische Weltgegenden angesteuert, die nun für ihn als DDR-Bürger verbotene Zone waren.

Immerhin waren ihm Fotos von dieser abenteuerlichen Zeit geblieben. Zwei dicke, pralle Fotoalben voller Schwarzweißfotos kündeten von den exotischen Exkursionen in ferne Länder. Ein Schwarzweißbild fehlte allerdings: «Der Führer an Bord» stand unter dem getrockneten Klebstofffleck, an dem noch Fetzen einer herausgerissenen Papierfotografie hingen. Opa muss das verräterische Lichtbild 1945 wohl aus Angst vor den Russen vernichtet haben, die nach ihrer Ankunft in Sangerhausen jede Wohnung nach offen erkennbaren Nazis und wehrlosen Frauen durchkämmten.

Der verlorene Krieg prägte bis in meine frühe Jugend das Straßenbild unserer Stadt. Viele alte Männer humpelten auf Krücken und mit nur einem Bein über die Straßen, das leere Hosenbein der langen Hose nach innen hochgekrempelt. Ich kannte einen alten Mann, dessen Hände vollkommen entstellt waren, einige Finger waren zusammengewachsen, beide Daumen standen steif ab und bogen sich grotesk nach außen. Sein Mund besaß keine Lippen mehr, und seine Ohren sahen aus wie verschmorte Rosenkohlköpfe. Der Mann war ein Arbeitskollege meines Vaters und befand sich gegen Kriegsende ein bisschen zu nah an einer Tankstelle, als diese von einer Bombe getroffen wurde und in die Luft flog.

Durch den Himmel über der Stadt donnerten die Kampfjets der Roten Armee. Die Russen betrieben im benachbarten Allstedt eine Luftwaffengarnison, Gerüchten zufolge sogar mit unterirdischen Landebahnen und riesengroßen Bunkern. Es dröhnte beeindruckend, wenn die MiGs hoch über Sangerhausen die Schallmauer durchbrachen. Durch unseren Bahnhof krochen stählerne, dunkelgrüne sowjetische Personenzüge. Sie waren voll besetzt mit Sowjetsoldaten oder deren Angehörigen und legten vor ihrer langen Fahrt von der Allstedter Kaserne in die UdSSR immer einen Signalhalt ein. Die eine Supermacht hatten wir also direkt vor Augen. Wir wussten, warum sie hier war. Wir wussten, was sie tun würde, wenn die andere Supermacht angreift. Wir hatten große Angst vor Atombomben und noch viel größere Angst vor Neutronenbomben. Es erschien mir damals abstrakt, das Jahr 2000 überhaupt noch zu erleben. Doch wenn, würde ich schon steinalt sein: neunundzwanzig!

Die Frauen der russischen Offiziere kauften manchmal hordenweise in unserer Stadt ein. Ich erinnere mich daran, dass sie seltsam aussahen. Sie waren übertrieben geschminkt, rochen aufdringlich nach süßlichem Billigparfüm und waren dicker als DDR-Frauen. Ein- oder zweimal im Jahr fuhren lange Militärkonvois durch Sangerhausen, das dafür stundenlang gesperrt wurde: Die Streitkräfte des Warschauer Paktes veranstalteten wieder mal irgendwo im Land ein Manöver, also rumpelte ein kilometerlanger, tonnenschwerer Kriegsgerätefuhrpark über unsere marode Hauptverkehrsstraße und zerbröselte den Straßenbelag zur Mondoberfläche.

Vom Krieg erfuhr ich nicht nur im Unterricht, ich habe seine uniformierten russischen und deformierten deutschen Nachwehen als konkretes Anschauungsmaterial auf die Augen gedrückt bekommen.

Bis Opa von seinen Nickerchen erwachte, musste ich immer ganz leise sein. Das ist doof, wenn man selber keine Spur müde ist und laut spielen will. Dass Opa wieder unter den Lebenden weilte, konnte man an der Sportsendung erkennen, die im Fernsehapparat am Fußende des Sofas plötzlich lief. Meistens Fußball. Opa auf seinem Sofa in einer Provinzstadt im Bezirk Halle, auf der falschen Seite der Grenze, brannte darauf, zu erfahren, wie der langweilige SC Freiburg gegen die Mannheimer Kickers gespielt hatte. Oder Hannover 96 gegen den SV Meppen.

Das waren die Dinge, die meinen Opa damals im Osten wahnsinnig interessierten. Ob sein einziger Enkel sich langweilte, interessierte ihn nicht die Bohne! Und wie es seinem Enkel ging, interessierte ihn ebenso wenig. Dabei hätte ich ihm von meinen Krankheiten erzählen können. Krankheiten sind doch ein Thema, das alte Leute spannend finden!

Mit Oma konnte ich mich auch nicht richtig unterhalten. Sie war die ganze Zeit in der Küche zugange. Das war ihr Revier. Ihr Mann betrat die Küche aus Prinzip nicht. Und sie wollte ihren Mann nicht beim Schlafen stören. Dazwischen: ich. Gefangen in Langeweile und Schweigen. Weglaufen konnte ich auch nicht. Ich kam nicht an die Türkette ran.

Und so langweilig, wie die Tage bei Oma und bei Opa waren, so geruhsam waren die Nächte. Bis auf eine Nacht.

Es war Freitagabend. Wie immer erging aus Richtung Sofa so gegen 19.30 Uhr der Befehl: «Nils, waschen und ab ins Bett!»

Die einzigen Worte, die Opa je zu mir sprach.

Dann lag ich im Bett. Und im Fernseher, den ich immer noch sehr gut hören konnte, erklang die berühmt-berüchtigte Erkennungsmelodie der ZDF-Fahndungssendung *Aktenzeichen XY … ungelöst.*

Was Karl Eduard von Schnitzlers *Schwarzer Kanal* montags im DDR-Fernsehen versuchte, aber nicht schaffte, gelang *Aktenzeichen XY* einmal monatlich am Freitag mühelos: Die Sendung räumte ohne Gnade auf mit dem makellosen Bild vom goldenen Westen. Schnörkellos enttarnte *Aktenzeichen XY* die BRD als ein riesiges Ghetto, in dem Raub, Morde, räuberische Erpressungen, Vergewaltigungen und Handtaschendiebstähle an der Tagesordnung waren.

Pausenlos wurden Leute von der Straße weggefangen, entführt und erst gegen die Zahlung einer astronomisch hohen Summe Lösegeld wieder freigelassen. Maskierte Einbrecher brachen mit roher Gewalt in Reihenhäuser ein, sperrten die völlig überrumpelten Hausbewohner in den Heizungskeller und schnitten, nachdem sie das Haus leer geräumt hatten, ihren gefesselten und geknebelten Opfern zum Abschied die Finger ab, um Eheringe aus achtundsiebzig Karat Weißgold in ihren Besitz zu bringen. Gruselig!

Talentierte Schauspieler spielten jeden Verbrechensfall so authentisch nach, dass sogar die Zuschauer in der mehrfach gegen Einbruch gesicherten DDR bei der harmlosen Fahndung nach einer südeuropäischen Hütchenspielerbande fünfmal pro Sendung kontrollierten, ob die Türkette auch vorgelegt war.

Und immer dann, wenn das ZDF am Freitag in *Aktenzeichen XY* gezeigt hatte, dass der Westen neben *Nutella* und *Maoam* auch furchterregende, nie aufgeklärte Kriminalfälle bereithielt, vorgestellt von nuschelnden Kripobeamten, die im *XY*-Studio nie einen geraden Satz rausbrachten und meilenweit an der Kamera vorbeiguckten, ja immer nach einer freitäglichen *Aktenzeichen-XY*-Sendung wurden am darauffolgenden Montag sehr viel weniger Ausreiseanträge gestellt. Diese bösartige Bürgerschrecksendung war offenkundig eine besonders clevere Erfindung der Stasi, und die DDR-Insassen fielen reihenweise darauf rein!

Da liege ich also, ein Neunjähriger in den Winterferien, vor 20 Uhr hellwach zum Zubettgehen gezwungen, auf einer uralten singenden Federkernmatratze unter einer tonnenschweren, meterhohen Daunendecke und starre die Wand an.

Nebenan brüllt der Fernseher mit der ganzen Leistungsbereitschaft seines Lautsprechers. Jetzt kommt der Kriminalfall mit der Startnummer 7.

«Diana L. aus M.», donnert es laut aus dem Wohnzimmer durch die geschlossene Tür über mein Bett an die Wand, prallt von dort ab und wird über Bande in mein Ohr gespielt, «Diana L. aus M. verließ am Freitagabend gegen 2.34 Uhr die Disko in A. bei Heidelberg. Freunden sagte sie, sie wolle nach Hause trampen.»

O ja, denke ich mir, wohlig müde werdend, gleich passiert ihr was.

Und schon kommen vom Sprecher folgende mystische Worte: «An diesem Freitagabend wurde die attraktive junge Frau mit dem offenen Blick zum letzten Mal lebend gesehen.»

Was für ein Satz! Fast so schön wie: «Und wenn sie nicht gestorben sind, dann leben sie noch heute.» Außer bei *Aktenzeichen XY ... ungelöst.* Da lebte so leicht keiner weiter.

Ich kann mich längst nicht mehr an die Einzelheiten des Heidelberger Verbrechens erinnern, aber die orakelhaften letzten Worte des Kommentators klingen mir bis heute im Ohr: «Möglicherweise gibt es einen Zusammenhang zwischen dem neben der toten jungen Frau gefundenen blutverschmierten Messer und den zweiundsiebzig tiefen Messerstichen, die bis zur Mittagspause der Spurensicherung an der

Leiche der Diana L. gezählt wurden. Die Polizei Heidelberg bittet jedenfalls um Mithilfe.»

Ich, der kleine Nils, verbannt ins Bett, zählte statt Schäfchen bis zum Einschlafen Messerstiche an einer nackten Frauenleiche, die sich in meiner Phantasie bei geschlossenen Augen sehr realistisch visualisiert hatte.

In dieser Nacht schlief ich sehr, sehr gut. War ich doch voller Zuversicht, dass mir die verbrecherischen Zustände, unter denen die Menschen in Westdeutschland litten, erspart bleiben würden.

Zur Kur an die Ostsee

Du bist so dünn, Kleiner! Viel zu dünn! Wenn man dich gegen eine Neonröhre hält, sieht man die Scheiße wandern!»

Das hatte der Kinderarzt natürlich nicht wörtlich gesagt, aber gemeint, als er mir eröffnete, dass ich zur Kur müsse.

Ich war spindeldürr und federleicht. Ein blasser Strich in der grauen Landschaft. Viel zu leicht für mein Alter von zehn Jahren.

Der Wind hätte mich jederzeit fortwehen können, Wind aus dem Osten hätte mich womöglich über die Grenze in den Westen gepustet, und schon hätten meine armen Eltern unvorstellbar große Probleme bekommen. Wegen Beihilfe zur Republikflucht wurde man ja in den Knast gesperrt. Meine Kindheit war Siechtum. Ich war entweder erkältet, mit roten Punkten übersät, hatte ein dickbackiges Gesicht oder hustete mir den Kopf rot. Das alles kostete natürlich viel Kraft. Und darum wog ich fast nichts.

In meinen rekonvaleszenten Phasen bekam ich dann offenbar zu wenig oder immer was Falsches zu essen, Senf vielleicht, immer nur Senf.

Als meine kleine Schwester vier Jahre alt war, hat sie oft ihre Hände in Bautzner Senf gesteckt und abgeleckt. Kinder sind kulinarische Grenzgänger. Ihnen schmeckt sogar Holz. Stundenlang kauen sie begeistert auf Gummi rum. Mit Heißhunger verschlingen sie Bauklötze, voller Genuss stecken sie sich von Hunden als Revier markiertes Laub in den Mund.

Und wenn ihnen Mutti mal was Vernünftiges zu essen reicht, beißen sie die Hand, die sie füttert. Leider sind die schwesterlichen Heißhungerattacken auf Senf nicht dokumentiert worden, denn im richtigen Augenblick hatte wieder mal niemand eine Kamera zur Hand. Man muss dazu sagen, dass eine Kamera damals ein seifenstückgroßer Kasten war, in den man einen Film einlegen musste. Der Kasten spielte keine Musik und ging nicht ins Internet, was damals noch gar nicht existierte, nicht mal als Wort. Anrufen konnte man mit dem klobigen Gerät auch niemanden. Dieser kleine Kasten schoss tatsächlich nur Fotos, und zwar maximal sechsunddreißig Stück, dann war der Film voll – das nur als Information für die Generationen, die irgendwann mal nach mir kommen und das jetzt lesen.

Meine Schwester mochte nicht nur Senf. Eines Tages trank sie tatsächlich mal einen kleinen Schluck Rosenöl. Das duftende Öl befand sich in einer pipettenartigen Glasampulle, die wiederum in einem geschnitzten Holzfläschchen steckte. Meine Mutter hatte das Zeug mal von irgendwem geschenkt bekommen, zum Frauentag, zum Muttertag, zum Geburtstag – was weiß ich? Zum Valentinstag jedenfalls nicht. Den gab's bei uns nicht. Meine kleine Schwester war begierig zu wissen, wie das Rosenöl schmeckt. Ihr musste der Magen ausgepumpt werden. Ich war neidisch. Bei ihr war wenigstens was drin. Aus meinem Magen hätte man nur Magen gepumpt, so leer war der. Warum, weiß ich nicht. Ich aß doch. Oder aß ich nicht? Gab es vielleicht damals für mich nichts zu essen? Neben unserer Küche befand sich doch eine Speisekammer! Da drin lagerten doch lauter Köstlichkeiten: Dauerwurst im dicken Darm, Gläser mit Marmelade, Gläser mit Leberwurst, geschützt von einer blickdichten Schicht aus weißem Schweineschmalz. Durfte ich da nicht rein? Hat man mir nichts abgegeben? Bekam selbst unser Wellensittich Willi mehr zu futtern?

Ich habe es vergessen!

Vielleicht gab es ja auch nur Fensterkitt zu essen, und als der alle war, wurde ich ohnmächtig vor Hunger. Dies würde erklären, warum ich mich heute nicht mehr lückenlos an meine Zeit als Unterernährter erinnern kann. Doch mir wurde ja geholfen. Es ging zur Kur an die Adria der Ostdeutschen, das Schwarze Meer der armen Schweine, den Gardasee der Gedemütigten: die Ostsee.

Auf der Halbinsel Darß, in Ahrenshoop, stand das Kurheim. Darin lebten dicke Frauen, die aussahen wie Hexen und klumpige Schatten warfen.

Sollte ich auch so dick werden wie die? Waren sie so dick, weil sie kleine Kurkinder aßen? Wer sonst würde kleine, schmale, fast durchsichtige Jungen mästen wollen, wenn nicht bösartige, verfressene Hexen?

Sicherheitshalber hatte ich mir für alle Fälle ein Holzstöckchen eingesteckt, das ich als meinen Finger ausgeben könnte, wenn sie fragen sollten, wie dick ich schon bin.

Die dicken Frauen zeigten uns die Ostsee: «Guckt mal, das ist die Ostsee.»

Ich sagte: «Und da hinten ist der Westen.»

Die dicken Frauen zeigten schnell in die andere Richtung: «Da ist ein Wald, ein dunkler Wald, da sind viele Wildschweine und Hirsche drin. Und dahinter ist Polen.»

Ich hatte Angst und hielt den Mund.

Noch stärker als das Wild in der als Wald bezeichneten Baumgruppe ängstigte mich jedoch das Frühstück im Kurheim: Milchnudeln. Das waren kurze, hohle, gekrümmte Eierteigwaren aus Riesa in angedickter Zuckermilch. Kohlenhydrate in Reinform. Kindermastfutter.

Milchnudeln kannst du problemlos als Kleister für Raufasertapete verwenden. Du kannst hässliche Häuser damit noch hässlicher anstreichen, sie heiß über deine Feinde schütten oder Schweine damit mästen. Warme, zähflüssige volkseigene Brockenmilch, mit einer riesigen Kelle in einen noch riesigeren Teller geklatscht – das war unser Frühstück. Guten Appetit!

Die Aufpäppelsuppe schmeckte, obwohl sie massiv überzuckert war, muffig und abgestanden. Sie schmeckte nach Kinderheim. Sie schmeckte nach Hausarrest. Sie schmeckte nach hundert Jahren DDR. Müsste ich dem rumpelnden Spanplattenrock der Puhdys irgendeine Geschmacksrichtung zuordnen, dann die von Milchnudeln.

Ich nannte die Milchnudeln nur «Bäh», sie schmeckten nach «Bäh», und einmal hatte ich zu viel von diesen weißen Würmern in weißer Plörre gegessen und machte ausgiebig «Bäh» ins Klo.

Ich konnte mir nicht vorstellen, auf diese Weise zuzunehmen.

Auch die anderen Kinder im Heim hatten zu wenig auf den Rippen. Unser Tagesprogramm bestand daher hauptsächlich aus Essen. Zwischendurch spielen, in der Regel Brettspiele ohne viel Bewegung. Dann wieder was essen. Mittagsschlaf, ein bisschen frische Luft schnappen. Zum Badengehen in der Ostsee war es noch zu kalt, also beschränkten wir uns auf Strandspaziergänge. Wir sammelten Muscheln, ich wollte meiner Familie unbedingt welche mitbringen. Wenn man schon mal am Meer ist! Wenn man genau hinguckte, konnte man im Sand viele Glassplitter liegen sehen. Rundgeschliffene kleine Glassplitter aus aller Welt, sogar blaue Glassplitter waren darunter. Blaue Flaschen hatte ich bei uns in der DDR noch nie zu Gesicht bekommen. Die gab es bei uns nicht. Das da mussten also Westglassplitter sein. Aus Schweden. Oder aus England. Oder aus Amerika! Wir standen hier schließlich direkt am Meer, und das Meer kam überallhin! Ich sammelte die wertvollen Glassplitter auf und steckte sie in meine Hosentasche. Allerdings nicht in dieselbe Hosentasche wie die Muscheln. Damit blieb in meiner Hose noch eine Tasche frei für Bernstein. Ich habe aber keinen gefunden. Die Bernsteintasche blieb also leer.

Nach drei langen Wochen hatte dann der Milchnudelspuk ein Ende, und wir Kinder wurden mit einer «Rakete» nach Hause gefahren.

«Raketen» nannten wir die uralten ungarischen *Ikarus*-Busse, die damals den Osten vollstanken. Nach dem Anfahren waren die «Raketen» ganz schnell weg, verschwunden in einer schwarzen Wolke aus Dieselqualm.

Die halbe DDR hat danach gerochen, die Raketenwolken haben weiße Häuser grau und graue Häuser schwarz gemacht. Ohne zweimal täglich waschen hätte man die Einwohner der DDR überhaupt nicht mehr von den mosambikanischen Gastarbeitern unterscheiden können.

Nur mich hätte man erkannt, weil ich noch dünner war als die mosambikanischen Gastarbeiter. Nur nicht in diesem Jahr. Denn den Kindermästern von Ahrenshoop war es tatsächlich gelungen, mir Spurenelemente von Fleisch und Speck auf Rippen und Hüfte zu zaubern. Ein untrügliches Indiz dafür war, dass mich meine Eltern mit dem Auto vom Bahnhof abholten. Ich sollte mich bloß nicht bewegen und nach Hause laufen, wodurch mir das bisschen Körpermasse gleich wieder abhandengekommen wäre. Im Auto erzählten sie mir Neuigkeiten aus den Nachrichten. In Rom, weit weg in Italien, diesem unerreichbaren Teil außerhalb meiner kleinen Welt, hatte jemand auf den Papst geschossen. Ich war direkt ein bisschen erschüttert. Den Papst kannte ich aus der *Tagesschau* und den *heute*-Nachrichten. Er war eine wichtige Figur der Weltpolitik, ebenso wie diese Frau Thatcher aus England, der US-Präsident, Bundeskanzler Schmidt und Leonid Breschnew. Der liebenswürdige alte Papst winkte gerne großen Menschenmassen zu, sprach langsam, trug ein langes weißes Kleid und bedeckte seinen Kopf mit einer kecken weißen Kappe.

Ich war klein, und mir war damals nicht ganz klar, welche Funktion er innehatte, aber es gab meiner Meinung nach keinen Grund, warum man ihn erschießen sollte. Mein Fazit: Im westlichen Ausland liefen offenbar sehr, sehr böse Menschen rum.

Nicht für die Schule – fürs Leben lernen wir!

Unsere Schulwoche hatte sechs Tage. Jeder Schultag begann morgens um sieben. In den niedrigen Klassen endete der Unterricht gegen zwölf Uhr, später dann um dreizehn Uhr oder später. Samstags ließ man manchmal Gnade walten und entließ uns bereits gegen elf nach Hause. Zehn Jahre lang ging das so, dann war ich frei. Es erschien mir nicht erstrebenswert, zwei weitere Jahre die Schulbank zu drücken, um mein Abitur zu machen. Dafür hätte ich mich fürchterlich anstrengen müssen. Zehn Jahre lang mein Hirnschmalz auf höchster Stufe kochen lassen, um dann weitere zwei Jahre mit Aufgaben, Arbeiten und Aufsätzen gefoltert zu werden, die mich noch weiter an den Rand meines Verstandes führen sollten als die Schulaufgaben der zehnjährigen polytechnischen Oberschule? Nö, nicht mit mir. Ich wollte schließlich keinen Gehirntumor bekommen. Sollte Abi machen, wer wollte. Ich nicht.

Tatsächlich machten in der DDR ausschließlich diejenigen ihr Abitur, die das Zeug und den Willen dazu hatten. In den Großstädten mit Akademikerüberschuss achteten die Wächter des Bildungssystems zusätzlich streng darauf, bevorzugt den talentierten Söhnen und Töchtern der Proletarier einen Platz in der Eliteschule zuzuweisen. Nur wenn die Liste mit den zu besetzenden Planstellen noch eine Lücke aufwies, nachdem man wirklich alles abgegrast hatte und im Arbeiter- und Bauernnachwuchs keine halbwegs schlaue Leuchte mehr aufzutreiben war, ergab sich für den Spross einer Bildungsbürgerfamilie der Sprung auf den Zug in Richtung Universität. Schließlich war die DDR ein Arbeiter-und-Bauern-Staat, kein Land der Doktoren, Professoren und sonstiger Schlauberger! Die Intelligenz sollte dauerhaft Konkurrenz aus der Arbeiterklasse bekommen. Wer sich trotz aller Widrigkeiten nicht davon abbringen ließ, irgendwann studieren zu wollen, musste einen Beruf erlernen, dessen Berufsausbildung mit dem Abitur gekoppelt war. So was dauerte drei anstatt der üblichen zwei Jahre. Doch dann hatte man nicht nur ein Abitur in der Tasche, sondern auch einen handfesten Beruf erlernt, der Lohn und Brot einbrachte. Man war also doppelt qualifiziert. Rückblickend ist es unfassbar traurig, dass in der DDR viele spitzenmäßig ausgebildete Menschen hochgradig frustriert waren und zur Flasche griffen. Oder zum Strick. Weil die Nulpen oben an der Spitze alles verhinderten.

Da nur die Fleißigsten, die felsenfest vorhatten zu studieren, zum Abitur in der Erweiterten Oberschule (EOS) zugelassen wurden, gab es in den Universitäten keine überfüllten Hörsäle. Auch dürfte die Quote der Studienabbrecher in der DDR verschwindend gering gewesen sein – der unbedingte Wille zum Erfolg wusste das zu verhindern. Wir lebten in einem Bildungsparadies, das meilenweit entfernt war von heutigen Zuständen, wo jedem mittelmäßigen Faulpelz einfach so ein schönes Abitur hinterhergeworfen wird, woraufhin er ein Studienfach belegt, auf das er momentan Lust hat und mit vielen anderen plan-, ziel- und ehrgeizlosen Nichtsnutzen sinnlos die Hörsäle überfüllt.

Ich machte niemandem einen Platz in der EOS oder der Uni streitig. Ich wollte das Leben leben, ein bisschen arbeiten, ansonsten Spaß haben und ein berühmter Radiomoderator werden. Weitergehende Pläne hatte ich nicht gefasst.

Ich nahm am Unterricht teil. Mehr aber nicht. Rechnen, schreiben und lesen konnte ich von Anfang an. Die Noten in Betragen, Fleiß, Ordnung und Mitarbeit wiesen mich nicht als Streber aus. Gerade diese Kopfnoten geben mir beim heutigen Durchblättern meiner Zeugnisse Auskunft darüber, wann bei mir die Pubertät einsetzte. Gleichsam ist es mir ein großes, unerklärliches Rätsel, warum in drei Teufels Namen ich in der siebten Klasse im Fach «Einführung in die sozialistische Produktion» (ESP) eine Eins erhielt. Mysteriös. Das Schulfach «Einführung in die sozialistische Produktion» drangsalierte uns Schüler mit theoretischen Abhandlungen über die Produktionsabläufe chemischer Großbetriebe, die Zusammensetzung volkseigener Kombinate, die tragende Rolle des Braunkohletagebaus und die Zielsetzung von Fünfjahresplänen. Ein desillusionierender, ermüdender Blick in das, was uns in Zukunft, wenn wir Teil der Arbeitswelt waren, erwartete. Gähn! Dieser theoretische Exkurs in die Wirtschaftspolitik fand alle zwei Wochen statt – im Wechsel mit dem wesentlich interessanteren Unterrichtsfach «Produktiv Arbeiten» (PA). Aller vierzehn Tage durften wir einen ganzen Tag tatsächlich in einem volkseigenen Betrieb mitarbeiten, jeweils ein halbes Schuljahr lang im selben Betrieb. Ich erinnere mich, in der Mammut-Feilenfabrik Feilen in Plastikgriffe gesteckt zu haben. Regelmäßig ließ ich Feilen mitgehen und verschenkte sie an Freunde; Feilen kann man schließlich immer brauchen. Man findet doch im Alltag pausenlos irgendwelche Dinge, die man rundfeilen kann!

In der Abfüllanlage der Mammut-Brauerei klaute ich Bier für den Heimweg – was ich sonst dort tat, weiß ich beim besten Willen nicht mehr. In der landwirtschaftlichen «Rinderproduktion» kratzte ich stundenlang eingetrocknete Nassfutterreste von nudelholzgroßen Fließbandrollen, welche vollständig zu demontieren waren. Die Kugellager hatten wir auszubauen und neu zu ölen, damit die nächste tonnenschwere Fuhre Grünfutter planmäßig in die Fresströge unseres Essens gespien werden konnte.

Hauptsächlich sollten wir in diversen Betrieben sanft, aber kompromisslos an die Arbeitswelt herangeführt werden und vielleicht schon die ein oder andere Leidenschaft für den ein oder anderen Industriezweig entwickeln. Praktisch waren wir aber billige Arbeitskräfte, die beim Maschinenreinigen halfen oder knallhart und konsequent in die Produktionskette bei der Herstellung von Konsumgütern integriert wurden. Selbstverständlich ohne Bezahlung. Kinderarbeit mit Bildungsauftrag, das war «Produktiv Arbeiten» (PA).

Für meine persönliche Zukunft war bei all den Angeboten aber definitiv nichts dabei.

Jedes Schuljahr kam aufs Neue die unbeliebte Leistungsschau «Schulsportfest» über uns. Bei diesem knallharten Wettbewerb sollten besondere Fähigkeiten in diversen Bereichen der Körperertüchtigung unter Beweis gestellt werden. Das System war stets darauf erpicht zu wissen, ob seine Bemühungen, dem Nachwuchs durch Sportunterricht ordentlich Drill zu verpassen, etwas gebracht hatten. Es ging schließlich ums Überleben der sozialistischen Sache auf dem internationalen Parkett des Sports! Die Sportschulen des Landes benötigten pausenlos neues, biegsames und formbares Material, das dann alle vier Jahre bei Olympischen Sommer- oder Winterspielen der Weltöffentlichkeit vorführen sollte, dass Sportler, die nicht vom Imperialismus ausgebeutet werden, höher über Stöcke springen, flinker schwimmen und mehr Gewichte stemmen können – kurz gesagt: erheblich sportlicher sind als die überfütterten McDonald's-Moppel aus dem Westen! Und einmal jährlich wurde nachgesehen, ob irgendwo in der Masse der deutschen demokratischen Nachzucht ein weiteres fittes Leistungskind steckte, das zu einem toppen Kraftathleten zurechtgefördert werden konnte.

Das «Fest» in Sportfest war eine glatte Lüge, und das persönliche Abschneiden bei der ganzen bekloppten Veranstaltung hatte auch noch Einfluss auf die Sportnote im Zeugnis. Oje! Dementsprechend war beim jährlichen Sportfest im Sangerhäuser Friesenstadion die sozialistische Gemeinschaft passé und knallharte Konkurrenz das Gebot der Stunde. Wer ist der Schnellste? Wer ist der Stärkste? Wer hält demnächst als medaillenverzierter Olympionike eine Rede in der Volkskammer wie unsere Karl-Marx-Städter Eisprinzessin Katharina Witt? So jedenfalls der theoretische Gedanke, der hinter dem Sportfest steckte.

In der Praxis war das Sportfest, was den großen Teil des Menschenmaterials in unserer Klasse anging, eine Leistungsschau des Fremdschämens. Missmutige Teenager mit Haltungsschäden quälten sich mit unorthopädischen Bewegungen, die neue Gebrechen hervorriefen, über die Tartanbahn. Jede Sportart wurde so ad absurdum geführt. Stabhochsprung verkam zum Hohlkreuzlimbo. Beim Weitsprung holperte menschliches Gehacktes mit Akne und X-Beinen im Tiefflug durch die Gegend. Ausdauerlauf machten wir zur Zeitlupenpolonaise von Insassen eines Lungensanatoriums, die kollektiv ihre offene Tuberkulose aushusteten. Aus hundert Metern Sprint wurde hundert Meter Gegenwindrudern. Schlagballweitwurf erstand in meinem Fall neu als Murmeln. Und beim Kugelstoßen kämpfte Wackelpudding gegen Gussstahl in der Deppendisziplin «Wie wirkt eigentlich die Schwerkraft?».

Was man mit uns bei den Sportfesten veranstaltete, war höllisch gefährlich. Ein Wunder, dass es keine Toten gab. Der Spruch «Sport ist Mord!» stimmt nämlich von vorn bis hinten. Und «Sport macht doof!» stimmt auch. Man muss sich nur mal angucken, was aus Lothar Matthäus geworden ist. Auch unter ehemaligen Schwimmsportlern gibt es die eine oder andere Intelligenzbestie. Wer einen großen Teil seines Lebens eingelegt in Chlorwasser verbringt, erleidet zwangsläufig Sauerstoffverlust im Hirn. Die schlimmen Folgen sind irreparable Denkschäden, Realitätsverneinung und Rückverdummung. Die Hallenbadnixe Franziska van Almsick ist ein leuchtendes Beispiel dafür. Anlässlich irgendeines Jubiläums, war es ein Mauerfalljahrestag oder der achtzigste Geburtstag von Altkanzler Kohl, diktierte die Ost-Berliner Schnellkraulschnecke einem Journalisten in den Block, dass sie sich bei Dr. Helmut Kohl ganz herzlich für den Mauerfall bedanke. Dabei weiß doch jedes Kind, dass nicht Helmut Kohl die Mauer zum Einsturz gebracht hat, sondern David Hasselhoff!

Wofür brauchte man Sport? In welchem Beruf nimmt man bitte schön Anlauf, um mit einer Stange in der Hand ein Hindernis zu überwinden? Ich habe es bis heute nicht herausgefunden. Es ist mir auch schnuppe. Ich stand nie auf dem Siegertreppchen. An meiner Kinderzimmerwand hingen weder eine Medaille noch eine Urkunde. Ich hatte nur das Ziel, meine Vier in Sport nicht in eine Fünf zu verwandeln, was meinen ohnehin nicht sehr vorzeigbaren Notenschnitt in den Abgrund gerissen hätte. Und das ist mir unter Aufbietung großer persönlicher Opfer auch gelungen.

Bis heute verfolgt mich das schadenfrohe Gelächter der «Klassenkameraden», wenn sie beim Sportfest wieder mal japsend rätselten, welche Sportart ich da gerade imitierte.

Zum Glück hat mein Gedächtnis die meisten Demütigungen komplett aus meinem Hirnkasten getilgt. Eine winzige Episode bewahrt meine Erinnerung an damals aber noch auf. Einmal war Marco Blatt, ein rätselhaft dummer und tollpatschiger Schüler, der noch schlechter in Sport war als ich, nicht zum Sportfest erschienen. Darauf stand eigentlich die Todesstrafe.

Unser Klassenlehrer, Herr Schüttler, stellte Marco am nächsten Tag zur Rede: «Marco, dir ist klar, dass ich dir dafür keine Eins gebe. Du hast das ganze Sportfest vergeigt. Wo warst du eigentlich?»

Sechsen gab es bei uns nicht. Die schlimmste Note und das absolute Todesurteil war die Fünf. Und die Note Fünf in einem Schulfach, in dem man eh schon auf Fünf steht, war natürlich ein hoher Preis für einen Tag Freiheit. Doch null eingeschüchtert und absolut überzeugend, so als würde er seine Ausrede selber glauben, erwiderte Marco: «Ich habe den Eingang vom Friesenstadion nicht gefunden.»

Was für eine Ausrede! Einfach genial. Jeder Sangerhäuser kennt das Friesenstadion. Jeder weiß, wo der Eingang dieses Stadions ist. Das lernt man schon bei der Geburt. Warum war mir bloß all die Jahre nie so eine granatenstarke Notlüge eingefallen? Viele demütigende Sportfeste wären mir erspart geblieben. Vielleicht sogar alle. Aber die besten Einfälle hat man ja immer dann, wenn alles längst vorbei ist. Und wenn man nicht gerade vorhat, als Fallschirmjäger in einer Berufsarmee Afghanistan zu befreien, kann einem die Sportnote im Zeugnis auch piepegal sein.

Sicherungskopie

Sicherungskopien sind eine feine Sache. Sie sorgen heutzutage nicht nur dafür, per Mail eingehende Offerten für eine prestigeverbessernde Gemächtverlängerung oder interessante afrikanische Geldanlagemodelle für immer auf Festplatte zu archivieren. Sicherungskopien sind darüber hinaus der sicherste Weg, dem pausenlos voranschreitenden Leben seine verdammte Vergänglichkeit zu nehmen. So wie Mutti früher Obst durch Einkochen gesichert hat, versuche ich heute ebenfalls alles Mögliche zu konservieren – nicht nur digitale Daten.

Neulich hatte ich unbändigen Appetit auf Fischstäbchen. Statt aber wie üblich nur eine Packung zu kaufen, kaufte ich zwei. Eine packte ich ins Gefrierfach, als Sicherungskopie für alle Fälle. Die andere Packung legte ich daneben – als Original der Sicherungskopie. Soll man ja immer schön aufheben, falls mal jemand die Lizenz sehen will. Ich traute mich dann aber nicht, die Fischstäbchen zu brutzeln. Weil ich ja dann nur noch die Sicherungskopie gehabt hätte. Beziehungsweise das Original ohne Sicherungskopie. Das hätte mich enorm verunsichert! Hätte ich die zweite Packung dann auch noch gebraten, wäre mir gar nichts mehr geblieben!

Mein Hang zur Sicherheitskopie ist nicht neu. Ich habe immer schon Sicherungskopien angefertigt. Auch damals schon, als das Wort noch gar nicht existierte, weil Computer noch nicht so verbreitet waren. Auf Magnetbandkassetten nahm ich Sicherungskopien westdeutscher Radiohitparaden auf.

Handschriftlich stellte ich im Unterricht Sicherungskopien der Klassenarbeiten meiner Banknachbarin Sandra Schmollke her. Mein Bestreben, ihre großartigen Werke vor dem Vergessen nach Ende des Schuljahres zu bewahren, wurde aber in keiner Weise gewürdigt. Ich hätte aus purer Faulheit das ganze Schuljahr über nur abgeschrieben, stand in meinem Zeugnis. Wenn das so weiterging, war mit den dafür erhaltenen Noten leider keine Versetzung möglich. Ganz knapp schaffte ich das Schuljahr und blieb nicht hängen, wie wir das nannten, wenn jemand das ganze Schuljahr noch mal durchleiden musste und in seinem Hirn eine Sicherungskopie des gerade durchlittenen Schuljahres angelegt wurde.

Die DDR hatte auf dem Gebiet der Sicherungskopien eine fortschrittliche Position inne, sowohl im privaten als auch im staatlichen Bereich. Nach der Wende stellten meine Eltern zum Beispiel erfreut fest, dass die Staatssicherheit Sicherungskopien ihres Lebens angefertigt hatte. Jeder Brief, den meine Mutter an die Verwandten im Westen schrieb, wurde von den Facharbeitern der Staatssicherheit vor der Weitergabe an die Deutsche Post der DDR nochmals fachmännisch aus dem sorgfältig aufgedampften Briefumschlag rausgenommen, fotokopiert und wieder in den Briefumschlag rücküberführt. Dabei wurden die Schriftstücke einer gründlichen Rechtschreibprüfung unterzogen und im Falle von Fehlern unauffällig korrigiert. Die DDR sollte sich schließlich im Westen nicht blamieren. Wenn schon die Leistungen unserer Athleten bei den Olympischen Spielen herausragend waren, dann durfte der Rest der Bevölkerung natürlich nicht durch falsche Rechtschreibung negativ auffallen. Hätte die Stasi die untersuchten Briefe benotet, wäre für meine Mutter sicherlich eine Eins plus herausgesprungen, denn sie macht nie Rechtschreibfehler.

Als sie einige Jahre nach der Wende die Kopien ihrer Stasiakten studierte, war sie gerührt vom niedlichen und absolut inhaltsfreien Inhalt der Briefe, die sie an meinen Patenonkel in Kanada geschrieben hatte. In ihrer Post nach Kanada hatte nämlich nur gestanden, wie das Wetter gerade war. Dank der Sicherungskopien unserer Staatssicherheit wusste sie nun, dass sie damals in die Briefe quasi nichts reingeschrieben hatte.

Was ja auch kein Wunder war, denn wir hatten ja nichts. Außer Wetter!

«Heute ist relativ schönes Wetter», stand in jedem Brief drin. Nie schrieb meine Mutter, dass das Wetter traumhaft schön sei. Offenbar reichte das den Stasischergen, um die harmlose Frau als Hobbysystemkritikerin einzustufen und fortan ihren Meinungsaustausch mit dem Klassenfeind zu überwachen. Dies allerdings nur sporadisch. Es gab so vieles, was eine Beschwerde verdient hätte, aber Mutter war bescheiden. Es wäre uns deutlich besser gegangen, wäre sie eine von den ganz harten Systemkritikerinnen gewesen, mit einer modernen Bärbel-Bohley-Widerstandsfrisur und behängt mit Buttons, auf denen nicht nur der Luschenslogan «Schwerter zu Pflugscharen» stand, sondern richtig harte Forderungen wie «Trabi sofort, nicht erst in 13 Jahren!» oder «Puhdys in die Produktion!» oder «Bananenkisten statt Volkspolizisten».

Denn nur die knallharten Systemkritiker wurden mit der angemessenen Sorgfalt überwacht. Damit das fehlerfrei funktionieren konnte, bekamen die sofort einen Telefonanschluss. Nur wir hatten keinen. Der Grund dafür: Mutters nur halbherzig geübte Häschenkritik am Arbeiter-und-Agenten-Staat. Der Beweis: die Stasi-Sicherungskopien ihrer Briefe in den Westen.

Urlaub im Harz

Meine Schul-Banknachbarin Sandra Schmollke hatte sich im Schreibwarenladen mal eine Witzpostkarte gekauft. Auf der Karte stand der dumme Spruch «Ich könnte heute noch den Totenschädel jenes Mannes küssen, der die Ferien erfunden hat».

Das Wort «Ferien» war blau und groß und wellenförmig geschrieben und stand wohl suggestiv für «Ferien an der Ostsee» machen.

Doch die Familie, zu der zu gehören ich mir nie ausgesucht hatte, fuhr in den Ferien nicht an die Ostsee, die Côte d'Azur des Arbeiter-und-Bauern-Staates.

Meine Familie fuhr immer in den Harz, in den Harz, in den Harz.

Das ist ja vielleicht ein schönes Reiseziel für Leute, die an der Ostsee wohnen.

Wir jedoch wohnten im Harzvorland, wir wohnten schon drin im Harz, der Harz fing quasi im Wohnzimmer an, dort, wo die Brockenhexe aus dem VEB Brockenhexenkombinat Thale an der Wand hing. Und direkt vor unserer Haustür war schon der erste Harz-Berg, gleich hinter dem Fußabtreter, auf dem «Haxen abkratzen!» stand.

In der Wohnung Harz, vor der Wohnung Harz, im Radio Hans Hartz und im Urlaub der Ostharz. Unsere Familie war komplett verharzt, es war zum Heulen.

Ich erkläre mir die große Affinität zum Harz damit, dass alle Mitglieder unseres Familienkollektivs kurzsichtig sind.

Meine halbblinden Schwestern und ich hatten die Augenbehinderung unserer Eltern geerbt, und die hatten ihre abgeblendeten Gesichtsscheinwerfer wiederum von ihren Eltern.

Offenbar haben unsere Eltern mit ihren Hornbrillen schlichtweg nicht gesehen, wie nah sie schon am Harz dran waren, und fuhren darum jedes Jahr in das Mittelgebirge unserer Albträume.

Harz, wie das schon klingt. Als ob ein bulimiekranker Hund sich die Pfote in den Hals steckt, aber trotzdem keinen Brocken rauskriegt. «Harz.»

Die Zeugnisausgabe vor den Sommerferien wurde so zur Hölle. Nicht wegen der Noten, wir wussten, was wir bekommen würden. Irgendein Mitschüler trug immer das Klassenbuch für den Lehrer ins nächste Zimmer, und nach wenigen Kopfnüssen war man über seinen aktuellen Notenschnitt im Bilde. Nein, das Schlimme war: Zeugnisausgabe hieß Ferienbeginn, hieß Urlaub mit den Eltern, hieß «Ab in den Harz!». Horror!

Mein Vater, dieser Komiker, eröffnete die Sommerferien alljährlich mit der tollen Quizfrage: «Na, ratet mal, wo wir dieses Jahr hinfahren! Na?» Genauso gut hätte er fragen können: «Welche Partei gewinnt wohl bei der nächsten DDR-Kommunalwahl?»

Meine große Schwester eröffnete die Sommerferien rituell mit dem Satz: «So, ich lauf dann schon mal los, ich weiß ja, wo es hingeht!»

«Hast du auch deine Ersatzbrille eingesteckt?», fragte meine Mutter zurück. Mutter, die Mitschuld daran trug, dass die ganze Familie eine Eulenfamilie war, der man in den Straßen unserer Stadt «Uhu! Uhu!» hinterherrief. Fünf Eulenmakaken, die Kriegsblinden aus der Bergstraße.

Ich brauche wohl nicht zu erwähnen, dass alle Eingeborenen des Harzes unsere Familie kannten. An jeder Waldraststätte der nur knapp fünfzehn Kilometer kurzen Strecke in den Urlaub war ein Parkplatz für uns reserviert. Gleich neben dem obligatorischen Behindertenparkplatzschild stand ein Schild mit einer Brille drauf: Das war unser Zeichen.

Ja, es hatte sich herumgesprochen, wo wir langfahren und wo wir parken. Große Abordnungen der Harz-Einsiedler standen am Straßenrand, um uns zu verhöhnen: Sie imitierten mit Zeigefinger und Daumen Brillen.

Wir ignorierten ihre Schmähungen, nahmen einfach unsere Brillen ab und sahen nichts mehr. Trotzdem bauten wir keinen Unfall, denn unser robuster Škoda fand blind seinen Weg durch den Harz – er war das einzige Familienmitglied, das richtig gucken konnte.

Der vierschrötige Viertakter aus dem tschechischen Bruderstaat brachte uns zuverlässig ins Ferienheim des *Freien Deutschen Gewerkschaftsbundes (FDGB).* Das einzig Freie am *FDGB* war die Mitgliedschaft. Man musste nicht eintreten, aber man konnte, wenn man wollte. Bezeichnend für eine Organisation, die das Attribut «Frei» im Namen trägt, ist bekanntlich ihre Unfreiheit. In einer «Volksrepublik» hat das Volk ja auch nichts zu melden, ebenso wie ein «demokratisches» Land unter Garantie eine lupenreine Diktatur ist. Selbstredend beschützt eine «Volkspolizei» das Volk nicht vor seiner Regierung. Und so durften die FDGB-Mitglieder in den VEBs eben auch nicht darauf hoffen, dass ihr Gewerkschaftsbund jährlich wiederkehrende Streiks zum Erzwingen neuer Tarifrunden organisierte. Der gute alte Arbeiterkampfsport «Streik» war im Sozialismus verboten. Höhere Löhne waren für die Betriebe sowieso unbezahlbar.

Die Existenzberechtigung des FDGB reduzierte sich insofern auf das Einsammeln der Mitgliedsbeiträge, das Abhalten einschläfernder Mitgliedsversammlungen und – das war der Hauptgrund, diesem Verein beizutreten – das Betreiben von

Ferienheimen. Private Ferienwohnungen existierten zwar, aber unser begrenztes Ferienbudget schloss den Luxus, zwei Wochen derart glamourös zu logieren, von vornherein aus. Auch die Unterkunft in einem Hotel war undenkbar. Den teuren Spaß konnten sich Kinderlose, SED-Bonzen und Westtouristen leisten. Meine Eltern aber nicht. Sie beantragten brav jedes Jahr in ihren Betrieben Plätze in FDGB-Ferienheimen. Mal bekam meine Mutter den Zuschlag, mal mein Vater.

Die Ferienheime wiederum waren genormte Wohneinheiten für ganze Familien, also entweder Ferienwohnungen in größeren Häusern oder kleine, feuchte, dunkle Lauben auf größeren Wald- oder Seegrundstücken, in denen dann eine Familie zwei Wochen aufeinanderhockte und das Ende ihres Urlaubs herbeisehnte.

Zum Beispiel im Harz, im FDGB-Ferienheim «Juri Gagarin», wo uns die Herbergsmutter Jahr für Jahr nicht mit «Schön, dass ihr wieder da seid!» begrüßte, sondern mit: «Wo habt ihr euch denn so lange rumgetrieben? Kommt rein, Essen wird kalt!»

Erotisches zur Nacht

In der DDR war nur wenig wirklich lustig. Schildert ein Überlebender den Alltag im zerbröselten Sozialismusexperiment zwischen Rostock und Oberwiesenthal, dann meist ausgeschmückt mit negativen Attributen. Grau, sauer, vitaminarm. Ersatzgemüse, Graupensuppe, Puhdys-LPs. Einbahnstraße, Zweitaktgemisch, Pfeffischnaps. Wie konnte in diesem Regime der Finsternis überhaupt menschliches Leben existieren? Gab es denn gar nichts Lebenswertes im abgeschotteten Märchenland?

Doch. Wenn Pfingsten, Weihnachten und Ostern draußen die Bürgersteige schon einige Stündchen hochgeklappt waren, wurde es hinter den Mauern der sozialistischen Wohneinheiten heiß, und die grobklotzigen RFT-Fernsehgeräte aus Staßfurt verwandelten sich in erotische Guckkästen: DDR 1 strahlte endlich mal wieder die französische Softsex-Fernsehserie «Erotisches zur Nacht» aus.

Jede Episode von «Erotisches zur Nacht» dauerte etwa dreißig Minuten und bestand aus prickelnden Kurzgeschichten, die im 17. oder 18. Jahrhundert spielten. Kostümlastig waren die Softsexfernsehspiele genregemäß nur ganz am Anfang. Die Handlung war immer gleich: Ein armes, aber spitzenmäßig aussehendes Bauernmädchen kommt auf ein feudales Schloss, um dem greisen, gichtgeplagten Grafen dienstbar zur Hand zu gehen. Nun wohnte auf dem weitläufigen Schloss des adligen alten Pflegefalls aber zufällig auch ein potenter, attraktiver junger Proletarier – also ein Gärtner,

Stallbursche oder sogar Rittmeister –, welcher der jungen Maid neue Perspektiven in Sachen freizügiger Freizeitgestaltung aufzeigte.

Nach einigen Kamerafahrten durch das opulent ausstaffierte Schloss und langsamen Schwenks über die schöne französische Provence, die nonchalant auch die Bedürfnisse der zuschauenden DDR-Bürger nach Reisefreiheit befriedigten, ging es schwuppdiwupp los mit Ausziehen, Streicheln, erotischem Rumgehauche und lebensecht angedeuteten Kopulationsbewegungen. Wer dachte schon ernsthaft an Reisefreiheit, wenn das Fernsehen echten Sex zeigte! Westsex!

Offiziell gab es keine Erhebung von Einschaltquoten für das DDR-Fernsehen. Man wusste nie, wie viele Fernsehzuschauer zum Beispiel von Dagmar Frederic oder dem *Kessel Buntes* hinter dem Kachelofen vorgelockt wurden. Für Dagmar Frederic und den *Kessel Buntes* war das wahrscheinlich auch besser so, sie hätten sich über die desaströsen Quoten schwarz geärgert.

Im Fall von «Erotisches zur Nacht» hatte das DDR-Fernsehen vermutlich mehr Zuschauer als ARD und ZDF zusammen.

«Erotisches zur Nacht» war die einzige Sendung, bei der selbst hartgesottene Westfernsehgucker – also fast alle DDR-Bürger – freiwillig DDR 1 einschalteten.

Da saß ich also, mit offenem Mund, und sah mir im Kreis der Familie diese erotische Fernsehserie an, in der vor meinen Augen Dinge angestellt wurden, die ich bis dato noch nicht am eigenen Leib erfahren hatte.

In der Realität wurde ich immer häufiger ohnmächtiger Zeuge unerhörter Paarungsanbahnungen. Hilflos musste ich mit ansehen, wie forschere Klassenkameraden als ich bei der Tanzstunde ohne Skrupel auf die hübschesten Weiber zumarschierten und den Kurs von Anfang bis Ende mit extrem begehrenswerten Tanzpartnerinnen-Trophäen absolvierten. Die meisten Tanzpärchen gingen danach sogar richtig miteinander. Für mich und andere vollends verschüchterte Leidensgenossen, deren Hormone zu schwach waren, um die Mauer aus Sprachhemmung und Selbstzweifel niederzureißen, blieben bei der Tanzstunde nur die Trampeltrullas aus den örtlichen Seitenstraßen übrig, deren Vornamen man selbst beim Abschlussball immer noch nicht kannte, weil man aus purem Frust über vertane Chancen bei der Jagd nach Klasseweibern nicht mehr fragte, wie das dicke Mädchen hieß, dem man beim grobmotorischen Robotersamba auf die Füße trat. Kurz: Ich hatte nicht so richtige Erfahrung mit Frauen. Ich war nicht nur vom Sternzeichen her Jungfrau.

Und damit nicht genug, war ich dazu verdammt, «Erotisches zur Nacht», das Heißeste, was es damals im gesamtdeutschen Nachkriegsfernsehen gab – die Serie mit großen nackten Frauenhintern, großen nackten Frauenbrüsten und täuschend echt angedeutetem Geschlechtsverkehr –, zusammen mit meiner Familie anzugucken. Mit Mutti, Vati und meiner großen Schwester. Auf dem Familiensofa, unter dem Bild mit den Blumen. Zu Pfingsten, Ostern und Weihnachten. Mit Wein, Bier, Brause, Erdnussflips und, in meinem Fall, angestrengt entspannter Sitzhaltung. Danach musste ich immer dringend pinkeln. Seltsam.

Wenn die heiße Feiertagsfernsehserie dann vorüber war, hatte sich die knappe Luft im Wohnzimmer aufs unerträglichste aufgeheizt. Zumindest ich war auf unserem Chemiefaserfamiliensofa nicht mehr nur elektrostatisch aufgeladen. Es wird ja heute gern von «Public Viewing» gesprochen. Wir haben so was schon damals zelebriert!

Hinterher löschte Vati sofort das Licht; es wurde geschlafen und nicht mehr drüber geredet. Danach geraucht wurde selbstverständlich gleich gar nicht, denn niemand in meiner Familie rauchte.

Unter selbsternannten Experten war es lange Zeit Trend zu behaupten, dass die in der DDR aufgewachsenen Menschen nur deshalb latent zu Rechtsradikalismus, Kindermord und Antriebslosigkeit tendieren, weil sie im Kindergarten zusammen aufs Klo gehen und sich gegenseitig nackt beim Kacken zugucken mussten.

Kompletter Quatsch! Schlimm war, mit der ganzen Familie Sexfilme zu gucken! Ich wundere mich täglich, dass ich dadurch bis heute keinen nennenswerten Schaden davongetragen habe.

Mein Pionierornat aus weißem Hemd und blauem Tuch hatte ich an den staatlichen Feiertagen der DDR anzulegen, also am 7. Oktober (Republikgeburtstag) und am 1. Mai (Internationaler Kampftag der Arbeiterklasse). Außerdem trug ich es auf Geheiß der Pionierleiterin noch zu Quatschanlässen wie dem *Tag der Soldaten der Nationalen Volksarmee*, dem *Internationalen Kindertag*, dem *Internationalen Frauentag* und irgendwelchen anderen nationalen oder internationalen Tagen. Unser kleines Land verfügte in Hülle und Fülle über derartige Gedenkanlässe, aber nur noch an wenige von ihnen kann ich mich erinnern. Das Internet weiß da mittlerweile besser Bescheid.

Die regelmäßige Teilnahme an Fahnenappellen lag ebenso im Pflichtuniversum eines Jungpioniers. Schon allein deswegen, weil die Fahnenappelle regelmäßig in der Schule und dort insbesondere in den Pausen zwischen den Schulstunden oder morgens vor dem Unterricht stattfanden, konnten sie sich meiner Anwesenheit sicher sein. Fahnenappelle waren die *Company Meetings* unserer Zeit. Wir hielten sie im Stehen ab und ließen sie an uns vorbeiziehen. Denn auch ein Fahnenappell hatte schließlich irgendwann ein Ende, das Leben jedoch ging weiter.

Rückblickend kann man sagen: Ich habe mein Pionierdasein einfach ausgesessen – bzw. ausgestanden. Es störte mich nicht sonderlich, Pionier zu sein. Genauso gut hätte die Pionierorganisation eine harmlose religiöse Vereinigung sein können, in deren Fänge mich der spleenige Glaube meiner Eltern verfrachtet hatte.

Solange ich Pionier war, verbrachte ich einen Teil meiner Sommerferien in Pionierferienlagern. Viermal – und somit am häufigsten – deportierte man mich ins Ferienlager «Thomas Müntzer» auf dem Kyffhäuser.

Meine Eltern trauten mir nicht so richtig über den Weg und wollten mich während der Sommerferien tagsüber nicht unbeaufsichtigt in der Wohnung zurücklassen. Ich hätte ja aus Langeweile die Schrankwand anzünden können. Oder die Raufasertapete mit Schleifpapier abschmirgeln. Oder Speiseöl ins Spülmittel schütten. Oder Margarine in die Hautcreme rühren. Um also grobem Unfug vorzubeugen, verbrachte ich zur Sicherheit meiner Eltern meine Ferien bei «Thomas Müntzer».

Die Aufenthalte in solchen Ferienlagern waren immer gleich. Am ersten Tag stellten sich alle Kinder, bis auf den Schlüpfer entkleidet, zur ärztlichen Untersuchung auf. Jedes Kind wurde vermessen, gewogen, abgeklopft, mit einem fürchterlich kalten Stethoskop abgehorcht und auf Läuse untersucht. Hatte man Pech und musste zur Entlausung, was den anderen Kindern natürlich nicht verborgen blieb, war man unwiderruflich als Asi abgestempelt. Die nächsten Wochen waren dann kein Spaß mehr.

Der klar geregelte Alltag im Ferienlager war in feste Abläufe aus kleinen Pflichtritualen unterteilt. Jeder Morgen startete mit dem von mir abgrundtief gehassten Frühsport. Ich war noch gar nicht richtig munter und musste schon rennen und aus nicht nachvollziehbaren Gründen irgendwelche bekloppten Gymnastikübungen machen. Widerlich! Danach wurde in der Lagerkantine immer das gleiche Frühstück angeboten – so ein Massenfrühstück für mehrere hundert

Kinder in einem Ferienlager war nicht besser als Gefängnisverpflegung. Auf individuelle Bedürfnisse wurde keinerlei Rücksicht genommen. Jeder bekam die gleichen Pappbrötchen und dieselbe rote gleichgeschaltete Industriemarmelade. Und jeder hatte zum Verzehr seines Frühstückkombinats dieselbe Zeit zur Verfügung. Danach war Ende im Gelände, und es gab nix mehr. Und tatsächlich gab es damals nichts, was man hinsichtlich individueller Lebensmittelverträglichkeit hätte beachten müssen. Heute alltägliche Macken wie Laktoseintoleranz, Glutamatunverträglichkeit, Weißmehlallergie, Kernobstallergie und so weiter und sofort existierten einfach nicht. Hatten die Sozialismus-Chefstrategen einen Weg gefunden, den Stoffwechsel ihres Volkes gleichzuschalten? Eine Hypothese, die man mal genauer untersuchen sollte. Fakt ist: Jeder konnte alles vertragen. Und jeder hat auch alles gegessen. Klingt komisch, war aber so.

Vegetarier wurden einige dann erst in der Pubertät. Aber von der waren wir hier im Pionierferienlager noch so weit entfernt wie von der Möglichkeit, einfach mal Ferien auf einer Insel in der Südsee zu machen – und nicht im muffigen Pionierferienlager oben auf einem mittelgebirgsähnlichen Höhenzug, den meine Eltern von ihrem Schlafzimmer aus sehen konnten.

Der dem Frühstück folgende Tagesablauf bestand oft aus Exkursionen zu einer nahegelegenen «Sehenswürdigkeit», welche im Normalfall eine der beiden verfügbaren Tropfsteinhöhlen war, die wir besser kannten als unseren Schulranzen. Denn auch die schulischen Wandertage kannten all die Jahre nur zwei Ziele: die Tropfsteinhöhle «Heimkehle» in ungeraden Jahren und die «Barbarossahöhle» auf dem Kyffhäuser in Jahren mit gerader Jahreszahl. Es stimmt nicht, dass wir damals nichts hatten. Wir hatten Höhlen!

Ebenso wenig wie von Höhlenausflügen wurden wir im Ferienlager von ekligen Sportfesten verschont. Außerdem zwangen uns unsere Betreuer zur Teilnahme an einer Talentshow auf der Freilichtbühne des Ferienlagers. Weitere scheußliche Events, mit denen sich Erwachsene den ehrlichen Hass von Halbwüchsigen erarbeiten konnten, habe ich – wie so vieles – gnädigerweise vergessen. Die Sommer im Ferienlager waren jährliche Urlaube in der Zeitschleife.

Doch im Sommer 1983 ereignete sich im Pionierferienlager «Thomas Müntzer» auf dem Kyffhäuser etwas Besonderes. Eines Tages fuhr ein Ikarus-Bus vor, begleitet von einer Polizeieskorte. Vor dem Bus fuhr ein Lada der Volkspolizei mit angeschaltetem Blaulicht. Hinter dem Bus ein zweiter Lada. Auch sein Blaulicht war eingeschaltet. Der Bus und seine Eskorte stoppten vor dem Haupttor des Lagers. Erst mal geschah nichts. Gespenstische Ruhe machte sich breit. Neugierig versammelten wir uns am Tor.

Einer der Jungs aus meiner Baracke, Peter, fragte leise in meine Richtung: «Alter, siehst du das? Polizei mit Blaulicht. Die bewachen den Bus, Alter. Warum?»

«Vielleicht sind da Kriminelle drin. Heimkinder vielleicht. Welche aus dem Jugendwerkhof.»

«Ach du Scheiße, Alter!»

Im Jugendwerkhof landeten Kinder, die für ein normales Kinderheim zu kriminell und für den Knast zu jung waren. Die ideale Brutstätte für Berufsverbrecher. Dachten wir damals.

Wir standen da, betrachteten den Bus und fürchteten um unser Leben. Man wollte uns mit unberechenbaren Verbrechern zusammenpferchen und das Lagertor von außen zuschließen. Die vier Volkspolizisten da vorn würden, sobald die Gangster aus dem Ikarus ausgestiegen waren, sofort abhauen. Da kam Karsten angerannt. Er hatte sensationelle Neuigkeiten parat:

«Die kommen von drüben, Alter!»

«Hä?»

«Aus dem Westen, Alter!»

«Echt?»

«Ja. Die sind aus der Bundesrepublik. Junge Pioniere.»

«Was? Junge Pioniere aus dem Westen? Bist du bescheuert, Alter?»

«Nee, ich nicht, DIE sind bescheuert. Leben im Westen und sind Junge Pioniere!»

Die Jungen Pioniere der BRD waren eine Kinder- und Jugendorganisation der Deutschen Kommunistischen Partei (DKP). Diese Kleinpartei wiederum hing finanziell am Tropf der SED und tauchte im bundesdeutschen Bewusstsein höchstens mal auf, wenn das Fernsehen anlässlich der Bundestagswahl einen DKP-Wahlwerbespot ausstrahlte. Sonst spielte das winzige Sammelbecken für Hobbykommunisten keine nennenswerte Rolle, konnte die DKP doch nie irgendwelche beachtlichen Wahlerfolge für sich verbuchen. Viele Ostdeutsche hatten keinen blassen Schimmer von der Existenz dieser Partei. Sie wurde zwar hin und wieder in der gleichgeschalteten Ost-Tagespresse erwähnt oder in der *Aktuellen Kamera*, der Hauptnachrichtensendung des DDR-Fernsehens – aber wer las schon intensiv den Politikteil ostdeutscher Tageszeitungen? Und wer guckte ernsthaft die *Aktuelle Kamera*?

«Die armen Schweine. Die könnten Urlaub auf einer Südseeinsel machen. Die können weltweit verreisen. Und wo schickt man sie hin? Hierher, zu uns. In den Osten. Das ist doch krank, Alter!»

«Ich kann mir nicht vorstellen, dass die freiwillig hier

sind, die haben bestimmt irgendwas ausgefressen und müssen jetzt zur Strafe hierhin. Oder die betreiben Katastrophen-

tourismus.»

«Vielleicht waren die ja schon überall und haben alles gesehen. Nur hier waren sie noch nicht, das größte Abenteuer ihres Lebens steht ihnen noch bevor.»

«Ich bleibe dabei: Die haben was ausgefressen, und jetzt müssen sie dafür büßen!»

Das war auch mal was Neues: Wir hatten Mitleid mit westdeutschen Kindern. Die Ärmsten hatten kommunistische Eltern und bekamen dafür die Höchststrafe aufgedrückt: Ferien in der Zone. Aber warum die Polizeieskorte? Diese Kinder aus der BRD, waren sie trotz ihrer kommunistischen Eltern für uns der Klassenfeind? Weil sie ja nicht die Kinder von Ostkommunisten, sondern von Westkommunisten waren? Vielleicht verhielt es sich mit dem Kommunismus so ähnlich wie mit dem christlichen Glauben. Den gab es in meiner Jugend nur in zwei verschiedenen Sorten: katholisch und evangelisch. Die einen feierten Ostern ganz nüchtern mit einem Gottesdienst ab, die anderen machten daraus einen Trachtenumzug, der vom Sonnenaufgang bis zum Nachmittagskaffee dauerte. Außerdem durften die Katholiken den allergrößten Bockmist bauen, ohne je zur Rechenschaft gezogen zu werden – nach der Beichte und dem halbherzigen Runtermurmeln von zehn *Vaterunser* war alles vergeben und vergessen. Ich war seit der Taufe Mitglied des anderen Vereins und wusste: Den Mitgliedern der evangelischen Kirche verzeiht Gott nichts – jedenfalls nicht zu Lebzeiten! Katholiken waren für mich keine echten Christen, die taten nur so!

Und vielleicht waren diese Westkommunisten da im Bus auch nicht ganz so echte Kommunisten wie die Ostkommunisten? Kommunisten, die keinen Kaffeemangel kannten und pausenlos Duplo knabbern durften oder Hanuta – da konnte doch was nicht stimmen! Klarer Fall: Dort in dem Bus saßen katholische Kommunisten. Die hatten Dreck am Stecken. Und darum mussten sie ins Umerziehungslager. Zu uns. Und unsere tapfere Volkspolizei schützte uns vor ihnen.

Oder schützte die Polizei die Westkinder vor uns, damit wir denen ihre *Bravo*-Hefte nicht mausten? Fragen über Fragen, die ich mir erst jetzt, viele Jahre später, stelle. Es war absurd: Wir durften zwar mit den jungen BRD-Pionieren reden, aber wir durften von ihnen keine Geschenke annehmen. Das hatten uns unsere Betreuer eingebläut. Unsere Betreuer wiederum, diese falschen Fünfziger, verschwanden Abend für Abend im Bungalow der Westbetreuer, um mit den Mimikry-Kommunisten aus der imperialistischen Hemisphäre fette Partys zu feiern. Unsere Sommer-Erziehungsberechtigten scherten sich nicht im Geringsten darum, dass sie damit ihren Erziehungsauftrag unterliefen und das «Respekt» in «Respektsperson» entweihten.

Also fühlten wir uns nicht länger an ihre Anweisungen gebunden und nahmen konspirativ Kontakt zu den Westpionieren auf. Sie kamen aus Essen. Einer von ihnen, er hieß Jens, schenkte mir einen Filzstift. Der Filzstift war alle. Jens, der junge Pionier aus Essen, tat mir leid. Ich gab ihm einen meiner guten DDR-Filzstifte. Später, zu Hause, schrieb ich ihm noch einen Brief und steckte als Andenken meinen alten Jungpionierausweis hinein. Ich bekam nie ein Dankeschön zurück, ganz zu schweigen von irgendeiner Antwort. Mein Bemühen, Freundschaft mit einem Kind der Welt zu halten, war gescheitert.

Andere Freundschaften mit Kindern in anderen Ländern habe ich auch nicht geschlossen. Die aber auch nicht mit mir.

Dafür kam ich eines Sommers recht weit in Sachen DDR-Freundschaften, präziser: Freundschaften mit Mädchen. Es war der Sommer, in dem ich zum letzten Mal im Leben drei Wochen im Pionierferienlager verbrachte.

Ich war dreizehn, ein Alter, in dem man kein Kind mehr ist. Man spielt nicht mehr mit Autos, und man findet Mädchen auch nicht mehr doof, weiß aber noch nicht, warum. Mario ging es ähnlich. Wir zwei waren die Ältesten in einer ansonsten nur aus Wänstern, also Kindern bestehenden Gruppe. Die waren *mindestens* ein ganzes Jahr jünger. Wir zwei reifen Herren hatten aufgrund unseres fortgeschrittenen Alters dementsprechend selbstverständlich den Silberrückenstatus in der Ferienlagerbaracke.

Das brachte uns den Betreuerinnen näher. Sie hießen Kathrin und Claudia. Oder Silvia und Sandra. Oder Jana und Susanne. Irgendwelche Namen halt. Diese wilden Mädchen hatten keinerlei Berührungsängste. Sie waren ja auch nicht die Betreuerinnen unserer Gruppe. Wir hatten sie oder sie hatten uns bei der Lagerdisco kennengelernt.

Am nächsten Tag verkündete Mario eine brandheiße Nachricht: «Die Kirschen von Block 3 wollen sich mit uns treffen!»

«Hä?»

«Na, die Schnecken von gestern, von der Disco.»

«Mit uns?»

«Ja.»

«Also auch mit mir, nicht nur mit dir?»

«Ja, Mann! Die haben extra nach dir gefragt.»

Ich war sprachlos. Hatte mein kleiner Zungentrick also Fans gefunden. Ich konnte mir nämlich meine Zungenspitze in ein Nasenloch stecken. Diesen *stupid human trick* zeigte ich immer, wenn ich mit Leuten ins Gespräch kommen wollte. Wir (!) trafen (!) also Mädchen! Im Sommer! Mit der Folge, dass ich zum ersten Mal im Leben eine weibliche Zunge im Mund hatte. Wahnsinn!

Das war doch mal was Neues. Mal was anderes als Essen. Etwas, das sich bewegte. Nichts zum Abbeißen und Zerkauen. Was Warmes zum Lutschen, auf dessen Bewegungen ich irgendwie zu reagieren hatte.

Ich reagierte zu schnell. Hektisch schlabberte ich zurück.

«Hmpfhmgrglehmpf!», machte Sandra oder Jana.

Ich interpretierte das richtig als «Langsamer, langsamer» und züngelte entsprechend.

«Hmmmmm!», lautete die Bestätigung.

Es war geil. Es waren Ferien, und ich ging trotzdem zum Unterricht.

Was Jana oder Sandra an mir fand? Keine Ahnung. Ich war ja nicht mal behaart, so wie Mario. Mario trug schon einen richtigen Naturwollpullover aus eigenem Anbau, einen blickdichten Bärenpelz. Meine Güte, was gab es bei dem zu Hause bloß zu essen? Und untenrum hatte er auch schon Tarnwolle dran, das hatte ich beim Duschen gesehen. Obwohl ich beim Duschen keine Brille aufhabe, hab ich das gesehen!

Bei mir war pelzmäßig noch Fehlanzeige. Es juckte und kratzte mich nur ein bisschen im Schritt, Spurenelemente von verschämtem Intimkraut, sonst nichts. Aber das war auch bedeutungslos. Denn Jana oder Susanne wollte nur küssen, nicht fummeln. Was für grandiose Ferien!

Immer wenn ich mit diesem Mädchen zusammen war, aßen wir uns gegenseitig auf. Meine Zungenkuss-Skillz verfeinerten sich stetig, das war wie zum zweiten Mal Fahrrad fahren lernen.

Man wird nämlich nicht durch Jugendweihe, Konfirmation, Kommunion, Bier trinken oder ähnlichen Quatsch in den Kreis der Erwachsenen aufgenommen, sondern erst dann, wenn einem zum ersten Mal eine andere Person ihre

Zunge in den Hals gesteckt hat.

Dann packt einen nämlich so ein Gefühl. So ein Verstehen, eine Abgeklärtheit. Vielleicht war das ja sogar Liebe, was ich damals verspürte. Liebe hatte ich ja bislang nur zur Sowjetunion und zu unseren sozialistischen Bruderländern empfunden.

Doch echte Liebe, das war mir nach dem ersten Zungenkuss schon klar, treibt einen auf Toilette. Man muss in einer Tour pinkeln. Von ein paar Zungenküssen schon. Und dann steht man vor dem Klo und muss DOCH nicht, weil man ja gerade schon mal war. Aber trotzdem ist da so ein Druck. Und diesen Druck kann man überhaupt nicht einordnen. Verrückt. Dieses Druckgefühl, wurde mir in diesem Sommer klar, DAS ist wahre Liebe!

Wenn du wahre Liebe in dir drin hast, stehst du nicht nur unter Druck, sondern siehst die Welt plötzlich mit ganz anderen Augen. Schmetterlinge singen, Vögel tanzen, und der Gedanke an einen ganz bestimmten Frauennamen lädt dich statisch auf – alles kribbelt! Wenn die Spannung irgendwann nachlässt, hat man den Namen aber wieder vergessen.

Liebe ist also körperlich. Liebe, so wie ich sie erfuhr, der Junge mit der fremden Zunge im Mund, dient dank des Bakterienaustausches letztlich sogar der Stärkung der Immunabwehr.

Heute isst man deswegen Joghurt.

Aber bei uns im Osten gab nur sehr selten Joghurt. Eigentlich gar nicht. Nur wenn wir mal eine Jahreszahl mit ungerader Quersumme hatten, glaube ich. Und selbst die wurde von Margot Honecker manipuliert. Also gab es ehrlich gesagt nie Joghurt.

Aber Zusammenhalt, ja, den gab's täglich. Und wenn es mit der Zunge war! Darum waren wir immun gegen alles.

Und liebe Sandra, Yvonne, Jennifer oder wie auch immer dein Name war: danke noch mal nachträglich für den ausgelaugten Kaugummi und den Pfirsichkern, den ich nach dem Rumknutschen immer beim Aufräumen in meinem Mund gefunden habe.

Zungen sind also nicht nur dafür da, sie doofen Personen rauszustrecken oder um Teller abzulecken – sie helfen auch bei der Müllentsorgung.

Darin erschöpften sich aber auch schon die Lehren, die ich aus meinem Pionierdasein all die Jahre ziehen konnte. Ansonsten war mein Pionieralltag: ereignisarm, altstoffreich und gleichförmig unterteilt in einen Kreislauf ereignisloser Ereignisse, die sich jährlich wiederholten.

Raschel, raschel

Als Kind und auch als Jugendlicher vermochte ich freudige Erregung noch ganz anders zu dosieren, als es mir heute manchmal möglich ist. Richtig lang, ausdauernd und genießerisch freuen konnte ich mich. Ich meine ein Gefühl der Freude, das sich, sacht, aber sicher, verteilt über einen kompletten Tag immer weiter aufbaut, bis es sich schließlich wie ein schönes Gewitter entlädt.

In dem Land, das früher «drüben» hieß, stellte sich diese Steigerungsfreude oft in der Vorweihnachtszeit ein. Sie deutete sich mit einem Paketzettel an, der in den Briefkasten raschelte, steigerte sich mit dem Gang zum Paketpostamt, erhöhte sich während des dortigen Anstehens in der Warteschlange, zuckte kurz am Ausgabeschalter beim ersten Anblick der geheimnisvollen Postsendung, verfestigte sich, während man das kostbare Frachtgut nach Hause trug, und kulminierte endlich nach weiteren Zwischenstufen am Abend in diesem einen Moment, wenn die gesamte Familie um die geöffnete Schatzkiste herumstand und staunte.

Aber der Reihe nach: Im Briefkasten lag ein Paketzettel, ausgestellt von der Deutschen Post der DDR. Unsere Westverwandten väterlicherseits beschickten uns zu Weihnachten regelmäßig mit großen, prallgefüllten Paketen. Da auch andere Ostfamilien von ihren Westverwandten Pakete erhielten, türmten sich in den Paketpostämtern der DDR alljährlich zu Weihnachten riesengroße Kartonberge, denen die schwächlichen DDR-Paketboten kraftlos gegenüberstanden. Diese unübersichtliche Masse an Warensendungen konnten die heillos überforderten Postmännlein unmöglich ausliefern, also ließ man die Empfänger antanzen, damit sie ihr Zeug selber abholten. Das sparte der Post Sprit und Zeit. Selbst schuld, wer Verwandtschaft beim Klassenfeind hatte!

Die riesigen Pakete enthielten schöne, warme westliche Gaben: Kaffee, Schokolade und Apfelsinen, die manchmal sogar einzeln in Wachspapier eingeschlagen waren!

Über die Schokolade freuten wir uns, obwohl wir die rätselhaften Markennamen darauf noch nie in der Westfernsehwerbung gesehen hatten. Das da waren keine *Milka*, keine *Alpia* und erst recht keine *KinderSchokolade*. Wir hatten keine Ahnung, was die Aufschrift «Hergestellt für ALDI, Mülheim an der Ruhr» bedeutete – aber egal, es war Westschokolade.

Ergänzend, und zumindest für mich weniger schön, steckten die westlichen Hilfspakete voll mit Pullovern, T-Shirts, Hosen und Socken, in die die Kinder unserer Verwandten aus dem Westen mehrfach hintereinander rein- und wieder rausgewachsen waren – so oft, dass die Altklamotten teilweise noch warm waren. Meist rochen sie auch ganz unerträglich nach Mottenpulver. Es galt zwar als cool, in Westklamotten über den Schulhof zu stolzieren, aber doch nicht mit hundertfach getragenen, ausgeleierten Arme-Leute-Jeans, die gegen den Wind nach Mottentod rochen!

Wir wussten aus dem Staatsbürgerkundeunterricht, aus dem Geschichtsunterricht, aus den Nachrichten der *Aktuellen Kamera* und aus der Tagespresse, dass in der BRD viele Menschen arbeitslos waren. Diese Kapitalismusopfer vermutete man jedoch nicht in der eigenen Westverwandtschaft – ein viel zu abstrakter Gedanke. Westverwandte hatten vermögend zu sein. Sie hatten jährlich in Länder zu reisen, die man als DDR-Bürger nicht bereisen durfte. Und das waren

fast alle Länder. Wer arbeitslose Westverwandte hatte, der erntete unter seinen DDR-Mitbürgern keinen Trost und null
 Zuspruch, sondern zu Recht Hohn und Spott!

«Was, deine Westtante ist eine Arbeitslose? Wohnt die unter der Brücke? Ist die ein Junkie? Hat die Aids?! Wenn die euch ein Weihnachtspaket schickt, seid ihr doch hinterher alle krank! Hier, guck mal, mein neuer *Matchbox*-Autotransporter. Mit Garage! Guck mal, wie der glänzt. Willste ein Stück *Milka*, hahaha? War ein Scherz, kriegste nicht, ist meine!»

Ganz oben im Paket musste ein Blatt Papier liegen, auf dem der gesamte Paket-Inhalt präzise und gut leserlich aufzulisten war. Fehlte der Zettel, ging das Paket zurück an den Absender.

Die Staatssicherheit verfügte in jedem Postamt über eigene Arbeitsbereiche, wo in Ruhe und mit größter Sorgfalt jede noch so kleine Postsendung aus der BRD befummelt, ausgepackt und durchgelesen wurde. Es soll vorgekommen sein, dass in einzelnen Westpaketen nur noch leergefressene *Nutella*-Gläser steckten, im Orangensaft fehlte das Fruchtfleisch, und vom *Toffifee* waren nur noch die Nüsse übrig – abgelutscht und angeknabbert, einige noch ganz feucht.

Arschlecken mit Postgeheimnis! Offiziell gab es das zwar, aber: Gesetze sind nun mal dazu da, gebrochen zu werden. Zumindest von Staatsseite. Alles, was wir zu Hause aus dem Paket holten, war vorher schon mehrfach draußen gewesen. Was wieder ins Paket gelangte, durften wir dann behalten.

Da, ein Camembert! Was das wohl bedeutet, dieses «homogenisiert» und «ultrahocherhitzt»? Wie der wohl schmeckt? Hier, eine schwere Konservendose – «Frühstücksfleisch», aha! Fleisch zum Frühstück – ein Frühstück nur aus Fleisch, interessant, was die im Westen so zum Frühstück essen! Die sich den ganzen Tag schon steigernde Vorfreude war wieder mal berechtigt gewesen. Jetzt, mit den tollen Lebensmittelspenden, sollten endlich bessere Zeiten anbrechen.

Die zukünftigen Mahlzeiten, sprich Abendbrot und Frühstück, würden gekrönt werden durch den Genuss köstlicher Westdelikatessen, welche in der Speisekammer darauf warteten, endlich schnabuliert zu werden. Hoffte ich. Meist lag das Zeug aber so lange in der Speisekammer, bis das Haltbarkeitsdatum gnadenlos überschritten war. Unsere Eltern bestanden nämlich darauf, mit dem Verzehr noch zu warten, bis «es» sich lohnt – was auch immer sie mit «es» meinten. Hungersnot? Atomkrieg? Zusammenbruch der DDR? Aus Angst vor den Russen wurden die Leckereien aus der freien Welt jedenfalls nicht gehortet – die Russen waren ja schon lange da.

Einige der Lebensmittel aus den Westpaketen fanden wir lange nach dem Zusammenbruch der DDR in der Speisekammer wieder. Sicherheitshalber packten wir das vergammelte Zeug gar nicht erst aus. Der Kram wanderte sofort in den Müll. Pah! Dreckszeug! Wir können uns das jetzt selber leisten, und besser sogar!

Eines der letzten Westpakete vor der Wende kam dann eines Jahres exakt an einem 24. Dezember an. Wir holten es von der Post ab. Es war merkwürdig leicht, so leicht, dass es fast zu schweben schien. Mussten wir Kinder vorm Auspacken der anderen Pakete immer verschwinden, bis Mutter die wertvollen und für die Bescherung am Heiligen Abend bestimmten Gaben aus dem Westland in Sicherheit gebracht hatte, so durften wir diesmal am Paket bleiben. Es war Heiligabend! Falls in diesem Paket Geschenke sein sollten, dann gab es die halt schon jetzt, am frühen Nachmittag. Mutter öffnete also den Pappkasten, blickte rein und erstarrte. Die mehrstufige Freudenrakete, heute besonders schnell in die Höhe geflogen, verreckte kurz vorm Ziel. Im Paket lag ein Grabkranz. Zugestellt an Heiligabend! Bestimmt für das Grab meiner Oma väterlicherseits, die schon seit zehn Jahren tot war.

Ein doofer Grabkranz! Darum war das Paket so leicht gewesen. Darum hatten unsere Verwandten, im Gegensatz zu sonst, dieses Paket nicht in einem Brief angekündigt. Die Stasi hatte es gar nicht erst geöffnet – diese hinterhältigen Klauschweine hatten rechtzeitig den traurigen, trockenen Tannenduft gewittert und uns diesen Moment der Enttäuschung schon im Vorfeld aus vollstem Herzen gegönnt. Das Grabpaket, wahrscheinlich eine Reaktion auf unsere jährliche Post in den Westen (Weihnachtsstollen aus undefinierbaren Zutaten), war tatsächlich das letzte Westpaket, an das ich mich erinnern kann. Und die jäh verpuffte Freude darüber gönne ich keinem!

Irgendwann in meiner Jugend musste auch ich die Antwort auf eine Frage finden, die niemand außer mir beantworten konnte. Sie lautete: Schmeckt mir Bier? Oder schmeckt mir Bier nicht?

Als Kind hatte ich häufiger mal gekostet. Bei öden Familienfesten, die in der Regel in irgendeinem Wohnzimmer abgesessen wurden, schlürfte ich aus Langeweile die blassgelben Pfützchen aus den leergetrunkenen Biergläsern. Die warme und bittere Restplörre gab mir anfangs Rätsel auf. Wie kann es sein, dass so etwas Ekelhaftes den Erwachsenen schmeckt, ja dass ihnen sogar, wenn sie das Bierglas nach einem großen Schluck absetzten, dieser wohlige Laut entfuhr, dieses «Aahhh»?

Biertrinken im Osten war ein Glücksspiel. Man konnte nie sicher sein, dass beim Bierkauf im *Konsum* tatsächlich die Sorte vorrätig war, die man mochte. Meistens stand bei uns *Mammut Hell* im Laden, aus der Sangerhäuser Mammut-Brauerei. Die trug den Namen «Mammut», weil der Heimatforscher Adolf Spengler 1931 in der Kiesgrube des Örtchens Edersleben ein echtes, riesengroßes Mammutskelett ausgebuddelt hatte, welches seitdem als Hauptattraktion in einer eigenen Halle des Spengler-Museums Sangerhausen ausgestellt ist. Jede Kindergartengruppe und jede Schulklasse wurde damals mindestens einmal im Jahr durch das doofe Stadtmuseum getrieben, um sich unter Zwang stocklangweilige Exponate anzugucken. Adolf Spengler hatte sein Leben darauf verwendet, tonnenweise alten Kram aus der Region zu sammeln. Die stummen Zeugen grauer Vorzeit verfrachtete er mit dem Bollerwagen in sein Heimatmuseum, das bald aus allen Nähten platzte. Das Mammut war das größte Exponat. Und das älteste. Und das berühmteste. Das tote Riesenvieh von Sangerhausen musste für die örtliche Feilenfabrik, *VEB Mammut-Feilen*, als Namenspatron herhalten. Auch die berühmteste mobile Disco des Kreises, die *Mammut Disco* mit DJ Örny, schmückte sich mit dem Urzeitkoloss.

Und natürlich lieh das versteinerte Skelett seinen guten Namen auch unserer städtischen Brauerei. Die Biersorten, die vom *VEB Mammut-Bräu* gebraut wurden, galten als akzeptabel, wobei die Sorte *Hell* eher von minderwertiger Qualität war, aber immer noch um Längen besser als das hin und wieder feilgebotene auswärtige *Dessauer Hell*.

Dessauer Hell war wegen seiner sauren, galligen Note nicht nur äußerst ungenießbar, sondern hatte die wundersame Eigenschaft, schon trüb zu werden, wenn man die Flasche nur ansah. Eine rätselhafte chemische Reaktion. Außerdem bildete die fiese Plörre beim Eingießen keinen Schaum. Viele vermuteten, dass in den stark abgeschmirgelten Pfandflaschen aus Dessau kein Bier, sondern Muldewasser enthalten war. Dieser Fluss war, wie alle Gewässer zu DDR-Zeiten, stark mit den flüssigen Hinterlassenschaften der volkseigenen chemischen Industrie verseucht. Oft trieben flockige weißgraue Schaumkronen auf dem Gewässer. Was die Mulde wiederum entlastet, denn *Dessauer Hell* war ja Flüssigkeit ohne Schaum. Was für eine Frechheit, den ehrlichen, unermüdlich am Aufbau des Sozialismus schraubenden Werktätigen als Lohn für ihre harte Arbeit den bittersauren Harn nierenkranker Brauereipferde anzubieten! Das Dreckszeug eignete sich noch nicht mal zum Schneckenvergiften.

Wahre Glückstage waren jene Dienstage, an denen der *Konsum Edel Bräu* geliefert bekam. *Edel Bräu* war das beste Bier, das die Mammut-Brauerei zu brauen in der Lage war, diesen Stoff konnte man sich wirklich bedenkenlos reinpfeifen. Es war etwas milder und würziger als das geschmacklich zurückgebliebene Sonderschulbier *Mammut Hell*, welches allerdings um Meilen besser schmeckte als die giftige Pferdepisse aus Dessau!

Dessauer Hell stand am absoluten Ende der DDR-Biercharts. An deren Spitze rangierte uneinholbar *Radeberger*, das flüssige Gold aus Sachsen. *Radeberger* kriegte man aber nirgendwo zu kaufen. Ein Phantombier. Es war unmöglich, an *Radeberger* ranzukommen. Da bekam man leichter ein Auto oder die Ausreise aus der DDR genehmigt. Nur mein Vater empfing über dunkle Kanäle einmal im Jahr einen Kasten *Radeberger*. Als Lohn dafür, dass er einem örtlichen Stasi-Menschen den *SONY*-Walkman repariert hatte. Eine ganze Kiste *Radeberger*! Und keiner durfte es je erfahren, denn es gab viele Menschen, die meinen Vater dafür ohne Skrupel getötet hätten. Aber nicht, ohne ihm vorher sein leckeres *Radeberger* wegzutrinken, wobei der mit Elektrokabeln gefesselte und mit Einkaufsbeuteln geknebelte Stasi-Kollaborateur ohnmächtig wimmernd zugucken musste.

Eines Tages ließen mich die Männer auf einer Familienfeier mal an einem vollen Glas nippen. Freundliche Erwachsene reichten mir die Hand, ich durfte für einen kurzen Augenblick an ihren Ritualen teilhaben, das einbruchssichere Zeitfenster zum sonst für mich verbotenen Treiben der Großen öffnete sich einen Spalt breit. Bier! Das Glas war frisch eingeschenkt, eine fluffige Blume bedeckte die Hopfenkaltschale. Ich tauchte meinen Mund in die weiße Wolke. Es war, als beiße ich in steifgeschlagene, bittere Luft. Mein Mund war voller Schaum.

Ich fing an zu saugen. Verdammt, bald musste doch mal was kommen! Und endlich, da kam es auch schon. Kühl, frisch und prickelnd. Eine überraschend köstlich schmeckende Flüssigkeit. Ich schluckte, das Bier zischte meine Kehle hinunter, und ich stieß das Kennergeräusch «Ahhh!» aus, wie ein echter Erwachsener. Vater und Opa lachten. Ich war erstaunt. Das, was ich da gerade getrunken hatte, schmeckte so ganz anders als die streng riechenden, handwarmen Reste aus den handverschmierten Geburtstagsfeierhumpen, die ich sonst immer zu Oma in die Küche trug. Ganz klar: Mir schmeckte Bier!

Ab da war ich angefixt. Ja, ich wollte Bier trinken. So wie die Großen. Denn Bier schien, solange Schaum auf ihm wuchs, nicht nur eine lecker schmeckende Erfrischung zu sein, sondern auch, so meine Beobachtungen, ein probates Mittel, um die Realität zu verdrängen. Wasser schaffte das nicht, Milch auch nicht. Und essbare Lebensmittel waren gar keine Stimmungsaufheller. Schon gar nicht die überschaubare Auswahl der trockenen Grundnahrungsmittel, die es in der DDR zu kaufen gab.

Aber wer Bier trank, schien die gegenwärtigen Zustände meilenweit hinter sich zu lassen. Der reale Sozialismus war temporär abwesend. Man redete plötzlich offen über ihn. Soll heißen: Jeder schimpfte wie ein Rohrspatz. Über den Staat an sich, über die katastrophale Versorgungslage, den nicht vorhandenen Telefonanschluss, die glückslotterieartige Südfruchtsituation, den lebensbedrohlichen Bettwäschemangel, die eingeschränkte Reisefreiheit und die unbezahlbaren Kaffeepreise. Das Gute an der DDR war das reichliche Vorhandensein handfester Gründe, sich über das Land im Allgemeinen und die Politik sowie über Erich Honecker und seine altkommunistische Veteranenbande im holzgetäfelten Politbüro im Besonderen aufzuregen.

Doch wer Klartext redete, stand mit einem Bein im Knast. Meinungsfreiheit war laut Verfassung der DDR garantiert. Aber am Ende hieß es ja doch nur: «Gehen Sie direkt in das Gefängnis. Gehen Sie nicht über Los, ziehen Sie keine 4000 Mark ein!» Selbst mit den Traumtänzern, die den Sozialismus nicht abschaffen, sondern verbessern wollten, machte man kurzen Prozess.

Der Reiz des Verbotenen verlieh den privat geäußerten sozialismusfeindlichen Tiraden in dunklen Wohnzimmern und feuchten Küchen ein ganz besonderes Prickeln. Hier war man frei, und das Bier half einem, mal ordentlich Dampf abzulassen. Bier war das Ventil, das den Kessel nicht platzen ließ. Und wenn Bier alleine nicht mehr half, übernahmen *Nordhäuser Doppelkorn, Wilthener Goldkrone, Schierker Feuerstein* oder *Rotkäppchen-Sekt* die Kontrolle.

Auch schien in den konspirativen Bierrunden der Erwachsenen die Gefahr gebannt, dass die ungewaschenen Ohren eines Systemschergen mithörten. In der Wohnung waren die Gedanken schließlich frei und die Obrigkeit draußen, dank Bier.

Später wurden viele beim Blättern in ihren Stasiakten dann eines Besseren belehrt, denn wie man dort nachlesen konnte, hatte die Stasi einen menschlichen Trojaner in Form der eigenen Ehefrau oder des besten Freundes in der engsten Umgebung platziert. Und kein Virenschutzprogramm hätte etwas dagegen ausrichten können.

Meine ersten intensiven Erfahrungen mit Alkohol sollte ich zwischen fünfzehn und sechzehn machen. Ein magisches Alter. Das Ende der Schulzeit stand bereits als konkreter Stichtag im Kalender. Ich befand mich kurz vor der Entlassung ins Restleben als Erwachsener. Schon längst hatte sich mein Kinderzimmer zum Jugendzimmer entwickelt, in dem ich hin und wieder bei selbst aufgenommener Musik mit Kumpels abhing. Und heimlich Bier trank. Die Flaschen, die ich im «Praktisch-Arbeiten»-Außendienst in der Brauereiabfüllerei geklaut hatte, mussten schließlich leer gemacht werden. Es war mittlerweile nicht mehr ungewöhnlich, dass ich ein- oder zweimal in der Woche ein Bier trank. Jetzt, im Jahr 1986, war eh alles egal – die Amis wollten uns mit ihren *Pershings* und *Cruise-Missiles* töten, und bei den Russen war ein Atomkraftwerk in die Luft geflogen. Die unsichtbare radioaktive Wolke aus Tschernobyl hatte sich auf ihrem Weg in Richtung Westen auch durch Sangerhausen gewälzt.

Doch die verlogene Bonzenpresse und die staatlichen Organe ließen uns DDR-Bürger im Unklaren über die tödliche Gefahr und verniedlichten die apokalyptische Kernschmelze, die sich in diesem schrottigen russischen AKW ereignet hatte, zu einem kleinen harmlosen Arbeitsunfall. Kann doch mal passieren, so was. Wie hoch die Strahlenbelastung lag, der wir monatelang ausgesetzt waren, erfuhren wir ausschließlich durch die Westmedien. Sangerhausen lag und liegt im Sendegebiet des Hessischen und des Norddeutschen Rundfunks.

Bei uns zu Hause lief entweder HR 3 oder NDR 2. Westsender zu hören war normal, darauf stand kein Zuchthaus. In diesen Zeiten konnte es sogar lebensrettend sein. Oder zumindest lebensverlängernd. Außerdem wusste jeder, dass die anderen auch alle Westfernsehen guckten und Westradio hörten.

Im Westradio verlasen sie direkt im Anschluss an die morgendliche Wettervorhersage mit todernster Stimme die gerade gemessenen Becquerelwerte für Brombeeren, Blumenkohl, Milchprodukte und Pilze aus dem Wald. Monatelang verließ ich mit einem flauen Gefühl das Haus und trottete desillusioniert in Richtung Schule. Ich war hochgradig radioaktiv verseucht und würde auf jeden Fall sterben. Womöglich leuchtete ich schon im Dunkeln. Regelmäßig tastete ich meinen ganzen Körper auf Beulen ab und überprüfte, ob sich meine Kopfbehaarung schon ausreißen ließ. Ich war überzeugt davon, dass mir eine dritte Brustwarze wächst. Oder dass sich irgendwo am Rücken eine nässende Wunde öffnet, aus der eitrige, übelriechende Suppe austritt – Überreste meiner inneren Organe, die sich wegen der massiven Atomverstrahlung allmählich verflüssigten. Ich wusste nicht, was schlimmer war: die Verstrahlung oder die musikalische Reaktion darauf. Der Deutschrocker Wolf Maahn, dessen Nachname als kunstvoll verfremdeter Imperativ durchgeht, brachte damals den schlimmen Song *Tschernobyl* raus. Die peinliche Nummer hatte folgenden Refrain: «Ohohoho Tschernobyl, das letzte Signal vor dem Overkill. Hey, hey, stoppt die AKWs!»

Ganz am Ende der Nummer intonierte ein Chor den fordernden Reim. Der Chor bestand zum einen aus der führenden Riege der damaligen Deutschrock-Stars wie Klaus Lage, Herbert Grönemeyer und Anne Haigis, zum anderen ließ man konsequenterweise auch noch einen kitschigen Kinderchor in den Gesang einsteigen. Es war einfach scheußlich. Selbstverständlich wurde das schlimme Stück tagein, tagaus von sämtlichen Radiosendern gespielt – dabei hätten sie ohne Atomstrom ihren Sendebetrieb gar nicht aufrechterhalten können.

Man entkam dem Song nur, wenn man DDR-Sender einschaltete. Selbst in der *ZDF-Hitparade* sang der schmerzfreie Maahn seine Mahnung, zuschauerfreundlich platziert zwischen Roger Whittaker und Howard Carpendale. Ich wurde mit Scheißmusik beschallt, war unheilbar krank und lebte zusätzlich mit der Gewissheit, im atomaren Inferno des dritten Weltkriegs verdampft zu werden. Da konnte ich ja wohl auch mit dem Biertrinken anfangen. Roch meine Mutter abends meine stattliche Fahne, sprach sie ein oder zwei Tage kein Wort mehr mit mir. Und gab mir den bösen Blick. Doch ich wurde immer professioneller darin, ihr zweifelhaftes Disziplinierungskonzept zu ignorieren. Irgendwann resignierte sie schließlich. Tja, und bald würde ich eh volljährig sein. Oder tot. Dann könnte sie mir gar nix mehr sagen, ha! Bis dahin war «Trinken unter Aufsicht» angesagt. Aber auch Trinken ohne Aufsicht.

Es war ein schöner Abend im Frühsommer, und mein Bekannter Markus aus der Jungen Gemeinde hatte sturmfreie Bude. Seine Eltern waren verreist, sein großer Bruder ebenfalls, und das Einfamilienhaus gehörte ihm allein. An einem Freitag hatte er alle Leute, die er kannte, zu einer Fete geladen. Party! Nix wie hin und mal sehen, wer heute das meiste in sich reinlaufen lassen und als Erster fallen würde.

Ich hatte wie immer meinen Kassettenrekorder dabei und Kassetten mit brandneuen Aufnahmen der Hitparaden von HR 3 und NDR 2. Auf HR 3 kam am Donnerstagabend die Hitparade «mit Werner Reinke», auf NDR 2 lief sie samstags. Manchmal spielten sie sogar die Maxiversionen ganz oben in den Charts platzierter Tophits! Gibt es heutzutage eigentlich noch Maxiversionen? Egal: Wer jedenfalls eine besonders angesagte Maxiversion eines Madonna-Hits oder eines Depeche-Mode-Krachers aufgenommen hatte, ohne dass am Anfang oder Schluss der dämliche Moderator reinquatschte, war uneingeschränkter König der Schuldisco und kurz davor, in der großen Pause auf dem Schulhof Autogramme zu geben!

Mein Rekorder fabrizierte sogar Stereoaufnahmen, das war damals der Oberhammer! Alle anderen konnten ihre Kassetten lediglich in Mono bespielen. Monoaufnahmen und Schwarzweißfotos, das war die DDR. Doch mein Vater, der Funkmechaniker, hatte in mein rudimentäres Monogerät eine selbst zusammengelötete Zusatzplatine für den zweiten Audiokanal eingebaut sowie einen Stereo-Magnetkopf. Schon war ich einen entscheidenden Schritt, eine Zwischensprosse auf der Coolnessleiter weiter. Das war's aber auch schon. Denn leider stellte mein Gerät *Marke Eigenbau* gnadenlos übersteuerte Aufnahmen her, da es lediglich über eine automatische Lautstärke-Aussteuerung verfügte. Und die war genauso falsch justiert wie der automatische Abschaltmechanismus im Kernkraftwerk Tschernobyl. In beiden Fällen ließ sich nix mehr ändern. Und mit nur einer Lautsprecherbox kann eine Aufnahme noch so sehr Stereo sein, man hört sie ja doch nur in Mono.

Schauderhaft klang das! Über den Lautsprecher meines gepimpten Rekorders hörten sich die Aufnahmen noch mal eine Stufe scheußlicher an. Bei dieser Beschallung schälte sich Gemüse von selbst, und Pickel drückten sich von alleine aus, um an anderer Stelle wieder neu zu entstehen. Und jetzt, auf der Alkoholvernichtungsfete im Einfamilienhaus von Markus' Eltern, lieferte mein Gerät den passenden Soundtrack für das zielorientierte Austrinken aller Flaschen, die sich in der Bar der Wohnzimmerschrankwand befanden. Eine Horde Fünfzehnjähriger, keine Erwachsenen, laute Musik und jede

Menge Alkohol in unterschiedlichen Farben: Bahn frei für «Hau weg die Scheiße!».

Mein Hauptinteresse auf Partys galt damals dem Alkohol. Es war nicht so, dass die Mädchen aus meinem Umfeld mich nicht interessierten. Ich traute mich nur nicht an sie ran. Diese Wesen waren so voller Rätsel: Mit erhobenem Kinn gingen sie ignorant an mir vorüber. Sie rotteten sich zusammen und tuschelten. Die Mischung aus tölpelhafter Coolness und absoluter Unsicherheit, die ich damals offen zur Schau stellte, weil ich sie nicht unterdrücken konnte, nutzten sie schamlos aus. Dann lachten sie oft in meine Richtung. Wussten sie, dass mir eine dritte Brustwarze wuchs? Mein damaliges Trottelverhalten stachelte sie an, mich besonders unverhohlen zu verhöhnen. Ich betrachtete sie lieber aus sicherer Distanz, diese frechen Weibsstücke, denen ich nicht gewachsen war. Unterhaltungen mit ihnen beschränkten sich auf wenige Notfloskeln.

«Na, wie geht's?»

«Äh, mir?»

«Nee, deiner Mutter.»

«Äh, weiß nicht, ich hab sie heute Morgen zum letzten Mal gesehen.»

«Na dann, schöne Grüße.»

«Ja, äh, mach ich. Von wem?»

«Nicht von mir.»

Teeniehumor. Ätzend!

Doch auf dieser Party hier herrschte entspannte Stimmung.

«Ey, aber trinkt nicht alles aus!»

«Ach, ich mach die Pulle jetzt durchsichtig!»

«Ich kriege Ärger, meine Eltern merken das doch!»

«Ach, die merken gar nichts, Alter!»

Haha! Wer hier nichts merkte, das war ich.

Für jeden Menschen kommt einmal der Tag, an dem er feststellt, welche Menge Alkohol ihn bei leichter Beeinträchtigung der Motorik ein bisschen erheitert und ab welcher Menge diese unberechenbare Flüssigkeit ihn, die intelligenteste Spezies dieses Planeten, in einen unkontrolliert sabbernden Zellhaufen verwandelt, der aus der lichtarmen Ecke, in der man ihn an die Wand gelehnt hat, stumpf ins Nirgendwo blickt. Dies war nun mein Abend, an dem ich mir meinen persönlichen Eichstrich für mein ganzes restliches Leben verpasste.

Ich schüttete alles in mich rein, was ich in die Finger bekam.

Likör, Wein, Weinbrand, klarer oder unklarer Schnaps und vor allem braune *Goldkrone*. Der Grund war: Ich hatte keinen Grund. Ich tat es einfach. Hemmungsloser und zielgerichteter als die anderen. Nachgespült wurde mit Bier. Danach ging es weiter. Irgendeiner musste es ja tun. Wann an diesem Abend für mich Schluss war, weiß nur noch mein Unterbewusstsein. Aber es weigert sich, diese Information rauszurücken. Mehr als die Hälfte meines Lebens rätsele ich schon, wie in drei Teufels Namen ich in dieser Nacht den Rückzug nach Hause zustande gebracht hatte. Aus eigener Kraft bin ich sogar in meinem Bett gelandet. Und aus eigener Kraft, dabei tief schlafend, habe ich mich in dieses Bett oral entleert. Ich bin dankbar für meine Angewohnheit, auf dem Bauch zu schlafen. Würde ich nachts auf dem Rücken liegen, wäre ich in jener Nacht im Schlaf einen waschechten Rockertod gestorben, so wie es Jimi Hendrix oder der erste Sänger von *AC/DC*, Bon Scott, zelebriert hatten. Frisch nach der Veröffentlichung von «Highway to Hell» war Bon Scott stockbesoffen und tief schlafend im Auto eines Freundes an seiner Rockerkotze erstickt, «Highway to Hell» eben. Das passierte ihm sechs Jahre vor meinem ersten Vollrausch. Im Gegensatz zu Bon Scott lag ich in einem Bett mit dem Gesicht nach unten, wie es sich gehört, als meine mitten in der Nacht die Wohnung betretende große Schwester an mir rüttelte und voller Entsetzen und Ekel einen Befehl brüllte: «Steh auf, duschen!»

Mühsam formulierte ich: «Lass mich in Ruhe, ich habe Kopfschmerzen!», und wollte weiterschlafen. Aber da, wo beim Einschlafen noch das Kopfkissen war, lag jetzt ein nasser, kalter, mit Schleim bedeckter Klumpen. Welche ätzende außerirdische Substanz man auch immer über mein Kissen geschüttet hatte, es stank übel nach offener Beulenpest und einem außer Kontrolle geratenen chemischen Experiment. Und das Schlimmste war: Nicht nur das Kissen war mit dieser Gestank verbreitenden Masse überzogen, sondern auch die komplette obere Hälfte meines Bettes, inklusive Bettdecke, Matratze und Bettgestell. Alle Achtung! Beim Vollgöbeln meines Nachtlagers war ich ziemlich gründlich vorgegangen. Ich hatte es sogar geschafft, unter die Bettdecke zu brechen. Selbstverständlich war auch mein Schlafanzug bis zur Hüfte lückenlos eingesaut. Da hatte ich wirklich ganze Arbeit geleistet, auf die ich stolz sein konnte! Ich ließ mich von meiner resoluten Schwester unter die Dusche zerren. «Schwester» kommt in diesem Zusammenhang natürlich gut, haha! Sie spritzte mich von oben bis unten ab, allein wäre ich dazu überhaupt nicht in der Lage gewesen. Anschließend bezog die selbstlose Heldin, ohne zu murren, mein Bett frisch und legte die alte Frau, die mal ihr kleiner Bruder war, wieder hinein. In Höhe des Kopfkissens platzierte sie neben dem Bett einen Eimer. «Falls noch was hochkommt, mach um Gottes willen in den Eimer, du Sau. Damit das Ganze hier nicht umsonst war! Mann, Mann, Mann! Ich geh jetzt schlafen, Kotzbrocken!»

Ich schwöre: Sie hat den Vorfall nie wieder erwähnt. Meine Mutter hingegen hielt mir den ersten Saufexzess meines Lebens, den man wohl als saubere Alkoholvergiftung werten kann, noch viele Jahre vor.

Mein Freund Maik, der bei Markus' Fete auch dabei war, sich aber klugerweise saufmäßig zurückgehalten hatte, klingelte am nächsten Nachmittag bei uns. Er hatte mich, wie ich später herausfand, nachts auf dem Heimweg eskortiert und so vermutlich dafür gesorgt, dass ich überhaupt nach Hause fand. Als er mich nun besuchen wollte und den Hausflur betrat, hatte meine Mutter nur folgende Worte für ihn: «Was habt ihr mit meinem Jungen gemacht?»

Zwei Tage lang war ich komplett außer Gefecht gesetzt. Eine Woche später befand ich mich aber schon auf dem Weg der Besserung und konnte wieder Bier trinken. Allerdings nur bis zu einem gewissen Punkt. Bis zu meinem Eichstrich eben. Jetzt hatte ich einen. Ich war dann jetzt wohl definitiv einer von den Großen.

Bis zum heutigen Tag ist mir immer noch keine dritte Brustwarze gewachsen. Auch aus meinem Rücken suppt nach wie vor nichts Verdächtiges raus. Die Westmedien, so viel ist sicher, wollten mich damals mit ihrer imperialistischen Propaganda in Sachen Radioaktivität in den Wahnsinn treiben. Fast hätten sie Erfolg gehabt. Doch das Gegengift Alkohol hat mich gerettet.

Die blasphemische Bärbel

Den Übergang vom Jugend- ins Erwachsenenalter zelebrierte die DDR-Jugend in einem großen Feierakt: der Jugendweihe. Die berühmte Jugendweihe mussten alle Achtklässler mitmachen, da gab's keine Diskussion. Herausgeputzt in feinen Anzügen und festlichen Kleidern sprachen wir in einem feierlich erleuchteten Saal das «Gelöbnis». Also – der oder die FDJ-Vorsitzende unserer Schule sprach vor, was wir zu geloben hatten.

Liebe junge Freunde!
Seid ihr bereit, als junge Bürger unserer Deutschen Demokratischen Republik mit uns gemeinsam, getreu der Verfassung, für die große und edle Sache des Sozialismus zu arbeiten und zu kämpfen und das revolutionäre Erbe des Volkes in Ehren zu halten, so antwortet: Ja, das geloben wir!

«Ja, das geloben wir.»

Seid ihr bereit, als treue Söhne und Töchter unseres Arbeiter-und-Bauern-Staates ... Ich hörte nicht mehr genau zu ... *unentwegt zu lernen* ... Mühsam unterdrückte ich ein Gähnen ... *Ja, das geloben wir!*

«Ja, das geloben wir.»

Seid ihr bereit ... Laber Rhabarber ... *als würdige Mitglieder der sozialistischen Gemeinschaft* ... O Gott ... *kameradschaftlicher Zusammenarbeit* ... langweilig ... *Kampf für das Glück des Volkes* ... Schnarch, Achtung: *so antwortet: Ja, das geloben wir!*

«Ja, das geloben wir.»

Seid ihr bereit ... Was, da kommt noch mehr? ... *feste Freundschaft mit der Sowjetunion* ... Boah, ey, immer die Russen, ich hätte lieber Freundschaft mit Frankreich. Oder England ... *proletarischen Internationalismus* ... Einerseits war das alles gerade zu albern, andererseits zu ernst und drittens extrem ermüdend. Aber hoffentlich war es bald vorbei. Ewig konnte dieser Psalm schließlich nicht gehen ... *und den Sozialismus gegen jeden imperialistischen Angriff zu verteidigen, so antwortet* ... Ja, ja, ja ...

«Ja, das geloben wir.»

Wir haben euer Gelöbnis vernommen ... Ah, das Schlusswort. Gleich ist's überstanden, hurra! ... *Ihr habt euch ein hohes und edles Ziel gesetzt* ... Was? Wir? Uns? Also ich nicht! ... *Feierlich nehmen wir euch auf in die große Gemeinschaft des werktätigen Volkes, das unter Führung der Arbeiterklasse und ihrer revolutionären Partei* ... Die Partei, die Partei, ich fall gleich ins Koma! ... *einig im Willen und im Handeln, die entwickelte sozialistische Gesellschaft in der Deutschen Demokratischen Republik errichtet. Wir übertragen euch eine hohe Verantwortung. Jederzeit werden wir euch mit Rat und Tat helfen, die sozialistische Zukunft schöpferisch zu gestalten.*

Schnarch!

Wohin sich die sozialistische Gesellschaft fortentwickelt hat, steht ja in den Geschichtsbüchern: über Ungarn in den Westen. Ich fürchtete mich richtiggehend davor, dieses blöde Gelöbnis laut mitzusprechen. Ich hatte keine Lust, meine Seele an den dummen Erich Honecker zu verkaufen, indem ich diesen Sozialismusschwur für alle hörbar aufsagte. Ich war mir sicher: Durch das wiederholte laute Ausformulieren der magischen Wortabfolge wollten sie mein Hirn umprogrammieren, sie wollten mein Blut waschen und meine Gedanken gleichschalten. Schon nach wenigen Stunden würden mir auf den Brustwarzen Honeckers Pentagramme wachsen, Hammer und Zirkel im Ährenkranz. Das Logo der DDR würde auch in der Iris beider Augen aufschimmern, nachdem sich meine Augen während des Gelöbnisses kurz weiß verfärbt hatten. Ferngesteuert, mit nach vorn gestreckten Armen wie ein Suppenkasper, würde ich nach dem Hirnwäsche-Gelöbnis an meinen Eltern vorbeitapern, direkt zur Kreisleitung der SED, um dort, längst nicht mehr Herr meiner Sinne, den Aufnahmeantrag in die Partei zu stellen. Eine Laufbahn als Berufsoffizier in der NVA, Kreistagsmitglied, Agitator und Volkskammerabgeordneter würde unvermeidlich folgen.

Diesem fürchterlichen Schicksal beugte ich schlau vor und murmelte, als es so weit war, das Gelöbnis nicht mal leise mit, sondern bewegte im Schutz der Masse lediglich meine Lippen, ohne meine Stimmbänder durch einem Lufthauch in verräterische Schwingung geraten zu lassen!

In wessen Lebenslauf die Einträge «Jugendweihe» und «FDJ-Mitglied» fehlten, der konnte sicher sein, dass ihm das System zeit seines Lebens Stöcke zwischen die Beine werfen würde. Eine wie auch immer geartete berufliche oder künstlerische Karriere konnte man dann in der Pfeife rauchen.

Für Kinder aus evangelischen Familien, wie ich es eines war, war es zusätzlich zum verordneten Pflichtbrimborium selbstverständlich, ein Jahr nach der staatlichen Jugendweihe kirchlich konfirmiert zu werden. Die Konfirmation hatte dann auch den Stellenwert einer Reinwaschung, einer Neutralisierung des staatlichen Initiationsrituals. Außerdem gab es zur Konfirmation noch einmal Geld und Geschenke – wie auch schon zur Jugendweihe. Na ja, und hin und wieder ließ man sich dann mal bei den anderen Christen im Ort blicken. Zum Beispiel bei der Jungen Gemeinde. Beten, Tee trinken, Tischtennis spielen. Zur Gitarre singen, im Kreis sitzen, gegenseitig aus der Bibel vorlesen. Und alle lächeln. So heilig, so langweilig, aber trotzdem schön.

Nur nicht an jenem Abend unmittelbar nach meiner Alkoholvergiftung. Besonders skurrile Dinge ereignen sich immer dann, wenn man nicht ganz klar im Kopf ist. Es muss der erste Freitag nach Ostern gewesen sein, als mitten durch die Gebetsgemeinschaft ein Tornado tobte und alles das platt machte, woran Minuten vorher noch tief geglaubt wurde.

Doch von vorn: Zunächst war alles an dieser Gebetsgemeinschaft wie sonst an jedem anderen langweiligen Freitag auch, jeder hält den Kopf gesenkt und betet. Manche haben dabei die Finger seemannsknotenartig ineinander verhakt, andere halten die geöffneten Handflächen nach oben, als seien sie bereit zum Spielen und wollten den Basketball fangen, den Gott jeden Augenblick herunterwerfen würde.

Es ist ruhig im Raum. Alle schweigen und atmen flach, bis der Erste was vorbetet. Heute ist es Justus, Sohn eines Parteisekretärs der SED und einer Staatsbürgerkundelehrerin und komplett anders drauf als seine Eltern.

Justus ist dreihundertprozentig frommer als zum Beispiel Wibke, die Pfarrerstochter mit den engen Jeans, von der man munkelt, dass sie es schon getan hat, das, was man selbst gerne schon mal hätte, aber noch nicht hat, aber die Pfarrerstochter schon, ja, bestimmt, die soll schon mal gefickt haben!

Ist ja schließlich eine Pfarrerstochter. Oh, diese Pfarrerstöchter! Die sind ja alle ganz verdorben. Was ja auch logisch ist, denn wenn Söhne von Parteisekretären an Gott glauben, dann sind junge Pfarrerstöchter auch willig! Von Wibke, die ja auch kein Blatt vor den Mund nahm, kam übrigens die Äußerung, dass Justus die Heiligkeit mit Löffeln gefressen habe. Mit Esslöffeln. Ach was, mit Suppenkellen hat er sie gefressen, hat Wibke gesagt! Wer so was sagt, hat doch garantiert schon mal ... gepimpert!

Justus sächselt jetzt laut sein Gebet in die Runde, und alle hören zu:

«Lieber heiliger Vater im Himmel, ich danke dir für den schönen Tag, den ich heute erleben durfte. Ich danke dir vielmals, dass ich nicht böse krank geworden bin, dass ich genug zu essen hatte, auch wenn es heute wieder keine Apfelsinen gab. Ich danke dir, dass ich nicht vom Auto überfahren wurde. Ich danke dir, dass es nicht so viele Autos in der DDR gibt. Ich weiß genau, du hast mich gut behütet, ja, ich bin sehr gut bei dir, o Herr, aufgehoben. Du sorgst für mich, wie meine Mutter nie für mich gesorgt hat, und leitest mich wie ein Wegweiser. Ich danke dir für meine Eltern, auch wenn sie Arschlöcher sind.

Ich weiß, Vater, dass du das eines Tages einrenken wirst, wie nur du das kannst. Ich liebe dich von ganzem Herzen. Danke, lieber Vater, dass du immer für mich da bist. Du bist echt supi! Amen.»

Und alle: «Amen.»

Dann Stille. Fünfundvierzig Sekunden lang Stille. Jemand versucht, ganz leise seinen Rotz in der Nase hochzuziehen. Alle können es hören. Auch Gott. Und wie der Handrücken schmatzend die schleimende Nase abreibt, können auch alle hören. Und auch wie die Hand an der Hose abgewischt wird.

Ich blinzle nach oben: Bernhard war das. Ich beschließe, ihm später nicht die Hand zu geben.

Jemand flüstert: «Brauchst du ein Taschentuch?»

«Ja.»

Es raschelt, dann bläst Bernhard leise alles, was er hat, da rein. Er hat viel. Es klingt, als würde ein ganz kleiner Elefant lange gurgeln. Alle hören zu. Dann ist wieder Stille, bis Bärbel ansetzt: «Lieber Herrgott, ich bin dir echt dankbar, dass du mir den Tag heute relativ leicht gemacht hast. Die Zeit momentan ist ja überhaupt nicht leicht für mich, du weißt, warum. Ich mache gerade eine beschissene Phase durch, wie gesagt, du weißt, warum. Aber weißt du, heute habe ich mich im Spiegel betrachtet und habe gesehen, dass ich wieder lächeln kann. Glaube jedenfalls, dass das ein Lächeln war. Sollte es eins gewesen sein, war das eine extrem schöne Erfahrung. Dafür danke ich dir, lieber Herrgott. Amen.»

Und alle: «Amen.»

Schweigen. Alle kennen Bärbel, alle wissen, warum Bärbel eine schwere Zeit hat. Bärbels Mann, der Jugendpfarrer Thomas, mit dem sie seit zehn Jahren verheiratet ist und zwei Kinder hat, ist letzten Monat ausgezogen. Thomas wohnt jetzt bei seinem Freund, der ihm gezeigt hat, was seine wahre Sexualität ist. Und in diesem Moment sitzen beide Bärbel genau gegenüber. Hand in Hand. Und schweigen zusammen mit Bärbel und den anderen.

Bärbel noch mal: «Weißt du, lieber Herrgott, bitte verzeih, dass ich zurzeit richtig schlechte Gedanken habe. Dass ich manchmal meine, ich komme mir verarscht vor. Und dass ich meine, dass verarscht genau das richtige Wort ist dafür, wie ich mir vorkomme. Lieber Herrgott, ich weiß, dass du unfehlbar bist. Aber manchmal denke ich, du hast echt den Arsch offen. Ja! Manchmal denke ich wirklich, du bist ein Arsch. Der größte Arsch der Welt, bist ja schließlich Gott. Entschuldige bitte. Aber das musste mal raus. Ich meine, der andere Mist, den du verbockst, also Hunger und Krieg und so, ist mir egal, ich habe keinen Hunger, und Krieg gibt's hier auch nicht. Aber DAS, ich meine, wie kannst du mir so was antun? Nach zehn Jahren Ehe? Bin ich hässlicher als'n Mann? Ist es das? Ist das deine Art, ‹April, April!› zu sagen?»

Justus sagt leise und schnell: «Bärbel! Bärbel! Psscht, psscht! Bärbel!»

Doch Bärbel macht weiter. Sie hat nur kurz Luft geholt, ihr Magazin nachgefüllt und mäht jetzt alles nieder, was sich ihr in den Weg stellt: «Und hast du meiner Schwester eingeredet, dass sie mir sagen soll, dass das alles vielleicht an meiner Unterwäsche liegt? Was geht meine Schwester meine Unterwäsche an? Kann der doch egal sein, was ich drunter trage! Hast du mir vielleicht dann auch meine Mutter auf den Hals gehetzt, die mir jetzt Kochen beibringen will, weil ich das ihrer Meinung nach nicht kann, weshalb mein lieber Herr Gemahl gleich schwul geworden ist? Wird man jetzt schon von Spaghetti mit Ketchup schwul? Das ist doch Scheiße, nein, es ist ja von dir, von Gott, also isses heilige Scheiße! Warum soll ich noch an dich glauben, hä? Kriegst doch eh nichts auf die Reihe! Guck dir doch einfach mal deine sogenannte Schöpfung an. Ey, was da für Arschlöcher rumlaufen. Ich sag dir was, Gott: Du bist ein Versager auf der ganzen Linie!»

Sie pausiert kurz, hat einen Einfall und tut ihn umgehend kund: «Nee, bist du nicht, weil, weil, dich gibt's gar nicht! Wenn's dich gäbe, hätte ich nicht mit einem Schwulen schlafen müssen, um schwanger zu werden. Du hättest es mir besorgt! Und zwar göttlich! Wie Maria damals. Wahrscheinlich wäre ich dann auch mal gekommen! Hätte, wäre, sollte, is' aber nicht! Weil du nicht bist! Ja, genau, ihr Pappnasen, hört her, eure Bärbel erzählt euch jetzt mal die Wahrheit. Gott ist tot! Gott war nie da! Ihr betet hier jeden Freitag die Raufasertapete an, haha, ihr macht Tapetenbeten! Tapetengebetsgemeinschaft! Und ihr seid doch nur hier, weil's zur Weihnachtsfeier hier im Gemeindehaus immer *Duplo* und *Ferrero Küsschen* gibt, die euch eure Westverwandten nie mitbringen! Weil ihr keine habt! Weil dieser angebliche Gott euer einziger Westverwandter ist! So sieht's doch aus!»

Angstgeweitete Augen blicken in Richtung der Zeternden, die soeben vom Glauben abgefallen war. Uta, Dagmar, Birgit und Jacqueline halten sich die Ohren zu, Mario befühlt die Tapete, flüstert fassungslos: «Das ist nicht wahr!» Daniela und Viola umklammern sich und weinen laut, Gunnar sitzt apathisch auf der Kante seines Stuhles, murmelt: «Ich habe es immer geahnt!», und steckt sich eine Zigarette an. Und Justus schießt aus dem Zimmer in den Flur, wo die Tische stehen mit den Teekannen, und er kommt zurück mit einer Tasse voller Tee und sagt leise, aber sehr deutlich: «Bärbel, nach all den vielen Worten hast du dir eine kleine Pause verdient, der Tee hier ist für dich, der ist auch nicht mehr so heiß, den kannst du gleich so wegtrinken.»

Bärbels Verhängnis in diesem Augenblick ist, dass sie zwar nicht mehr an Gott, wohl aber an Justus glaubt. Sie nimmt einen großen Schluck Tee, der frisch aus einer Thermoskanne in die Tasse geschüttet worden war, und man kann förmlich hören, wie es auf ihrer Zunge knistert, weil die kleinen Geschmacksknospen zu kochen anfangen. Bärbel kreischt auf, wovon aber nur die taub werden, die sich nicht schon vorher die Ohren zugehalten haben, um sich gegen Bärbels Gotteslästerungen zu schützen. Die Teetasse fliegt im hohen Bogen davon, zerschellt am Kruzifix an der Wand, der restliche Tee tränkt die Raufasertapete. Bärbels Oberkörper schaukelt apathisch vor und zurück, während sie sich mit beiden Händen Luft in den Mund zu fächern versucht. Dabei gurgelt sie Schmerzlaute in den Raum und klingt wie das kleine Mädchen aus *Der Exorzist*, das gerade den Pfarrer mit grünem Schleim lackiert.

Justus fragt, ob noch jemand Tee will. Alle schütteln heftig den Kopf, woraufhin er die Gebetsgemeinschaft mit den Worten beendet: «Wer Gott lästert, verbrennt sich die Gusche.»

Sich die Gusche verbrennen: ein Schicksal, das auch jenem *staatlich geprüften Schallplattenunterhalter* drohte, der nicht genehme Musik spielte. Wenn hier auch nicht die Gläubigen Gottes, sondern die des Staates dafür sorgten.

DJ Örny war und ist der populärste DJ des Kreises Sangerhausen. Er war schon zu DDR-Zeiten eine Koryphäe – und mein Vorbild. Wenn er Disco machte, war das nicht nur eine schnöde Disco, sondern eine Show. Die Musik-Ansagen des lustigen, bärtigen Mannes mit dem verschmitzten Grinsen waren legendär. Und manchmal zeigte er selbstgedrehte und -geschnittene Super-8-Filme im Stile der Einspieler heutiger Fernsehcomedyshows. Örny synchronisierte die Filme stets live. Das begeisterte Publikum lag vor Lachen am Boden und ihm zu Füßen. Ja, ich wollte sein wie er. Ich wollte auch als DJ über die Dörfer ziehen, Musik auflegen und sie mit pfiffigen Moderationen würzen. Eine feine Sache wäre das, und doch nur die Vorstufe für meine eigentliche Berufung: Radiomoderator und danach logischerweise Fernsehstar werden wie Gottschalk, Jauch oder Jürgen von der Lippe! Ich war witzig und schlagfertig. In der Schule konnte ich in jeder noch so brenzligen Situation respektlose Sprüche klopfen und mir damit die Hochachtung meiner Klassenkameraden sichern. Bester Beweis dafür war die Kopfnote für mein «Betragen» im Zeugnis, die konstant zwischen Drei und Vier pendelte.

Mein Idol Örny war nicht nur nicht um Sprüche verlegen, sondern war im Frühjahr 1983 noch einen Schritt weiter gegangen: Der pfiffige Jugendtanzshowmaster hatte in einem Anfall gefährlichen Realitätsverlustes bei einer seiner Veranstaltungen den verbotenen *Sonderzug nach Pankow* von Udo Lindenberg gespielt und war erwischt worden. Vermutlich hatte ihn jemand verpfiffen. Die Behörden sprachen Örny ein zeitlich begrenztes Berufsverbot aus. Diese erschütternde Nachricht verbreitete sich wie ein Lauffeuer im Landkreis. Was für ein Skandal! Und nicht nur das. Auch die tapferen Initiatoren einer Unterschriftenliste, mit der gegen das Berufsverbot für DJ Örny protestiert werden sollte, bekamen immensen Ärger mit der Staatsmacht. Auch ein SED-Mitglied hatte seine Unterschrift auf die Liste gesetzt. Dieses freche Verhalten wurde mit einem Parteiausschlussverfahren quittiert. Offenbar hatte der Mann tatsächlich geglaubt, dass in seinem Staat Meinungsfreiheit herrscht. Was für ein Depp! Nun hatte er den Salat. Denn sechs Jahre vor dem Zusammenbruch der DDR war der Rauswurf aus der Partei noch eine echt harte Strafe, die einige andere höchst unangenehme Sanktionen nach sich zog. Vermutlich war der gutgläubige Protestler ab diesem Zeitpunkt auch dankbarer Abonnent persönlicher Aufmerksamkeitskontingente, die ihm die Staatssicherheit zuteilwerden ließ. Den frischgebackenen Staatsfeind DJ Örny, der regelmäßig bei Polizei und Stasi antanzen durfte, um sich Vorträge zur Verhaltensweise einer vorbildlichen sozialistischen Persönlichkeit anzuhören, hatte man ebenfalls mit drakonischen Strafen belegt. Zum Beispiel wurde ihm 1983 streng verboten, an der jährlichen feierlichen Kampfdemonstration zum 1. Mai teilzunehmen – was für eine Repressalie! Alle Einwohner unserer Stadt mussten an diesem arbeitsfreien Tag wie eine riesige Rinderherde auf der Sangerhäuser Hauptverkehrsstraße einmal durch den Ort trotten, um schließlich an der Hauptkreuzung den poli-

tischen Oberindianern der Kreis- und Stadtparteileitung mit Winkelementen zuzuwinken. Jeder von uns hielt ein kleines DDR-Papierfähnchen in der Hand und raschelte damit rum.
Wir Schüler winkten damit in Richtung der Ehrentribüne. Die Ehrentribünenbesatzung winkte zu uns zurück. Die Erwachsenen trugen große Stofffahnen und winkten mit denen. Überall Fahnen, auch an den Häusern. An jedem Wohnhaus in der Stadt, vor allem in den Hauptstraßen, hing pro Stockwerk mindestens eine rote Arbeiterfahne neben einer DDR-Fahne. Diese Beflaggung war natürlich nicht freiwillig, sondern Pflichtprogramm. Pingelig wurde registriert, an welchem Haus keine Fahne hing. Die Bewohner des unbeflaggten Hauses bekamen dann entweder ungebetenen Besuch oder unangenehme Post. Damals in der DDR entwickelte ich eine unheilbare Fahnenallergie. Ich bin froh, keine mehr hissen oder tragen zu müssen. Sollen die anderen bei Fußball-WMs oder -EMs ruhig ihre Nationalitätsdecken zum Fenster raushängen, ich habe in Sachen Fahnenschwenken meine Schuldigkeit getan.

Keine hundert Meter nach der Ehrentribüne, auf der die mehr oder weniger betagten Repräsentanten der SED-Kreisleitung ihr Winkewinke-Theater durchzogen, war die offizielle Kampfdemonstration abrupt zu Ende. Diese komplett sinnfreie Veranstaltung lief Jahr für Jahr nach demselben Strickmuster ab. Örny jedoch, dieser Verbrecher, durfte 1983 schön im Bett liegen bleiben. An diesem Tag dürften ihn sogar seine Fans, inklusive der Unterschriftenlistenaktivisten, abgrundtief gehasst haben! Sein Berufsverbot hob man übrigens am Ende des Jahres aus heiterem Himmel wieder auf, denn Udo Lindenberg war plötzlich ein großer Freund von Erich Honecker, der FDJ und überhaupt des ganzen DDR-Sozialismus geworden. Der Hamburger Hutrocker protestierte an der Seite von Harry Belafonte und den *Puhdys* beim Ost-Berliner Festival «Rock für den Frieden» im Palast der Republik gegen den Nato-Doppelbeschluss. Weil Udo aber während dieses Gigs in «Erichs Lampenladen» spontan seine Kritik an der sowjetischen Aufrüstung ins Mikro nörgelte, entzog man ihm ebenso spontan wieder die Erlaubnis, in der DDR auf Tour zu gehen. Seine Fans zwischen Rostock und Oberwiesenthal waren unsagbar wütend.

Nur DJ Örny war fein raus. Aber ab sofort vorsichtiger bei seiner Titelauswahl.

Russisch Brot

Drei Stunden pro Woche versuchte man uns in der Schule Russisch beizubringen. Ab der fünften Klasse! Sechs Jahre lang. Die Muttersprache des Kommunismus, das Idiom der Revolution, das sich jeder Logik entzieht. Und wer die kyrillischen Hieroglyphen nicht decodieren kann, steht vor einem gigantischen Problem. Mindestens zwei Menschenleben sind nötig, um sich die dreiunddreißig höchst rätselhaften Buchstaben einzuprägen. (Man kann den Lernprozess allerdings auf ein halbes Jahr verkürzen, indem man sich wochentags von morgens bis abends von Borschtsch ernährt und am Wochenende ausschließlich Soljanka isst.)

Nach langen Tagen des Lernens sieht man irgendwann nachts beim Einschlafen Hammer und Sichel auf der Netzhaut aufblitzen. Jetzt ist man so weit, sie zusammengesetzt zu einer prachtvollen Parade am entzündeten Auge vorbeidefilieren zu lassen, sie zu lesen und zu sprechen. Alte Zarah-Leander-Schallplatten rückwärts abzuspielen ist dabei hilfreich fürs Erlernen der richtigen Aussprache. Aber es kann sehr lange dauern, bis man das draufhat. Denn Wörter, die im Deutschen einen nachvollziehbaren Nutzwert besitzen, klingen im Russischen wie ein Fluch oder wie ein Befehl, irgendwo einzumarschieren. Brot heißt beispielsweise «хлеб» (chleb). Streicheln heißt «приголубить» (prigolubitj). Und das Kompliment «Du bist viel schöner als ein explodierendes Atomkraftwerk!» heißt: «Ты гораздо прекраснее чем взрывающаяся атомная электростанция!»

So was kommt doch keinem normalen Menschen über die Zunge!

Lange Zeit, besagte sechs Jahre, war ich der Überzeugung, Russisch sei die bekloppteste Sprache der Welt. Nur die Unterdrückten sprechen sie. Also wir: die Völker, die in ihren eigenen Ländern eingesperrt waren.

Darüber hinaus saufen die Russen wie die Maurer. Wenn sie betrunken sind, singen sie traurige Lieder. Wenn sie nüchtern sind, stellen sie in fremden Ländern Raketen auf, saufen dabei und singen traurige Lieder. Ihre Frauen schminken sich die Augen blau, die Lippen blutig und riechen nach Giftgas, das sie für Parfüm halten. So waren sie damals für mich, die Russen. Und ihre Gewaltsprache musste ich nur deshalb lernen, weil die Amerikaner, die 1945 Sangerhausen eingenommen hatten, nach der Kapitulation uns alle gegen ein paar zerbombte, mit Hundescheiße panierte Quadratmeter doofes West-Berlin eingetauscht haben. Wäre das nicht passiert, hätte ich frei sein dürfen, und Harald Juhnke hätte in *Ein Kessel Buntes* auftreten müssen! Aber lassen wir das.

Mit der Zeit hatte selbst ich alle wichtigen revolutionären Vokabeln auf Russisch drauf: Messer, Weißkohl, arbeitslos, Arbeiterklasse, Frieden, Krieg, Konzentrationslager, Befreiung.

Im Ferienlager habe ich mal versucht, mich mit Leuten aus Polen auf Russisch zu unterhalten. Das ging aber in die Hose:

«Как тебя зовут?» (Wie heißt du?)

«Oh, I'm fifteen years old.»

«Сколько тебе лет?» (Wie alt bist du?)

«I'm from Krakau.»

«Меня зовут Нильс.» (Ich heiße Nils.)

«Oh, I'm from Poland.»

So ging das in einer Tour. Ich fragte das wenige, was ich mündlich russisch draufhatte. Und erhielt eine nicht dazu passende Antwort auf Englisch. Die Polen hassten es wie die Pest, russisch zu sprechen. Die Kinder aus der Sowjetunion hingegen liebten es, so russisch zu sprechen, dass wir kein Wort verstanden. Laut, schnell, undeutlich. Diese hochnäsige Besatzerbrut sprach eine ganz andere Sprache, als wir im Unterricht gelernt hatten.

Die Ungarn und die Tschechen antworteten gleich auf Deutsch. Der Versuch, die im Unterricht erlernte Sprache praktisch anzuwenden, scheiterte auf ganzer Linie. Ich sah daher keinen Grund mehr, besonderen Ehrgeiz im Russischunterricht zu entwickeln. Volle Kanne verbaute ich mir die Chance, heute als gefragter Übersetzer oder Privatsekretär russischer Oligarchen zu arbeiten. Als unverzichtbare rechte Hand eines Bodenschatzmagnaten wäre mein Auskommen für alle Zeiten gesichert! Ich wäre ein weltgewandter Bürger, der in den Hotels von Dubai, in den VIP-Lounges internationaler Luftdrehkreuze und in den Kaffeehäusern von Baden-Baden ein und aus geht. Ich hätte schon längst meinen Schnitt gemacht. Aber es konnte ja nun wirklich keiner ahnen, dass ausgerechnet die Sprache des Weißkohl-Kommunismus mal der Schlüssel zu Geld, Gold und begehrenswerten Frauen sein würde.

Die Jugend im Osten, das hieß einerseits, Junger Pionier, Thälmannpionier und dann FDJooodler zu sein, andererseits, hauptsächlich *Colt Sievers* im Fernsehen gucken, um am nächsten Tag in der Schule mitreden zu können. Die Wände unserer Kinderzimmer waren zutapeziert mit schwarzweiß abfotografierten *Bravo*-Postern der *Pet Shop Boys* und von *Depeche Mode.*

In der neunten Klasse überkam einen schließlich die schlimmste Phase der Pubertät, der Wettbewerb «Wer hat als Erster Schamhaar?» war in unserer Klasse voll am Laufen. Sieger war Mirko Laimhausen, genannt «das Tier», der auf einen richtigen finsteren Dschungel in der Feinripp mit Linkseingriff heruntergucken konnte. Die kleinen Nacktmulche von uns anderen konnten sich höchstens mal in einen zarten Flaum zurückziehen, über dessen Wachstumserfolge man bei jedem Duschen aufs Neue aus dem Häuschen war.

Die heutige Jugend ist ja mit fünfzehn schon wieder rasiert, weil sie bereits mit Schambehaarung eingeschult wurde. Die ganzen Tiermast-Hormone im Essen und dieser viele *Bubble-Tea* sind daran schuld.

Kurz: Wir hatten den Westen und Mopeds und Sehnsucht nach Schambehaarung in unseren pickligen Köpfen, aber nicht den Sozialismus. Und schon gar nicht dessen Verteidigung mit militärischen Mitteln. Doch gerade die sollten wir üben. Auf Geheiß der DDR-Volksbildungsministerin Margot Honecker, die das Unterrichtsfach «Wehrerziehung» durchgedrückt hatte, wurden wir Fünfzehnjährigen für zwei Wochen in ein Wehrerziehungslager verfrachtet. Es lag mitten im Wald, irgendwo im Harz, und diente im Sommer als Kinderferienlager «Soja Kosmodemjanskaja» schmalen und blassen Großstadtkindern dazu, sich von den Stärkeren in der Ferienlager-Baracke zwei Wochen lang vertrimmen zu lassen.

Nun waren wir hier, die jungen Hoffnungsträger des Sozialismus, die schmächtige, schamhaarlose Kampfreserve der Partei, und trugen die grünen Uniformen der GST, der *Gesellschaft für Sport und Technik*.

Nun gut, sie nannten es Uniform. Es war aber keine Uniform, sondern eine Zumutung. Grüne Stoffbahnen, konfektioniert für Einbauschränke aus dem *VEB Möbelkombinat* und offensichtlich von besoffenen Schimpansen im Zoo von Halle/Saale zusammengenäht.

Die Dinger standen eckig und sperrig vom Körper ab. Der Stoff dieser Uniformimitate hatte den gleichen Grünton, wie er einem spritzigen Durchfall nach dem Verzehr von verdorbenem Spinat eigen ist. In unseren deutschen demokratischen Kindersoldatenuniformen sahen wir also richtig scheiße aus. Scheiße im Wald. Die Krönung unserer paramilitärischen Verpackung aber war das Schiffchen. Jeder von uns musste auf dem Kopf ein albernes Schiffchen tragen, in derselben Farbe wie die Uniform. Wir sahen aus wie Hilfsmatrosen mit einem Faible für den Modeschöpfer Fidel Castro. Keiner von uns hatte Lust, einen Staat zu verteidigen, der einen so scheiße aussehen lässt. Aber alle haben mitgemacht, jeden Tag diese idiotischen Übungen in Wald und Wiese.

Morgens wurden wir von irgendeiner erwachsenen gescheiterten Existenz aus den Betten gebrüllt und mussten draußen Frühsport machen. Im nassen Gras! Bei Regen! Im Osten hat's doch nur geregnet! Kniebeugen, Fleischerhaken,

Rumpfbeugen und dann noch dreimal durch den Schlamm um die Baracke laufen. Anziehen und im Laufschritt ab zum Frühstück! Kalter Tee und Rübensirup-Brötchen, damit Kraft in die Knochen der Kampfreserve kommt.

Dann ab zum Fahnenappell. Schon wieder stehen. Jugendlicher in der DDR zu sein hieß: irgendwo rumzustehen. In der Freizeit für Bananen vorm Obst-und-Gemüse-Laden anzustehen und jetzt hier im Wehrlager beim Fahnenappell rumzustehen, um zu erfahren, dass wir Schießen und Handgranatenweitwurf üben.

Unsere Ausbilder waren dickbäuchige, bockwurstgeschwängerte Männer, die im normalen Leben Produktionsleiter von volkseigenen Betrieben oder NVA-Offiziersanwärter waren – das waren übrigens die Schlimmsten. Diese hirnlosen Überzeugungstäter unterrichteten uns im Schießen. Mit halbautomatischen KK-Mpis aus den Waffenschmieden von Suhl und mit scharfer Munition schossen wir auf Pappkameraden, die Westdeutsche darstellten. Wir schossen quasi auf unsere eigenen Westverwandten. Da braucht es schon einen kurzen Augenblick der Überwindung. Wenn man allerdings solche Westverwandten hatte wie ich, die nie zu Besuch kamen, nie Westgeld schenkten und in den Westpaketen höchstens *Aldi*-Schokolade und getragene *Jinglers*-Jeans schickten, mit denen man selbst im Osten uncool war, dann überlegte man nicht lang, sondern hielt drauf und drückte ab – nachdem man den Dauerfeuermodus eingestellt hatte.

Wenn jemand danebenschoss oder anderweitig versagte, wurde er drillsergeantmäßig zusammengefaltet und mit dem Runterbeten der Beschlüsse des Zehnten Parteitages der SED bestraft. Das Wehrlager war die Hölle.

Obwohl man pubertär war und Mutti und Vati als natürliche Feinde betrachtete, wollte jeder nur noch nach Hause. Zumal wilde Gerüchte im Umlauf waren, Gerüchte von Medikamenten im Tee, die verhindern sollten, dass wir im Lager eine Erektion kriegen. Die meisten von uns hatten zwar noch nie eine gehabt, waren aber trotzdem empört.

«Wir verteidigen hier den Scheiß-Sozialismus, und die Schweine machen uns impotent!»

Zwei harte Wochen später dann die Heimfahrt in einem Sonderzug der Deutschen Reichsbahn. Wenn bei der Durchfahrt durch einen Bahnhof der Ruf erschallte: «Gugge mal, 'ne Frau!», lehnte sich die komplette Zugbesatzung auf der Seite des Bahnsteiges aus den Fenstern und freute sich mit dumpfen Lauten, die eigentlich nur Tollwütige im Endstadium von sich geben, über den rasend machenden Anblick eines weiblichen Wesens.

War man dann endlich am Ziel, gab man im Magazin die Uniform ab und lief befreit nach Hause, auf den Lippen den ehrlichen und tief empfundenen Befreiungsschrei: «Eins, zwei, drei, die Scheiße ist vorbei!»

So und nicht anders war sie drauf, die Kampfreserve der Partei.

Wenig Freizeit

Unter den Provinzjugendlichen heutigen Zuschnittes gilt es ja als hip, die reichlich bemessene Freizeit nicht mit dem Erledigen lästiger Hausaufgaben zu vergeuden, sondern sie aktiv zu nutzen, indem sie vor einer besonders angesagten Bushaltestelle rumlungern und dort beinharte Musik aus zirpenden Handylautsprechern genießen. Die Zugehörigkeit zu den gerade aktuellen Trendrichtungen wie HipHop, Punk, Islam oder Nationalsozialismus bezeugt man durch haltlos überakzentuierte Bekleidung, deren Signalwirkung keine Zweifel daran lässt, wo man steht.

Provinzjugendliche lassen sich Tattoos stechen, ihren Körper an unzugänglichen Stellen mit Piercings zutackern, folgen ihrem Vater in den Schützenverein und verteilen nachmittags für einen Hungerlohn Gratis-Anzeigenblätter in der Nachbarschaft. Und alle träumen davon, zum Studieren nach Berlin zu ziehen. So sieht es aktuell in Sachen Freizeit aus. Meine DDR-Freizeit bestand aus den Komponenten Leben retten, Feuer löschen und Blasmusik. Präziser formuliert: Rettungsschwimmen, Feuerwehr-AG und Posaunenchor.

Nachdem es mit dem Geigenunterricht im Alter von acht Jahren nichts geworden war, da mich bereits nach der ersten Musikschulstunde unheilbares Desinteresse an diesem Mädchen-Instrument überfiel, startete ich nach mehrjähriger Instrumentenabstinenz mein Comeback. Die Trompete sollte es sein. Ein lautes Jungs-Instrument, aus dem respekteinflößende Höllenklänge dröhnten. Ein Instrument aus Metall.

Handgeschmiedet! Nicht so ein hölzernes, handgeschnitztes fiedeliges Fummelding zum Dran-Rumsägen wie die Geige. Die Gitarre ist zwar auch ein Jungs-Instrument, aber das lange Griffbrett des Schrammelgerätes, kombiniert mit sechs Saiten und den daraus resultierenden Trilliarden an Griffmöglichkeiten, schienen mir unermesslich viel Arbeit zu bedeuten. Die Trompete hingegen hat lediglich drei einfach zu bedienende Tasten. Man pustet ins Mundstück, drückt hier und da auf den Ventiltasten rum – und fertig ist der Sound! Das war nur wenig aufwändiger, aber tausendmal kreativer als die stupide Fanfare im FDJ-Fanfarenzug zu spielen. Die Fanfarespieler machten zwar auch Krach, hatten aber nur schätzungsweise ein Musikstück im Repertoire. Und das leierten sie sich zu jedem verdammten Fahnenappell und jedem Republikgeburtstag und selbstverständlich auch an jedem 1. Mai aus der Lunge. Ich fand das fürchterlich langweilig. Die Fanfare war ein Autisteninstrument. Ich wollte mehr! Nicht viel mehr, aber etwas mehr. Also stapfte ich einmal pro Woche mit dem Trompetenkoffer zum Gemeindehaus und ließ mir von Frau Franz das Trompeten beibringen. Frau Franz war die Organistin, Flötistin, Pianistin und Trompeterin der St.-Ulrich-Kirchengemeinde in Sangerhausen – eine liebenswürdige und unfassbar geduldige Frau. Jedes Kind, das damals seine musikalischen Grundkenntnisse durch die helfende Hand der Sangerhäuser Kirchengemeinde St. Ulrich erhielt, ging durch die verständnisvolle, lehrreiche Schule von Frau Franz. In all den Jahren habe ich von ihr nie ein böses Wort vernommen, egal, wie miserabel ich musizierte. Das Wort Weltfrieden trug für mich den Namen Frau Franz. Selbst als ich Jahre später während der harten Phase der Pubertät immer häufiger aus purer Lustlosigkeit die wöchentliche Probe des Posaunenchors der Ulrich-Gemeinde schwänzte, schließlich sogar mit sechzehn meine Mitgliedschaft quittierte und die Trompete für immer an den Nagel hängte, war sie mir nicht so richtig böse.

Trompete spielen ist relativ leicht. Man muss nur seine Lippen durch enges, aber nicht zu starkes Aufeinanderpressen zum Singen bringen. Kleben sie dabei am Mundstück, das in der Trompete steckt, wird daraus ein wunderschönes Geräusch. Der Weg, den die singende Atemluft durch die Trompete zurücklegt, wird durch das alleinige oder kombinierte Betätigen der drei Trompetenventile verlängert oder verkürzt. Fertig ist die Tonleiter. Wenige Minuten später ist der metallene Korpus der Trompete warm geblasen. Spätestens nach dreißigminütigem ununterbrochenem Getröte vernimmt der Bläser dann ein anschwellendes Gurgeln. Das ist die ausgeatmete Feuchtigkeit, die im Röhrensystem des Messinginstruments beim Spielen kondensiert und allmählich zu einer veritablen Spuckewelle anschwillt, die durch immer neue feuchte Luftstöße aufgepeitscht und angereichert wird. Jeder einzelne geblasene Ton muss regelrecht durch die Welle durchtauchen. Das ist der Grund, warum Trompeter nach jedem längeren Stück ihr Blasinstrument mal eben entwässern müssen. Moderne Instrumente besitzen zu diesem Zweck ein Auslaufventil, das der Trompeter zwischen zwei Tönen mal schnell öffnen kann, um sein Gerät austreten zu lassen, ohne dass der Zuschauer vom unappetitlichen Vorgang etwas mitbekommt. Der Trompeten-Playboy Till Brönner muss an seiner Trompete vermutlich überhaupt kein unstylisches Spuckeventil öffnen. Man stelle sich vor, wie der schöne Till mitten in einem seiner Hochglanz-Jazz-Konzerte vor trendiger, apart gekleideter Großstadtboheme mit der Bemerkung «Kleinen Moment mal eben» sein Schnösel-Konzert kurz unterbricht und die Trompete mittels kräftigen Reinpustens und Öffnens des Ablassventils herzhaft in Richtung der ersten Reihe abrotzen lässt. Das wird nie passieren. Till Brönners Atemluft stelle ich mir nämlich männlich herb und trocken vor. Wenn überhaupt an seinem Blasinstrument Wasser kondensieren sollte, dann nur von außen. Tills Trompete ist dann mit feinen Wasserperlen überzogen, sie schillert schön und sieht im Scheinwerferlicht verdammt cool aus. Der schöne Till mit der schillernden Trompete – was für ein Dreamteam!

Mein Instrument und ich waren nicht ganz so ein Traumpaar. Aber immerhin: Ich hatte gelernt, Noten zu lesen, Vorzeichen zu deuten und Tonarten auseinanderzuhalten. Und jetzt kommt's: Das meiste habe ich wieder vergessen. Ich kann zwar noch Noten lesen, aber mit Tonarten kenne ich mich gar nicht mehr aus. Wenn ich trotzdem mal eine wissen muss, recherchiere ich schnell im Internet, woran ich sie erkenne. Oder rufe jemanden an, der das weiß.

Wenn ich mich recht entsinne, bestand der Posaunenchor aus bis zu sechs Posaunisten und mindestens vier Trompeten. Eine davon blies ich. Als zweite Stimme. Die zweite Stimme konterkariert den Melodieverlauf eines Musikstückes und stärkt der hervorstechenden und allseits bekannten Melodie dadurch den Rücken, während der Bass der Posaune dem in der Regel kirchlichen Musikstück ein stabiles Fundament errichtet. Bass und Melodie hört man am deutlichsten, da sie von mehreren Instrumenten gepustet werden. Die zweite Stimme blies ich. Man hört die zweite Stimme fast gar nicht, aber sie ist der Ton, der die Musik macht. Sie ist das Salz in der Suppe, die Füllung im Zahn, der Stuck, der dem groben Mauerwerk der einfältigen Kirchenliedmelodie die Krone aufsetzte. Ohne die zweite Stimme sind Melodie und Bass nichts weiter als zwei gegeneinander Krieg führende Tonarmeen, die sich gegenseitig zerreiben. Die zweite Stimme jedoch ist das versöhnende Element, das dem Kriegstreiben ein Ende setzt. Sie zwingt die eingebildete Liedmelodie und den besserwisserischen Bass an den runden Tisch, wo beide unter Verhandlungsführung der zweiten Stimme das Beste aus dem gerade geblasenen Musikstück herausholen.

Ohne mein mittiges Füllsignal hätte unserer Musik das Zentrum gefehlt – so sieht's aus! Ich war das Chor in Posaunenchor!

Unsere Blechblasband tourte das ganze Jahr hindurch pausenlos im Kirchenkreis rum. Wir musizierten in Behindertenheimen und Seniorenresidenzen. Reformationstag, Pfingstsonntag, alle Osterfeiertage und Weihnachten sowieso – jeden Event, den das Kirchenjahr zu bieten hat, deckten wir mit unserer gepusteten Dienstleistung ab. Wir waren die tönenden Diamanten auf goldenen Konfirmationen und am letzten Sonntag des Kirchenjahres, dem Totensonntag, froren wir uns auf dem Sangerhäuser Friedhof, direkt vor der Friedhofskapelle, die Finger ab. Im Sommer in einem überfüllten Zug ohne Klimaanlage zu sitzen und dabei drei Schichten Klamotten am Körper zu tragen ist unangenehm, vom Zahnarzt ohne Betäubung an mehreren Zähnen hintereinander aufgebohrt zu werden ist ebenfalls unangenehm. Aber mit splitternackten Fingerchen bei minus zehn Grad mehrere Stunden lang Trompetenventile zu drücken, um einschlägige Lieder aus dem evangelischen Kirchengesangbuch über den Friedhof schallen zu lassen, ist *richtig* unangenehm. Ich besaß damals keine Fingerhandschuhe und fror mir jedes Jahr aufs Neue die Griffel steif. Wenn meine Finger für die restliche Adventszeit bis zum Heiligabend keine unbeugsamen, tauben Stöckchen bleiben sollten, musste ich sie wohl oder übel über den offenen Flammen des Adventskranzes auftauen. Der Ausflug ins Trompetenspiel war neben meiner Mitarbeit in der Feuerwehr-Arbeitsgemeinschaft und der Teilnahme am Rettungsschwimmerkurs eine meiner langlebigsten Freizeitaktivitäten mit Sinn. Die Zeit in der Feuerwehr-AG habe ich komplett verdrängt, und zum Rettungsschwimmen konnte ich mich nach anfänglicher Begeisterung Woche für Woche immer weniger aufraffen. Bis heute weiß ich auch gar nicht mehr, warum ich überhaupt mitgemacht habe. Ich habe nicht die Statur eines Schwimmers, kann nicht kraulen und mag höchstens Brustschwimmen. Ich bin auch nicht so muskelbepackt wie eines dieser menschlichen Wurstbrote, die man Leistungsschwimmer nennt. Ich bin eher der Spaziergänger unter den Wassersportlern. Jemand, der sich von mir retten lassen will, müsste schon ein wenig Zeit mitbringen.

Und doch hatte ich Übungen durchzuexerzieren wie zum Beispiel fünf Meter tief ins Chlor tauchen, um eine Rettungspuppe, die dreimal so viel wog wie ich, vom Boden des Tauchbeckens in der Schwimmhalle *IX. Parteitag der SED* zu retten. Ich hatte es versucht – aber das Leben als Wassersanitäter war nicht meine Welt. Außerdem kollidierte der abendliche Rettungsschwimmerkurs mit der Ausstrahlung einer neuen US-Serie in der ARD: *Miami Vice.* Richtig spannender Krimistoff mit modernen Frisuren. Die Kommissare Crocket und Tubbs waren verdammt coole Säue, die – wenn sie einen Gangster nach allen Regeln der Kunst zur aktuellen Single von Phil Collins umgenietet hatten – erst mal einen lockeren Spruch abließen. Das war mal was ganz anderes als *Derrick*! Außerdem liefen im Vorspann immer gigantische Frauen über die Straßen von Florida. Solche Megakirschen, wie sie in dieser Serie zu sehen waren, kamen in der Natur gar nicht vor! Ich war fünfzehn und durfte abends schon länger aufbleiben. Ich war pubertär, hatte auf nichts Lust, keine Visionen, keine Ideen, wollte und musste aber in der Schule über alles, was angesagt war, mitreden, wenn ich nicht untergehen wollte. Das war purer Stress! Nebenbei wollte ich Ertrinkende retten und Trompete blasen. Ich wollte zu viel. Aber eins geht nur. Und *Miami Vice* hatte definitiv die besseren Argumente.

Arbeiterklasse

Ein Arbeiter ist für mich kein Mensch mit einem *Job*, sondern ein Proletarier mit einer ehrlichen schmerzerzeugenden knochenharten Arbeit. Mit seinen hornhautbedeckten Händen ackert er in entsetzlich langen Schichten für einen beschämend kargen Lohn. Von dem wenigen Geld kauft er ein hartes Kastenbrot. Zu Hause in der viel zu kleinen, finsteren Hinterhofwohnung, brechen seine starken Hände das Brot in mundgerechte Brocken. Die vielköpfige, hungrige Arbeiterfamilie vertilgt freudlos ihr karges Mahl. Auch das Essen des Brotes ist harte Arbeit. Arbeit ist das Schicksal des Arbeiters. Die Essenz seines tristen Lebens ist Lohn und Brot. Ich hatte da immer das Schwarzweißfoto eines hohlwangigen Mannes mit Schiebermütze vor Augen. Er guckt ganz traurig und sieht sehr erschöpft aus, weil er gerade eine zwölfstündige Schicht in einer Stahlkocherei hinter sich hat. Stahl kochen, Stahl stapeln, Stahl entgraten, Stahl wiegen, Stahl zählen, dem Stahl Klassenbewusstsein einhauchen – Stahl ist nicht nur seine Arbeit. Stahl ist sein Schicksal! Schon als Kind wusste er, dass er später «irgendwas mit Stahl» machen will. Ebenso wie viele Leute heute «irgendwas mit Medien» machen wollen. Und dann landen sie nach tausend Semestern Mediengestaltung als Programmplaner bei einem Spartensender, der nachts regelmäßig «irgendwas mit Hitler» zeigt. Hitler wiederum wollte als Kind vermutlich «irgendwas mit Krieg» machen. Krieg geht nicht ohne Stahl, und schon hat sich dieser kleine Exkurs einmal um sich selbst gedreht.

Meine Eltern waren keine Arbeiter im althergebrachten Sinne. Sie waren ganz moderne Angehörige volkseigener Betriebe. Meine Mutter verdiente sich ihr realsozialistisches Monatsgehalt als Sachbearbeiterin in einer Elektroanlagenbaufirma. Von dieser Firma ist heute nichts mehr übrig. Kein Gebäude, kein Pförtnerhäuschen, nichts. Dort, wo der Betrieb einst seinen Sitz hatte, hat die Natur mittlerweile einen saftigen grünen Grasteppich verlegt. Nicht ein einziger Mauerstein zeugt davon, dass sich an diesem Flecken Erde vor wenigen Jahren noch ein größerer Betrieb mit Verwaltungsgebäuden, Kantine, Garagen, Werkstatthof, Lagerhaus, Pförtnerhäuschen und mehreren hundert Angestellten befand, die dort emsig ihr Tagwerk verrichteten. Heute: Totenstille. Alles ist abgerissen, planiert und mit Wiese bewachsen, im Spätsommer blüht der Klee. Den Osten begrünen mittlerweile viele solcher üppig blühender Landschaften.

Mein lieber Vater lötete und schraubte als fleißiger und findiger Funkmechaniker defekte Fernsehgeräte wieder gesund. Fernsehgeräte sind heute riesige, flache, leuchtende Gehwegplatten zum An-die-Wand-Hängen. In meiner Jugend hieß der Fernsehapparat indes nicht ohne Grund «Apparat». Ein Fernseher war ein grober Klotz, wog mehrere Tonnen und reichte, wenn er auf dem Schrank stand, auf der Rückseite noch tief in die Wohnzimmerecke hinein. Ein richtiges, schweres Möbelstück war das, welches dank seiner Röhren das Wohnzimmer mollig aufwärmte. Die größte Röhre, die Bildröhre, brauchte bei einem betagten Gerät gut und gerne fünf unendlich lange Minuten bis zum Erreichen der Betriebstemperatur. War die Röhre endlich warm, sah man überhaupt erst mal ein Bild. Im äußersten Osten der DDR gab es nur zwei Fernsehprogramme zu gucken. Wenn man weiter mittig wohnte, drei. Noch etwas weiter westlich, mit viel Glück, vier.

Wir hatten fünf. Mein Vater war ja Funkmechaniker. Die Programme liste ich hier mal der Rangordnung ihrer Beliebtheit bei uns zu Hause entsprechend auf: ZDF, ARD, DDR 1, Hessen 3 und DDR 2. DDR 2 wurde nur eingeschaltet, wenn in Moskau als Live-Übertragung mit original sowjetischem Fernsehkommentar ein KPdSU-Vorsitzender unter die Erde delegiert wurde. Die betagten Sowjetchefs starben Anfang bis Mitte der Achtziger weg wie die Fliegen. Die unheimliche Todesserie hörte erst auf, als der hippe Youngster Michail Gorbatschow an die Macht kam, der dann seine ausgeflippten Ideen verwirklichte.

Hessen 3 wurde einmal pro Woche dienstags eingeschaltet. Im Vorabendprogramm kam die angesagte Musikvideosendung *Formel Eins*. Dort erfuhr man, wer oben in den Charts war, und konnte die entsprechenden Videoclips sehen. Ein Hammer! Alle Jungs meiner Klasse, ich auch, waren verliebt in Samantha Fox. Ein blonder Engel mit riesigen Brüsten, die auch noch singen konnte wie ein Vögelchen. Was für eine Traumfrau! Basiswissen über die Hammerteile von Samantha Fox oder eine neue Singleauskopplung von *Depeche Mode* hatte in meiner Pubertät, den kritischen Jahren des Konformitätsdrucks, einen sehr viel höheren Stellenwert als Wettrüsten, Atomraketen, Waldsterben und der ganze andere langweilige Kram! Das ist bei den meisten Jugendlichen heute auch nicht viel anders.

In einem Akademikerhaushalt, als Sohn eines Professors und Filius einer Gymnasiallehrerin, hätte ich die Verdummungssendung *Formel Eins* mit Sicherheit nicht gucken dürfen. Es hätte keine Antenne für Hessen 3 unterm Dach gehangen, denn in der Wohnung voller Bücherregale hätte man vergeblich einen Fernseher gesucht! Meine bildungsbeflissenen Eltern hätten mich mit skrupellosem Ehrgeiz in Richtung Abitur getrimmt. Endstation Studium, mit dem Umweg über die erweiterte Oberschule und eine Offizierslaufbahn bei der NVA. Selbstverständlich hätte auch musische Bildung auf dem Programm gestanden, und zwar nicht schnödes Trompeten. Auf einem alten Klavier mit viel zu großen Tasten hätte ich mich mühsam an unspielbare Etüden ranfummeln müssen. Und das wäre längst nicht alles gewesen: dienstags Violinunterricht, donnerstags Cello. Und den Freitagnachmittag hätten die Privatlehrer für Französisch und Latein unter sich aufgeteilt. Dankenswerterweise blieb mir ein solcher Horror erspart. Ich hatte Spaß in meiner Jugend. Ein Hoch also nachträglich auf die VEB-Arbeiterklasse der DDR, vor allem die der Funkmechaniker, die imstande waren, unsichtbare Funkwellen in begehrenswerte Popstarschnecken mit großen Brüsten und extrem kurzen Röcken zu verwandeln. In Farbe und Stereo!

Der Ernst des Lebens

Im Jahr 1988 schloss ich mit einem mittelmäßigen Ergebnis die Schule ab. Mein keinesfalls zum Angeben geeigneter Notendurchschnitt war das Resultat meiner unheilbaren Faulheit. Aber egal, pünktlich zum definitiven Ende des zwanglosen Teils meiner Jugend hatte ich einen Ausbildungsplatz ergattert.

Oder besser gesagt: Man warf mich armen, schmächtigen Siebzehnjährigen brutal ins kalte Wasser namens Berufsausbildung. Die knallharte, leistungsorientierte Realität in der DDR sah solche feinen Dinge wie Sozialhilfe oder Arbeitslosengeld überhaupt nicht vor. Es gab schlicht und ergreifend keinen Pfennig Geld, wenn man nicht arbeiten ging. Da kann der Politkasper Guido Westerwelle noch so oft sagen, dass ein reichhaltig in alle hingehaltenen Hände ausgeschüttetes Arbeitslosengeld purer Sozialismus sei. Westerwelle hat keine Ahnung, wovon er redet, wenn er das Wort Sozialismus in den Mund nimmt. Er hat aber auch keine Ahnung, wovon er redet, wenn er andere Worte in den Mund nimmt.

«Wer nicht arbeitet, soll auch nicht essen» war eine der Hauptmaximen, die dem jungen Menschen eingebläut wurden. Sechzehn zu sein und zu wissen, dass man bald eine Berufsausbildung antreten soll, aber nicht weiß, welche – das ist eine verdammt verflixte Angelegenheit. Womit sollte ich bloß die quälend langen neunundvierzig Jahre bis zur Rente rumkriegen? Die Rente stand männlichen Werktätigen im Unrechtsstaat DDR schon ab blutjungen fünfundsechzig Jahren zu. Frauen waren sogar schon mit sechzig frei.

Einige Jungs aus meinem Jahrgang wollten Kfz-Schlosser werden. Ich nicht. Ich hatte mit Autos nichts am Hut, und schon gar nicht mit den übersichtlichen Modellreihen, die in überschaubarer Zahl auf den DDR-Straßen rumrollten. Noch weniger wollte ich Bergmann im lokalen Kupferschacht werden.

In die Fußstapfen meines Vaters zu treten, also Fernseher oder Radios zu reparieren, kam auch nicht in Frage. Mein Interesse an Technik beschränkte sich auf das Drücken der Knöpfe an meinem Kassettenrekorder, fertig.

Ich würde Konditor werden – warum auch immer. Niemand aus meiner Familie war Konditor oder Bäcker. Backen war auch nie meine Leidenschaft gewesen, geschweige denn mein Hobby. Wenn ich meiner Mutter mal beim Backen eines Kuchens half, dann schaltete ich höchstens den Mixer an und aus und schleckte danach die Teigreste von den Rührbesen. Warum ich also Konditor werden wollte, kann ich mir nur mit der absoluten Gleichgültigkeit bis Abscheu erklären, die ich so ziemlich allen anderen Berufen gegenüber hegte. Sehr gerne wäre ich Radiomoderator geworden – aber das war für einen unstudierten jungen Mann aus der Provinz wie mich absolut unmöglich. An den Mikrophonen der DDR-Radiosender, die sich fast alle in Berlin befanden, saßen doch ausschließlich hauptstädtische Akademiker mit unverdächtiger Gesinnung. Mir schwebte auch eher vor, als Radio-DJ ausschließlich Musik zu spielen, die ich gut fand, und dazu lockere Scherze zu reißen – ganz wie mein Idol DJ Örny. Oder wie die Moderatoren, die ich aus dem Westradio kannte.

Meine Vorstellungen waren vollkommen unrealistisch.

Und darum hieß es für mich und andere neue Bäcker- und Konditorlehrlinge im September 1988: ab zur Berufsschule nach Eisleben. Die «Lutherstadt» Eisleben ist die nächste größere Kreisstadt östlich von Sangerhausen sowie Geburts- und Sterbeort von Martin Luther. Morgens um kurz vor sieben Uhr fuhr ein dunkelgrüner, knackvoll mit Menschen besetzter Zug der Deutschen Reichsbahn dorthin.

In einem der vielen Aktenordner meines Privatarchivs, das ich fürs Finanzamt, für die Rentenkasse und die Krankenkasse angelegt habe, findet sich mein Lehrlingsvertrag aus dem Jahr 1988. Auf dem vergilbten Vordruck aus grobem Holzfaserpapier, der immer noch ein bisschen nach DDR riecht, steht unter *«Verantwortung der Erziehungsberechtigten des Lehrlings»* der aus heutiger Sicht unglaublich dreiste Satz: *«Die Erziehungsberechtigten tragen eine große Verantwortung für die Entwicklung des Lehrlings zu einer allseitig entwickelten sozialistischen Persönlichkeit.»* Was war mit «sozialistische Persönlichkeit» gemeint? Sollte ich mit Hilfe von stumpfer, gleichförmiger Arbeit nach Vorgabe von Fünfjahresplänen zu einem willenlosen Sozialismuszombie gemacht werden? Zu einem, der in Betriebsversammlungen wie ein Roboter Beschlüsse abnickt? Der darüber hinaus pflichtbewusst alles denunziert, was ihm zu Ohren kommt?

Hat nicht geklappt, weil meine Eltern keinen hirntoten Supersozialisten in ihrer Wohnung haben wollten, ha! Dieser Satz, der absoluten Anspruch auf meine Person anmeldete, müsste abgeleitet auf die heutige Zeit folgendermaßen lauten: *«Die Erziehungsberechtigten des Auszubildenden sind verpflichtet, ihren Schützling zu einem kritiklosen Plasmaklumpen verkümmern zu lassen, der jedem saisonalen Trend hinterherläuft und durch seine systemrelevanten, mit Hilfe der Werbeblöcke auf RTL und Pro Sieben ausgeprägten Konsum-*

gewohnheiten der deutschen Wirtschaft dauerhaft kräftige Wachstumsimpulse verleiht.»

Insgesamt arbeiteten knapp zwanzig Werktätige in der kleinen Firma, die meine Ausbildung übernehmen sollte. Sie erstreckte sich über fünf größere Produktionsräume für Kuchen, Obsttorten und Sahnetorten, ein Rohstofflager, Kühlräume, Knet- und Rührmaschinenraum, verteilt auf zwei Stockwerke. Außerdem gab es noch einen Keller, in dem Holzkisten mit Eiern lagerten, und Umziehräume unterm Dach.

Ich war der einzige Lehrling – und die Zeit der Träume endgültig vorbei.

Lektion 1: Bier & Eier

Meine Ausbildung zum Konditor sah so aus: Ich holte jeden Morgen um halb neun für die Gesellen Bier im Konsum nebenan und musste danach Frau Konrad beim Tortenherstellen zugucken. Sie stellte überwiegend zwei Sorten Torten her: Ersatz-Schokoladenbuttercreme-Rollentorte mit zentimeterdicken Ersatz-Schokoladenbuttercreme-Rollenscheiben unter klarem Tortenguss – und zweimal im Jahr Bananentorte. Immer dann, wenn die Grenzmarine der DDR in der Ostsee einen Bananenfrachter gekapert und zum Anlegen im Rostocker Hafen gezwungen hatte, gab es wenige Tage später in der DDR Bananen zu kaufen, und Frau Konrad stellte Bananentorten her. Mit in der Mitte halbierten Bananen, luftdicht abgeschlossen unter einer klaren Schicht Tortenguss aus Konditorei-Aspik. Dieser Aspik bestand in Rohform aus einem bernsteinfarbenen Granulat, das in Wasser aufquoll und in dieser unverdünnten Form streng nach toten Tieren roch, aus denen das Zeug ja hergestellt war. Die aufgequollene Wabbelmasse wurde aufgekocht, mit Wasser, Zucker und Farbstoff versetzt und auf die Torte geschüttet, wo das Zeug aushärtete. Die Bananentorten waren immer ganz schnell ausverkauft. Die Sangerhäuser schafften sie nach Hause, kratzten den Tortenguss von der Torte, bauten die Bananen wieder zusammen und aßen sie auf.

Manchmal musste ich Frau Konrad aber auch helfen. Wenn sie neuen Biskuitteig für die Torten herstellen wollte, hatte ich ihr die dazu benötigten Eier aufzuschlagen. Dazu hielt ich mich von morgens um sieben Uhr bis abends um fünf im Eieraufschlagraum zum Eieraufschlagen auf. Beim Eieraufschlagen musste ich höllisch aufpassen. Denn es war nicht alles gut in der DDR, es gab zum Beispiel faule Eier. Mit faulen Eiern meine ich nicht Eier, die aussehen wie normale Eier und wie Soldatensocken nach dreijähriger Kriegsgefangenschaft riechen. Nein. Mit faulen Eiern meine ich Eier, aus denen nach dem Aufschlagen der Schale dünnflüssiges, Giftgas freisetzendes grünes Wasser spritzt, in dem eine schwarze Kugel schwimmt, die früher mal das Eigelb war. Hat man so ein Ei erwischt, konnte man alle bis dahin aufgeschlagenen Eier in den Ausguss kippen und von vorn mit dem Eieraufschlagen beginnen. Ich habe oft von vorn mit dem Eieraufschlagen angefangen. Das war nicht schön.

Schön hingegen waren die Frühstückspausen.

Zum Frühstücken durfte ich mich zu den anderen Gesellen auf die Ofenbank setzen, die mitgebrachten Butterbrote essen und Bier trinken, eine Fähigkeit, die ich damals perfektioniert habe. Ich habe außerdem gelernt, mich und das Bier zu verstecken. Mit meinen damals autodidaktisch erworbenen Bierdealer-Skillz könnte ich heute problemlos Halluzinogene im Stadtpark verticken, ohne dabei entdeckt zu werden. Kam ich nämlich damals mit einem Stoffbeutel voller Flaschenbier zurück in den Betrieb, durfte ich mich damit nicht vom Chef erwischen lassen. Der hatte was gegen Bier bei der Arbeit. Mein Chef war Herr Rudolf und hatte eine Fistelstimme. Alle alten Männer, die in der DDR leitende Positionen hatten, hatten Fistelstimmen. Und wenn ich beim Bierholen unachtsam war und Leichtsinn walten ließ, ertönte hinter mir das fistelige Cheforgan von Herrn Rudolf, der im allerfeinsten Mansfelder Dialekt schimpfte: «Kollege Heinrich! Ich habe doch jesacht, du sollst kein Bier für die holen! Die soll'n hier nicht rumsaufen! Gucke mal, der Maier hat sich schon wieder um sein Nudelholz gewickelt!»

Rudolf nannte mich immer «Kollege Heinrich», weil er meinen Vornamen nicht aussprechen konnte. Er hatte es ein paarmal versucht, aber ich reagierte nie, wenn er mich «Nil» nannte.

Geselle Maier am Kuchenposten war jeden Tag stramm wie ein U-Boot. An seinen wagenradartigen Augen, die mit jedem getrunkenen Bier größer wurden, konnte man sehen, wie spät es schon war.

Ganz schlimm wurde es immer dann, wenn einer der Kollegen Geburtstag feierte. Dann musste ich nicht nur Bier besorgen, sondern auch Schnaps und für die weiblichen Kollegen, also Frau Konrad, eine Packung *Gold Mocca*. Den Schnaps trank Maier meistens alleine, wickelte sich dann um sein Nudelholz und lag regelmäßig auf den Backblechen mit dem ausgerollten Hefeteig auf seinem Tisch. Er war quasi sein eigener Kuchenbelag. Und genau so wenig essbar wie das, was er sonst auf den Hefeteig klatschte und unter Sulfmasse versteckte. Ich habe mal beobachtet, wie Maier für eine Fuhre Käsekuchen vollkommen verschimmelten Quark verarbeitete. Der Quark wurde in Pappeimern ausgeliefert. Jeder Eimer wog zwölfeinhalb Kilo. Tonnenweise Quark lagerte in langsam aufweichenden Pappeimern in der wohnzimmergroßen Kühlzelle. Häufig wurden die älteren Quarkeimer übersehen und verrotteten langsam in der dunkelsten Ecke des kühlen Verlieses, bis jemand die aufgequollenen Behälter entdeckte. In der Regel war ein aufgeweichter, wabbeliger Pappeimer ein sicheres Indiz dafür, dass der Quark darin definitiv nicht mehr essbar und ein Fall für den Müll war. Maier war es aber total egal, dass die Dinge, die er herstellte, gegessen werden sollten. Also schöpfte er die zentimeterdicke Schimmelschicht einfach mit den Händen ab. Damit war der Quark für ihn nicht mehr verdorben. Nun verrührte der Gammelbäcker den verseuchten Quarkrest mit Zucker, Eiern, Mehl und allem, was da sonst noch so reinkommt. Dafür brauchte er noch nicht mal was gesoffen zu haben, seine Panscherei bekam er auch nüchtern auf die Reihe.

Eines Tages hatte er dann so richtig heftig einen im Tee, dass ihm ein Zwanzig-Liter-Topf mit für Eierschecke bestimmtem kochenden Pudding aus den Händen fiel.

Der kochend heiße Pudding verteilte sich auf dem Steinfußboden der Backstube und wurde vom extrem breiten Maier wieder zusammengekratzt und in den Topf zurückgeschaufelt, wobei Maier mehrmals im Pudding ausrutschte und hinknallte. Der Pudding landete danach dort, wo er hingehörte: auf dem Kuchen. Ich habe mir alle Leute, die an diesem Tag Eierschecke kauften, genau angeguckt und ihnen wissend hinterhergelächelt.

Denn ich wusste: Das da drin sind keine Rosinen! In unserer Backstube gab es nämlich auch Ratten.

 Die unterschiedlichen Arbeitsbereiche eines Konditoreibetriebes werden als «Posten» bezeichnet. Da wären der Tortenposten, der Kuchenposten, der Pralinenposten, der Mürbteigposten und viele andere Posten. Posten über Posten. Künstlerische Befähigung, die Leidenschaft für eine bestimmte Sache, Fleiß und sicherlich auch Spaß am Ausprobieren neuer Möglichkeiten, welche süßen Leckereien man so alles aus Zucker, Fett und Mehl zusammenpatschen kann, entscheiden darüber, an welchem Posten ein fertig ausgelernter Konditor eingesetzt wird. In der Regel wird er so lange an diesem Posten arbeiten, bis er in Rente geht oder tot umfällt. So wichtig und individuell die diversen Posten auch sein mögen: Das Herzstück des Betriebes ist der Backofenposten. Er ist Taktgeber, Heiligtum und Regierungszentrale. Einen Teil meiner Ausbildung, der aus bestimmten Gründen nicht lange dauerte, hatte ich am Ofenposten zu absolvieren. Der Mann, der am Backposten arbeitet, ist uneingeschränkter Herrscher über sämtliche Arbeitsabläufe. Sein Zepter ist der Backofenschieber. Ohne das gottgleiche Wesen würden sämtliche Panschereien der untergeordneten Schergen roh und ungebacken bleiben und in diesem Zustand unverkäuflich auf dem Backblech verrotten. Tortenböden zum Beispiel. Der feine Herr Zuckerbäcker am Tortenposten hätte nichts, aber auch gar nichts in der Hand, um seine mehrstöckigen Diabetesbomben aus Sahne, Fett, Zucker und Gelatine mit notwendiger Statik zu versehen. Sämtliche Hefeteig-Blechkuchen wären nichts anderes als vor sich hin gärende weiße Gummimasse mit Matsch drauf. Ohne den hart und präzise ranklotzenden Mann am Backofen würde der Betriebsablauf der Kuchenfabrik schlagartig zum Erliegen kommen. Nur der

Ofenmann weiß, bei welcher Temperatur und ab welchem Timecode sich Mürbeteig in Kohle verwandelt. Kraft und Timing sind seine Kameraden. Außerdem ist er unverletzbar. Mit Teig und Kuchenbelag zum Backen bereitstehende Kuchenbleche wuchtet er mit Eleganz und Leichtigkeit in die Höhe und schiebt sie in die finstere, heiße Ofenluke weit oberhalb seines Kopfes. Kuchenbleche in Großbetrieben sind ungefähr einen Meter lang und einen halben Meter breit oder breiter. Ist so ein Riesending zum Beispiel mit backfertigem Käsekuchen beladen, der aus Hefeteig, schwerer Quarkmasse und flüssigem Sulf besteht, einer fluffigen Masse aus Pudding und Eischnee mit der Konsistenz von Crêpeteig, die beim Backen braun wird, können locker mal bis zu zehn Kilogramm Rohgewicht zusammenkommen. Enorme Muskelkraft und ein Höchstmaß an Konzentration sind vonnöten, um das schwere Brett unfallfrei in die Höhe zu stemmen. Es soll seinen heißen Bestimmungsort erreichen, ohne zur Seite zu kippen und krachend auf den Fußboden zu klatschen. Manchmal musste ich unseren Ofenmann Charly vertreten, den alle rätselhafterweise «Der Affe» nannten. Es kam vor, dass so einige regalgroße Backbleche mitten im Backprozess aus dem Ofen geholt werden mussten, um sie umzusortieren und Platz für neues, dringend zu backendes Backgut zu schaffen. Das halbgebackene Kuchenblech, das ich dann hochstemmte, hatte im Ofen nicht ein Gramm Gewicht verloren, dafür war es jetzt hundertfünfzig Grad heiß oder heißer. Es war bis zum Rand gefüllt mit heißem Quarkmagma. Halbfertig gebackener Käsekuchenbelag ist noch leicht flüssig. Dieses unfassbar schwere, höllisch heiße Kuchenblech muss nun beim Herausziehen absolut waagerecht gehalten werden. Das gelang mir nicht immer. Sobald das Blech nur geringfügig zur Seite kippte, schwappte die glühend heiße Masse über den Rand. Ich hielt meinen Arm ungünstig, und das kochend heiße Zeug sabberte über meine nackte Haut. Es tut unbeschreiblich weh, wenn hundertfünfzig Grad heiße, zähe Flüssigkeit langsam wie Lava über die Epidermis kriecht. Vor Schreck ließ ich das heiße, böse Backblech gleich mal fallen. Beim ersten Mal wird dieser Verlust an Kuchen noch unter Kollateralschaden verbucht, verbunden mit der Warnung: «Das nächste Blech bezahlst du, Kollege Heinrich!» Darum ließ ich ab dem zweiten Mal die kochende Käsesuppe so lange vom Blech über den Arm mäandern, bis ich das heiße Vieh sicher wieder im Ofen abgestellt hatte. Sofort hechtete ich, brüllend wie ein angreifender Gotteskrieger, zum nächsten Wasserhahn. Nun muss alles sehr schnell gehen. Ich drehte das Kaltwasser auf und hielt meinen dampfenden Unterarm unter den Erlösung bringenden Wasserstrahl. So etwas geschah während meiner Berufsausbildung ungezählte Male. Diese Brandlöschung mit eiskaltem Wasser ist das schönste Gefühl auf der ganzen Welt und weder mit Sex noch mit richtig gutem Stuhlgang vergleichbar! Leider hält es aber nur einen kurzen Moment an. Sobald man den Arm unter dem Wasserstrahl wegzieht, kommt der Schmerz, den die verbrannte Stelle auf dem Unterarm nach innen und außen abstrahlt, schlagartig wieder zurück. Aus der geröteten Feuerstelle wächst noch am selben Tag eine stolze Brandblase, die zwei Tage später aufplatzt. Dann kann man die tote Blasenhaut abziehen wie ein nasses Abziehbild. Schon bald entsteht an dieser Stelle eine neue, beeindruckende Narbe zum Rumzeigen. Etliche solcher Narben marmorieren die Innenseiten meiner beiden Unterarme. Sie sind Lebensmarken und Postings meiner Missgeschicke, die gern betrachtet und gestreichelt werden. Ich bin stolz auf sie. Zeugen sie doch davon, dass ich früher mal wirklich was

Sinnvolles geleistet habe im Leben. Auch wenn es in der Regel danebenging.

Lektion 3: Falten & ziehen

Lehrjahre sind keine Herrenjahre. Das kann ich absolut bestätigen! In den zwei Jahren meiner Ausbildung führte ich mich wie ein lustloser, verkommener Problemjugendlicher auf. Ich wurde ja auch wie ein Nichtsnutz behandelt. Angeschrien haben sie mich. Die Gesellen, die Meister und der Chef. Ständig lebte ich in Angst, etwas falsch zu machen. Und wer Angst hat, etwas falsch zu machen, macht es dann auch falsch. Ich bin der untalentierteste Konditor der Welt. Ich bin unfähig, prächtige Torten zusammenzubauen. Die Rührkuchen, die ich zusammenrühre, sind nach dem Backen entweder staubtrocken oder nass und klitschig. Eiscreme habe ich noch nie hergestellt. Das Gleiche gilt für Petit Fours oder für schnörkelige Verzierungen auf mehrstöckigen Feinbackwaren. Kann ich alles nicht. Was ich aber kann, ist Blätterteig ziehen. Anfänglich ließ man mich noch Sandringe spritzen, aber hauptsächlich tat ich zwei Jahre lang nichts anderes, als Blätterteig zu ziehen. Das war die mir zugewiesene Hauptaufgabe. Ich habe meinen Beruf in der DDR gelernt, und ich habe genau so funktioniert wie die DDR. Mein Chef, Herr Rudolf, hatte nie vor, aus mir einen versierten Zuckerbäckerkünstler zu machen. Ich sollte einfach nur funktionieren und mich als kleines arbeitendes Zahnrädchen schweigsam und geduckt in den Tagesproduktionsplan eintakten. Dieser Plan hing als A4-Zettel morgens immer frisch an der Wand direkt neben der großen Wanduhr. Das Backtestament gab präzise vor, welcher Mitarbeiter welche Anzahl Kuchen, Plunderstreifen,

Torten und all die anderen Gaumenfreuden herzustellen hatte. Unter meinem Namen stand mit ganz, ganz wenigen Ausnahmen entweder «Blätterteigecken» oder «Spritzringe». Spritzringe – ein staubiger Ersatzleckerbissen für Fatalisten, die Mangel gewohnt sind und auch von einer kleinen Süßigkeit keine Überraschung mehr erwarten.

Spritzringe sind runde Kringel aus Sandmasse, eine im Idealfall schaumige Art Rührteig. Der Backwarenfacharbeiter spritzt sie mit Spritzbeutel und Sterntülle auf ein Backblech. Sind sie goldbraun fertiggebacken, klebt man zwei dieser kreisrunden Staubkekse mit billiger Marmelade zusammen, hängt sie kurz in kakaohaltige Fettglasur und lässt das Resultat aushärten – fertig! So weit die Theorie. Wenn ich Spritzringe spritzte, mühte ich mich, spastisch gekrümmt, am störrischen Spritzbeutel ab, aus dem sich eine widerspenstige Substanz schwerfällig aufs Blech abseilte. Ist man bei der Weiterverarbeitung von Sandmasse nicht flink genug, wird das Zeug zäh und schwer bezähmbar. Es ist dann fast nicht mehr zu verarbeiten. Bei mir sah ein Ring komplett anders aus als der nächste. Schwer vorstellbar, dass irgendjemand das Kroppzeug kaufen und essen würde. Das Backblech war voll mit abstrakter Kunst.

Ich hatte es einfach nicht drauf. Meiner Spritzbewegung fehlte das Tänzerische, das Filigrane. Ich war zu grobmotorisch, eher roboterhaft. Und viel zu desinteressiert am Herstellen Hunderter gleichförmiger Ringe. Diese staubtrockenen Sozialismuskekse, redete ich mir ein, würden ja sowieso zerbissen, zerkaut und verdaut werden. Widerwillig würde sie der Kunde runterwürgen. Wenn ein DDR-Bürger was konnte, dann runterschlucken. Die neuesten Beschlüsse eines weiteren sinnlosen Parteitages, irgendwelche Friedensresolutionen, Ersatzlösungen, Mangelversorgung, Solidaritätsadressen an unterdrückte Länder auf unerreichbaren Erdteilen oder diverse Vorgaben und Verbote – der DDR-Bürger schluckte einfach alles. Und zur besseren Verdauung gab's hinterher einen Schnaps. Oder zwei. In der Regel viele. Und natürlich Bier.

So ziemlich das Einzige, was ich heute noch fehlerfrei hinbekäme, ist ausgerechnet Blätterteig ziehen – eine anspruchsvolle, zeitraubende, stupide und mühsame Tätigkeit mit einem allerdings sehr faszinierenden Ergebnis: hauchdünne Teigschichten mit Luft dazwischen. Es heißt «Blätterteig ziehen», weil Blätterteig nicht einfach zusammengerührt wird und automatisch diese Schichten hat. Nein, er wird stundenlang gezogen – also mit dem Nudelholz ausgerollt –, zusammengelegt, gezogen, zusammengelegt, gezogen, zusammengelegt. Wie Bettwäsche, bevor sie im Kleiderschrank landet. Zwischendurch wird er gekühlt und ruht dabei, damit sich der elastische Teig entspannt und dann weiter dehnen lässt wie menschliches Bindegewebe jenseits der Sechzig. Nach einer präzise vorgeschriebenen Anzahl an Falt- und Ziehvorgängen erhält man dann die gewünschte Anzahl Schichten im Teig, schneidet die abermals ausgerollte Masse in Stücke und stellt daraus Blätterteigecken, Quarkecken oder weiß der Geier, was noch alles, her. Das Blätterteigziehen tut sich heutzutage sicherlich kein Mensch mehr an. Blätterteig gibt es in allen Varianten und in diversen Schichtausführungen fertig ausgerollt beim Discounter zu kaufen. Der vielschichtige fettige Teig wird längst in riesigen Werken auf computergesteuerten Produktionsstraßen hergestellt, sicher auch in Shenzhen und vermutlich genau gegenüber der Fabrik, in der sie die *iPhones*, *iPads* und überhaupt die komplette Produktpalette von *Apple* bauen. Heutzutage kommt doch alles aus China!

 Die Backstube einer Bäckerei ist am Ende einer Arbeitswoche der dreckigste Ort auf der ganzen Welt. Von Montag bis Freitag beziehungsweise Samstag, also fünf oder sechs Tage hintereinander, fallen im Akkord Teigreste auf den Fußboden und werden sofort von den groben Sohlen der Backwarenfacharbeiterschuhe festgetreten. Geschlagenes und ungeschlagenes Eiweiß, Sahne, Quarkmasse und mit Stärke angedickter Obstsaft spritzen an die gekachelten Wände, trocknen ein und härten aus. Butterstreusel krümeln in Ritzen und Spalten, eingelegte Pflaumen, rohe Kirschen und anderes Kuchenbelagobst, dem die Flucht gelingt, kullern an unerreichbare Stellen unter diverse Regale, um sich dort einen schönen flauschigen Bart aus Schimmel wachsen zu lassen. In den Regalen selbst werden mannsgroße, fettige schwarze Backbleche gestapelt, an deren Kanten unentfernbare, fingerdicke, mehrfach eingebrannte Hefeteigreste kleben.

Unsere im Laufe des Produktionsalltags ehrlich verranzte Backstube mit ihrem Fußbodenbelag aus altem Teig und ihrer im Spritzgussverfahren aufgebrachten Essensreste-Tapete war ein Paradies für alle möglichen krabbelnden Schädlinge. Besonders aber für Kakerlaken. Mehrere Volksgemeinschaften dieser unsympathischen Viecher hatten sich über Jahre in den Hohlräumen des altersschwachen Bäckereigemäuers eingenistet und führten dort seit Generationen ein sorgenfreies Schmarotzerdasein. Ich bin mir sicher, dass die im Untergrund lebenden Krabbeltiere mit der Zeit eine Art Gesellschaftsform entwickelt haben, womöglich sogar ein politisches System mit festen Tagesabläufen und gesetzlichen Feiertagen. Möglicherweise waren sie sogar fähig, eine

Religion zu erschaffen, und beteten dreimal täglich einen besonders ansehnlichen Kuchenkrümel an. Das feuchtwarme Klima und die allzeit gesicherte Bereitstellung von Nahrung in unserer Kuchenmanufaktur boten unserer Kakerlakenpopulation jedenfalls optimale Voraussetzungen zur Entwicklung bislang unbekannter Fähigkeiten, ich bin mir sicher, dass die Viecher auch lesen und rechnen konnten. Auf jeden Fall verfügten sie über eine ausgeprägte Schwarmintelligenz.

Rückten wir einen Schrank zur Seite, erblickten wir das lichtscheue Ungeziefer, wie es rasch den geordneten Rückzug in seinen finsteren Hinterhalt antrat.

«Hier!», rief dann immer jemand, wenn er wieder einen Haufen Schädlinge auf frischer Tat ertappt hatte.

«Hier!» war sowieso der Schlachtruf der Backstube. Wenn irgendwer «Hier!» rief, konnte es um alles oder nichts gehen.

«Hier, wo issn mein Rollholz?»

«Hier!»

«Wo? Hier?»

«Nee, hier!»

«Hier, der Stift kommt!», hieß es, wenn ich mit einem Beutel Flaschenbier vom Konsum zurückkam.

«Hier!» war universell einsetzbar und wurde universell eingesetzt. Ein sich selbst fortpflanzender Quell des Spaßes bei der Arbeit. Und oft auch einfach nur so der Auslöser eines kollektiven Lachkrampfs. Dazu taugten übrigens auch einfach in den Raum gebrüllte Zitate aus Pophits.

«Ich bin nicht deine Fickmaschine» etwa, von Nina Hagen. Oder «Ich fühl mich gut, ich steh auf Berlin!» – *Ideal.* Wenn ein schlechtbezahlter Kuchentischler beim Herstellen von fünfhundert Plunderstreifen im Akkord feststellen muss, dass sein Bier alle ist, muss er ab und zu die Wand anbrüllen, damit er nicht komplett den Verstand verliert. Beliebt war auch die Zeile «Ich will zurück auf die Straße» von Westernhagen – keine Ahnung, wie der Song weitergeht.

«Hier!»

«Hä?»

«Du», fragte mich Geselle Fiedler mal, «weißte eigentlich, was Eulenschießen ist?»

Wusste ich nicht.

«Musste mal machen, in der Disco. Pass auf: Derjenige, der die hässlichste Trulla anmacht, die größte Gesichtsfünf, die in der ganzen Disco rumläuft, der kriegt von allen anderen für den ganzen Rest des Abends die Getränke spendiert. Das ist Eulenschießen. Musste mal machen. Is geil!»

«Aha.»

«Hier?»

«Ja, hier, gucke, da sinse wiedor!»

Das Rascheln der fettgemästeten, aber gleichsam flinken und leichtfüßigen Chitin-Mietnomaden habe ich noch heute im Ohr. Hin und wieder tauchte mal ein Kammerjäger in unserer Kuchenhöhle auf, der sinnfrei irgendwelche Chemikalien in irgendwelche Ecken versprühte. Es roch dann kurzfristig nach porentief reiner Backstube, aber das war auch alles. Der ambitionierte Fliegenfänger erging sich in blindem Aktionismus, war dabei aber keine große Hilfe. Denn kaum hatte er den Betrieb verlassen, waren die kecken Viecher wieder da. Am Ende der Arbeitswoche wurde dann immer groß sauber gemacht. Die Gesellen der Freitags-Spätschicht, die zur Mittagsstunde ihren Dienst antraten, hatten keinen Kuchen und keine Torte mehr herzustellen. Ihre einzige Aufgabe bestand in den nächsten acht Stunden darin, die gesamte Backstube, so gut es ging, zu reinigen.

Das Vorprogramm zur Putzorgie hieß Einweichen. «Einweichen ist die Mutter des Saubermachens!» war der Spruch, der freitags immer zur gleichen Zeit fiel. Die Teigrührmaschinen, die Sahneschläger, der Kneter, die Kühlzelle, die Schränke, Regale, Fußböden, Wände, Rollhölzer, Teigschaber, Backbleche, Ofen – einfach die komplette Backstube wurde bis in die letzte Ecke hemmungslos mit Wasser vollgespritzt, damit die ausgehärteten Teigreste, Eiweiße und all die schmierigen Fettspritzer, mit denen die siffigen Konditoreikatakomben restlos verschmutzt waren, irgendwie aufweichten. Volle Wassereimer wurden einfach blindwütig in alle Richtungen ausgeschüttet. Pure Anarchie, aber erlaubt. Irgendwie musste die verranzte, betonhart getrocknete organische Masse ja wegputzbar gemacht werden. Das, was man auch in einer Art blinder Wasserschlachtwut gerne mal zu Hause in der eigenen Wohnung oder noch besser in einer fremden Wohnung angestellt hätte, durften wir jetzt und hier an jedem Freitagnachmittag veranstalten. Wir wurden sogar dafür bezahlt. Schöner wäre nur noch gewesen, die ganze Drecksbude gleich abzufackeln. Da wäre sie hinterher nicht nur sauber gewesen, sondern rein! Und Kakerlaken hätte es auch keine mehr gegeben. Und überhaupt wäre der Begriff «Backstube» völlig neu definiert worden.

Das Einzige, was nie von Ungeziefer oder Lebensmittelresten gereinigt wurde, war unsere Umkleidekammer oben unterm Dach. In dem staubigen Zimmer standen nicht nur die rostigen Spinde der Mitarbeiter, es stand auch die Luft. Sie war gesättigt mit dem ganz speziellen Duftgemisch aus vergorenen Männerausdünstungen, alten Dauerbackwaren und ostdeutschen Bierfahnen. Es gab keine Dusche, nur zwei Waschbecken. Da konnte, wer wollte, eine Alibi-Katzenwäsche performen. Im Regelfall schleppte man aber den ganzen Dreck, der sich während einer achtstündigen Schicht auf dem Körper abgelagert hatte, inklusive des tief in Haare,

Haarwurzeln und Hautporen eingedrungenen Mehlstaubes, mit nach Hause. Einer der Gesellen, ein Dorfbewohner na-

mens Mälzer, lebte mal eines späten Nachmittags dank der Waschbecken seine herzliche Abneigung gegenüber einem Konditormeister mit Namen Kobel aus. Mit Mälzer war nicht gut Kirschen essen. Er fing schnell mal grundlos Streit an. Er forderte mich auch häufiger als alle anderen auf, wieder neues Bier zu holen.

Vor der Kommunalwahl 1989, bei der erstmals auch ständig in der DDR lebende Ausländer zur Wahl zugelassen waren, kündigte Mälzer lautstark an, seinen Wahlzettel zu zerreißen, falls da irgendein Ausländer draufstehen sollte.

Und jetzt das: Breit grinsend pinkelte der Dorfrohling in das Waschbecken, von dem er wusste, dass es traditionell von seinem Hassobjekt Kobel benutzt wurde.

«Hier, guckt. Ich weiche mal für Kobel das Waschbecken ein!»

«Mälzer, du alte Sau. Spritz nich so rum hier!»

«Hier!»

«Hier!»

«Pipi ist kein Name und auch kein Getränk, nur mancher muss schon rennen, wenn er nur an Pipi denkt ... verdammt!»

Vor Lachen hätte Mälzer beinahe das Nachbarwaschbecken mit angepinkelt.

Der Strullerstrolch war, wie er prahlte, die letzten vier Stunden vorm Feierabend nicht mehr auf dem Klo gewesen. Gründlich benetzte er jeden einzelnen Quadratzentimeter Waschbeckenkeramik mit seinem extra dafür aufgesparten Blasensaft. Das war Liebe zum Detail. Nur ein Konditor kriegt so was hin.

«Hier! Der Mittelstrahl ist das Beste, hähöhö!»

Mälzers Opfer, Meister Kobel, ein Klugscheißer, Besserwisser, Anschwärzer und bester Freund des verhassten Produktionsleiters Rudolf, stampfte schon gut hörbar die Treppen nach oben und würde in wenigen Augenblicken im Umziehraum auftauchen.

Mälzers Harn war gerade so eben im Waschbeckenabfluss versickert, als der kurzsichtige Kobel damit begann, Wasser ins Pissbecken zu lassen und seinen Oberkörper voller Elan zu reinigen. Sehr gründlich machte er das, mit weit ausholenden Armbewegungen. Offenbar hatte er heute noch was vor. Vielleicht hatte er sich ja sogar mit seiner Frau zum Essengehen verabredet. Feixend beobachteten wir seine Waschung.

Mälzer murmelte: «Einweichen ist die Mutter des Saubermachens!», und hätte sich beinahe noch mal vor Lachen nass gemacht. Aber er hatte ja nix mehr drin.

Und ich war gut damit beraten, mich auch weiterhin von den beiden Waschbecken in der Männerumkleide fernzuhalten und die Körperreinigung schön zu Hause unter der Dusche vorzunehmen.

Der historische Herbst 1989 fand auch in Sangerhausen statt. Jeden Dienstag schob sich eine Demonstration durch den Ort, die von Woche zu Woche größer wurde. Meine Eltern waren anfänglich uneins darüber, ob sie meine kleine Schwester mit auf die Demo nehmen sollten – die Kleine war gerade mal elf Jahre alt, und im Falle eines polizeilichen Übergriffs auf die friedlichen Demonstranten hätten schlimme Dinge passieren können. Doch mein Vater konterte die Befürchtungen meiner Mutter mit dem klasse Satz: «Das ist der beste Geschichtsunterricht, den die Kleine haben kann!»

Ich ging mit Freunden zur Demo, ich war gerade achtzehn Jahre alt geworden. Für uns waren die aufregenden Geschehnisse auf der Straße ein richtiger Event. Endlich war mal was los in unserem langweiligen Kaff. Rückblickend behaupte ich mal, dass es den meisten Demonstranten damals nicht darum ging, den Sozialismus zu reformieren – sie wollten einfach nur dabei sein. Von diesem Hauch Anarchie in den Herbsttagen des Jahres 1989 würden sie noch ihren Enkeln erzählen können!

Der Staatsratsvorsitzende der Deutschen Demokratischen Republik, Vorsitzende des Politbüros und Generalsekretär der Sozialistischen Einheitspartei Deutschlands, Genosse Erich Honecker, trat schließlich am 18. Oktober 1989 auf Druck seines eigenen Politbüros zurück, aber noch war unklar, wohin die Reise gehen würde. In Dresden und Berlin hatte die Volkspolizei wiederholt Demonstranten zusammengeschlagen und festgenommen. Die Lawine namens Freiheitswillen, die die DDR unter sich begraben sollte, gewann immer mehr Macht und Kraft. Das Volk hatte keine Angst mehr. Von Woche zu Woche wurde es frecher. Die allergrößte Demo fand am 4. November auf dem Alexanderplatz in Berlin statt und wurde sogar vom DDR-Fernsehen live übertragen. So weit war es schon gekommen. Staunend saß unsere ganze Familie in Sangerhausen vorm Fernseher. Wir konnten nicht glauben, was wir da sahen und hörten. Ostdeutsche Schauspieler, zum Beispiel Jan Josef Liefers, standen auf einer Tribüne und verlasen Forderungen und Protestnoten gegen das ignorante Gehabe, mit dem die verknöcherte Staats- und Parteiführung den folgenschweren Umwälzungen innerhalb und außerhalb der DDR begegnete. Für diese direkten und schnörkellosen Anklagen waren andere DDR-Bürger bis vor kurzem noch eingebuchtet oder ausgebürgert worden. Bis zu einer Million Demonstranten sollen damals auf dem Alexanderplatz zusammengekommen sein. Und das Staatsfernsehen sendete live! Die DDR war also definitiv erledigt. Und auch in Sangerhausen zählte die Dienstagsdemo Woche für Woche mehr Teilnehmer. Die Motivation, um auf die Straße zu gehen, war klar: Man wollte zum einen der am Boden liegenden realitätsfremden Staats- und Parteiführung noch ein paar kräftige Tritte verpassen, zum anderen aber jetzt langsam endlich mal einen Videorekorder besitzen, der auch bezahlbar war. Und einen CD-Player. CDs gab es seit kurzem im Schallplattenladen zu kaufen. Zwar nur Klassik-Aufnahmen, doch immerhin DDR-Eigenproduktionen. Abspielgeräte dafür gab's aber nur im Westen oder in der ČSSR zu kaufen. Und Videorekorder erhielt man ausschließlich im Westen. Wenn es ein Rekorder über Umwege in den Osten schaffte, kostete das Gerät mindestens siebentausend DDR-Mark. Ein Farbfernseher aus Ostproduktion kostete das Gleiche. Für ein ganz klein wenig Wohlstand ließ einen das System so richtig tief in die Tasche greifen. So eine Riesensumme Geld musste man sich in der ganzen Verwandtschaft zusammenborgen. Und dann funktionierte die Ost-Technik nicht mal richtig! Na ja, letztlich bekamen die meisten Demonstranten ihren Willen. Denn ein Land, das auseinanderbricht, kann auch seine Grenze nicht mehr lange dicht halten.

Ende der Haft

Donnerstag, 16. November 1989. Exakt eine Woche nach der Maueröffnung fuhren meine Eltern, meine kleine Schwester und ich im Familien-Škoda Richtung Westen. Also wieder in Richtung Harz. Wie früher.

«So, die Richtung kennt ihr ja. Aber heute werden wir weiterfahren als sonst und die uns bisher bekannten Harz-Dimensionen hinter uns lassen. Wir werden Galaxien betreten, die vor uns nur wenige ostdeutsche Rentner betreten haben: den West-Harz!» Mein Vater hatte einen Gefühlsausbruch.

Dabei waren wir so ziemlich die Letzten, die nach der Grenzöffnung am 9. November zum Schnupperausflug in die BRD aufbrachen. Die halbe DDR war ja bereits am 10. und 11. November in West-Berlin eingefallen, um sich ihr Begrüßungsgeld zu krallen. Hundert D-Mark pro Nase. Einfach dafür, dass man DDR-Bürger war. Geil! Da hatten sich die vierzig Jahre Knast ja richtig gelohnt! Die andere Hälfte der noch in der Deutschen Demokratischen Republik verbliebenen Restbevölkerung fuhr nach Bayern runter. Dort gab es sogar noch vierzig D-Mark extra zu holen. Für jedes Jahr Sozialismus auf deutschem Boden eine Mark Extra-Entschädigung. Bayern war eben ein reiches Bundesland. Und die Landeshauptstadt München war besonders reich. Die legte nämlich noch mal zehn Mark pro Kopf drauf. Das war schon kein Geldregen mehr, das war ein regelrechter Geldmonsun! Alles, was noch einigermaßen transportfähig war und nicht den dummen Fehler gemacht hatte, nach West-Berlin zu fahren, wurde damals nach München kutschiert. Die blanke Gier regierte. In den langen Warteschlangen vor den Münchner Auszahlstellen kollabierten alte und schwache Menschen reihenweise, völlig erschöpfte und dehydrierte Kleinkinder wurden von Schreikrämpfen geschüttelt. Rettungsdienste versorgten die in der Münchner Novemberkälte auf ihre hundertfünfzig D-Mark wartenden DDR-Bürger mit Decken und Gulaschkanonen. Rückwirkend deklarierten das Rote Kreuz und die anderen Dienste dies als Katastrophenübung. Mich hätte ja nicht gewundert, wenn einige besonders gierige Ostdeutsche ihre tote Oma ausgegraben hätten, um noch mehr Westgeld abzugreifen!

Unsere Familie war bescheiden. Oder bescheuert. Oder beides. Wir fuhren nicht nach München. Wir fuhren nicht mal nach Bayern. Wir Deppen fuhren nach Niedersachsen.

In der Nähe der Ortschaft Ellrich sollte es laut Mund-zu-Mund-Propaganda einen provisorischen Grenzübergang geben. Die Suche nach der Grenze würde spannend werden. Das grenznahe Gebiet war ja bis vor kurzem verbotene Zone gewesen. Da hatte man nur reingedurft, wenn man in einem Ort innerhalb dieses Sperrgebietes wohnte. Ausgeschildert waren diese Orte in der Regel nicht. Es hatte größte Geheimhaltung geherrscht, schließlich war der Einflussbereich der NATO nur noch eine Spuckweite entfernt!

Für uns hieß es also: Erst mal in die Nähe des Sperrgebietes kommen, was ja seit wenigen Stunden keins mehr war, und dann wären wir auch schnell drüben, um unser Begrüßungsgeld einzukassieren. Und tatsächlich hatten wir auf der Suche nach einem bisher nicht da gewesenen Grenzübergang den richtigen Riecher. Das untrügliche Zeichen dafür war plötzlich zunehmender Stop-and-go-Verkehr auf einer unscheinbaren, völlig abgelegenen Landstraße. Diese schmale Straße war bröckelig und in einem erbärmlichen Zustand, doch ab einem bestimmten Punkt nagelneu asphaltiert. Der Straßenbelag war ganz frisch aufgebracht und warm, er schien sogar noch ein wenig zu dampfen. Vor uns lag noch eine letzte Anhöhe. Als wir sie, den anderen Autos nachschleichend, überwunden hatten, ragte er vor uns auf: der doppelte Zaun der DDR-Staatsgrenze. Von Süden kommend, schlängelte sich die eiserne Demarkationslinie nach Norden. Ein verdammt imposantes Bauwerk. Bestaunenswert. Der innere Zaun und der äußere Zaun standen im akkuraten Abstand zueinander, zwischen beiden Zäunen lag der Postenweg, auf dem die Kübelwagen der DDR-Grenztruppen bis vor einer Woche noch Patrouille gefahren waren. Sauber und ebenfalls im akkuraten Abstand zueinander aufgereiht lagen diese seltsamen großen Mehrfach-Holzkreuze, mit denen sich vermutlich Autos stoppen ließen. Das alles hatte ich bisher nur im Westfernsehen gesehen, gefilmt von der Westseite aus. Nun sah ich es vom Osten her. Mit eigenen Augen. Es beeindruckte mich sehr. Und nicht nur mich. Wir vier im Auto schwiegen und starrten und staunten und spürten förmlich, wie in all den anderen Ostautos ebenfalls geschwiegen und gestaunt wurde.

Für solche Anblicke wie den des imposanten Grenzzauns wurde der schöne Begriff «erhaben» erfunden. Eine Mischung aus Euphorie, Ehrfurcht, Hass und einem Spritzer Restangst lag in der Luft. Würde die Grenze jetzt für immer offen bleiben? Waren die Grenzer freundlich und unbewaffnet oder immer noch mit scharfen MPIs bestückt? Direkt vor uns hatte man eine Lücke aus dem Doppelzaun herausgeschweißt. Alle Autos rollten langsam hindurch, niemand wurde gestoppt. Die provisorische Straße führte direkt durch das Loch, um später irgendwo im westdeutschen Hinterland wieder auf eine normale, immer schon dort gewesene Straße zu treffen. Wir kamen dem Zaun immer näher. Meine Mutter hielt alle Ausweise griffbereit, falls diese beiden verschüchterten Grenzsoldaten, die wir nun erblickten, doch noch Lust auf eine Kontrolle bekamen. Oder den Befehl dazu. Doch es passierte: nix. Alle Befehle waren wohl außer Kraft gesetzt worden. Die zwei frischgebackenen Arbeitslosen standen gekrümmt neben der mal eben in die Landschaft asphaltierten Straße, strahlten keinerlei Autorität mehr aus und lächelten verlegen. Beide hatten sie Blumen an ihrer Uniform stecken. Ganz langsam fuhr unser Škoda durch das Innere der Grenzanlage. Dann passierten wir den äußeren Zaun. Mein Vater gab Gas. Wir waren im Westen! Und schon sah der Wald in meinen Augen anders aus. Die Bäume, das Gras, alles grüner, alles anders, selbst der Straßenasphalt! Sogar jetzt im November.

Wir passierten den ersten Ort. Zum allerersten Mal im Leben fuhren wir vier durch einen echten BRD-Ort mit echten BRD-Menschen, echten BRD-Häusern und echten BRD-Autos. Wir bestaunten all die Dinge, die wir bisher ausschließlich aus dem Fernsehen kannten, und waren unbeschreiblich gerührt! Da, ein *Spar*-Markt! Da, ein echtes BRD-Polizeiauto! Das sah genauso aus wie im *Großstadtrevier*, im *Fahnder* oder all den anderen Krimiserien aus dem Fernsehen. Und es war echt! Und da, am Straßenrand, die Leute winken uns zu. Irre!

«Wo wollen wir eigentlich hin?», fragte mein Vater. Schließlich saß er am Steuer und musste das Auto irgendwohin steuern.

«Na, wir gucken am besten mal, was so kommt. Irgendwas muss ja ausgeschildert sein», sagte meine Mutter.

Braunlage war ausgeschildert.

Goslar war mir ein Begriff. Bad Harzburg auch noch. Aber Braunlage kannte ich nur von den Temperaturdurchsagen im

Wetterblock auf NDR 2. Gab es dort überhaupt Sparkassen? Irgendwie mussten wir ja an unser Begrüßungsgeld kommen! Das hatten wir uns doch redlich verdient!

«Willkommen in Braunlage», begrüßte uns das über die Straße gespannte Transparent. Wir waren da. Schnell das Auto irgendwo geparkt und ab in die nächste Sparkassenfiliale – so war unser Plan.

Ich summte vor mich hin: «Wenn's um Geld geht – Sparkasse!»

Den griffigen Slogan kannte ich aus der Werbung. Und die Werbung hatte recht!

Es war aber gar nicht so leicht, einen Parkplatz zu finden. Es schien, als hätten all jene DDR-Bürger Braunlage geflutet, die es an diesem Tag nicht nach Bayern runter schafften. Weit entfernt vom Stadtzentrum der damals dank Zonenrandförderung prosperierenden Westharzmetropole waren noch wenige Quadratmeter für unseren Tschechenklepper frei. Schnell parkten wir unsere blaue Kutsche und machten uns auf den Weg nach Downtown Braunlage. Schon bald sahen wir die erste Schlange vor einer Sparkasse und stellten uns an. Freudige Erwartung schwebte über diesem Spalier der freien Geldempfänger. Wie sich die kostbaren D-Mark-Scheine wohl anfühlen würden? Was muss man am Schalter sagen, um sein Geld zu kriegen? Und ist diese Bettelei nicht doch ziemlich entwürdigend?

Irgendwo hinter einer Hecke sangen mehrere einheimische Kinder, offenbar auf dem Heimweg von der Schule nach Hause, laut ein Lied: «Schwanz ab, Schwanz ab, runter mit dem Männlichkeitswahn.»

Meine Mutter stand vor mir in der Schlange. Sie fragte meinen Vater: «Was singen die da? Schwanz ab? Na, hier ist ja was los!»

Kopfschüttelnd musterte sie die singende Hecke. Dann sah sie mich an: «Kennst du das Lied?»

«Äh, ja, so 'n bisschen, schon mal gehört irgendwie.»

«Aha. Na ja.»

Die Schlange schob sich weiter zum Gesang der Kinder. «Schwanz ab, Schwanz ab, runter mit dem Männlichkeitswahn!»

Ein Hit der *Ärzte*, meiner absoluten Lieblingsband. Es hatte keine Schuldisco gegeben, auf der nicht zu «Roter Minirock», «Paul» und vor allem «Zu spät» rumgesprungen und mitgegrölt wurde. 1988 hatten *Die Ärzte* sich aufgelöst, auch im Osten hatte sich diese Katastrophenmeldung wie ein Lauffeuer verbreitet. Obwohl allgemein die Gewissheit herrschte, nie im Leben ein Konzert der «besten Band der Welt» besuchen zu können oder eine Platte der *Ärzte* kaufen zu können, herrschte eine Bestürzung, als hätten die USA den dritten Weltkrieg begonnen.

Aber nun war es zumindest möglich, an die LPs zu kommen. Ich würde mir als Erstes die zuletzt erschienene *Ärzte*-Platte «Das ist nicht die ganze Wahrheit» kaufen. Ich hatte zwar so ziemlich alles von den *Ärzten* auf Kassette, auch die «Wahrheit»-LP. Dies jedoch in besonders schrottiger Qualität. Musik von einer Kassette, die von einer Kassette überspielt wurde, die wiederum selber schon von einer Kassette überspielt war, deren Ursprungsquelle eine überspielte Kassette war, hat mit Hörgenuss rein gar nichts mehr zu tun.

Wir schoben uns immer näher an die weit geöffnete Eingangstür. Zügig ging es voran. Und schon drückten wir uns in den Schalterraum. Am Bankschalter zeigte ich meinen DDR-Personalausweis vor. Die Sparkassenfrau drückte mir einen Stempel rein und schob mir einen Hundert-DM-Schein rüber. Das war's. Ich hatte mein Begrüßungsgeld. Und jetzt?

Erst mal behalten. Ich hielt echtes Westgeld in der Hand. Die D-Mark. Die härteste Währung der Welt. Zumindest des Kontinents, in dessen Zentrum – auch historisch betrachtet – ich mich gerade befand. Gut, ich würde mich mal umsehen, was man in Braunlage so kaufen konnte, aber auf den Kopf hauen wollte ich mein gutes Westgeld nicht. Höchstens für etwas sehr Wertvolles, woran ich lange Freude habe.

Und das waren dann zwei Dosen *Holsten*-Pils. Herausgenommen aus einem übervollen Bierdosenregal in einem Supermarkt, der mit vielen riesigen, grellbunten, sehr gut gefüllten Regalen ausgestopft war. Eine Galerie des Überflusses. So als müsste man uns beweisen, dass wir für die richtige Gesellschaftsordnung auf die Straße gegangen sind.

Außerdem hatte ich mir noch eine CD gekauft. Ich wollte mal gucken, wie so was aussieht. Bald würde ich einen CD-Player besitzen und sie abspielen können. Ob der Klang tatsächlich so glockenklar und sauberer war als der Klang einer LP, würde ich, der alte Musikkassettenfuchs, natürlich sofort hören. Klar war auf jeden Fall schon mal eins: Die Zukunft würde spannend werden. Und die Zeit meiner übersteuerten Aufnahmen auf Kassette wäre dann vorbei. Vielleicht klappte es ja jetzt endlich auch mal mit Mädchen!

Die Euphorie über die Grenzöffnung konnte nicht darüber hinwegtäuschen, dass sich in der Konditorei ein gleichförmiger Tag an den anderen reihte. Bis eines Freitags, es war kurz vor dem Ende meiner Ausbildung, Geselle Schneider, Spitzname Lagerfeld, auf mich zukam.

«Willste mal was erleben?»

Ich war, wie jeden Freitag meines Lehrlingslebens, darauf eingestellt, nichts zu erleben.

«Hier auf Arbeit?»

«Ja.»

«Was'n?»

«Wir zwei sind nachher alleine in der Firma, nur du und ich. Rudolf ist auch weg.»

«Aha.»

«Also: Willste was erleben?»

Wieso fragte er mich, ob ich Lust dazu hatte, bevor er mich vergewaltigte? Wieso fiel er nicht einfach über mich her? Oder hatte er Schnaps dabei? Oder wollte er im Ofen irgendeine geheimnisvolle Substanz erst erhitzen und dann abfackeln? Er tat geheimnisvoll.

«Bist du heute mit dem Moped da?»

«Ja.»

«Kannste das nachher mal holen?»

«Wie, holen?»

«Na, hier rein!»

«Hä? Hier rein!»

«Ja, hier rein.»

«Hä?»

«Na mal gucken, wie sich das fährt, wenn hier alles eingeweicht ist. Ich hol meins auch rein.»

«Echt? Und dann?»

«Na dann fahren wir hier mal 'ne Runde rum. Ist keiner mehr da nachher.»

«Ja, aber ... äh, klar! Geil!»

Man muss wissen, dass Mehl und Wasser zusammen nicht nur zäh und klebrig wie Teig sein können, sondern, je mehr Wasser das Mehl aufweicht, auch unsagbar glitschig. Weil am Freitagnachmittag der komplette Backstubenfußboden mit dieser Glitsch-Schmiere überzogen war, fiel regelmäßig irgendwer der Länge nach hin und schlitterte noch eine kurze Distanz wie ein Bobfahrer über den feuchtglatten Fußboden. Man musste äußerst vorsichtig sein. Selbst Gummistiefel mit grobem Profil, die freitags jeder trug, boten kaum Halt.

Lagerfeld und ich schoben am späten Nachmittag, als alle anderen den Betrieb verlassen hatten, unsere Mopeds in die Backstube, jeder seins.

Die DDR war zu diesem Zeitpunkt, im Frühjahr 1990, so was von erledigt, bald würde sie Geschichte sein. Es gab keine ernstzunehmenden staatlichen Autoritäten mehr. Die Volkspolizei, die Staatssicherheit, die NVA und allen voran die hilflose und fast schon bemitleidenswerte SED waren ihrer Daseinsberechtigung beraubt. Es gab nur die Gewissheit, dass es keine Gewissheit gab. Der Sozialismus war von der neuen Gesellschaftsordnung «Sanfte Anarchie» abgelöst worden. Niemand kann sich ausmalen, wie viele Lebensbrüche zu dieser Zeit stattfanden. Nicht wenige aus meiner Altersklasse, die noch im Sommer 1989 zu feige oder zu faul waren, über Ungarn oder Prag in den Westen zu fliehen, schmissen

Anfang 1990 ihre Lehre und gingen über die offenstehende Grenze in die BRD. Dort schien ja alles möglich zu sein. Man brauchte nur die Hand auszustrecken, schon lag ein großer *Doppelwhopper* drin. Es gab jeden Tag *Coca-Cola* zu trinken, und durch die Luft flogen gebratene *Mars*-Riegel. Ein großer Trugschluss! Bald kehrten die gescheiterten Abenteurer mit hängendem Kopf zurück in den Osten. Ihre Hände waren leerer als zuvor. Und Hunger hatten sie auch noch.

Die kurze Zeit, in der man die Brüder und Schwestern aus dem Osten im Westen mit offenen Armen willkommen hieß, war langsam vorbei. Der Westen sah mit Schrecken, wie viele Brüder und Schwestern er insgesamt hatte und dass so eine Familie auch monetäre Verpflichtungen mit sich bringt. Unter dem Eindruck der sich am Horizont langsam abzeichnenden Wiedervereinigung schwante den BRD-Bürgern, dass die kommenden Jahre äußerst entbehrungsreich werden könnten.

Diejenigen Ostdeutschen, die noch nicht in den Westen abgehauen waren, hielten den Laden im Osten auch nur noch für ihren Monatslohn am Laufen. Und ich persönlich wollte einfach diese blöde Lehre zu Ende kriegen, ansonsten war mir alles egal.

An einem späten Nachmittag kurz vor Ende der DDR starteten Lagerfeld und ich, also ein Geselle Mitte zwanzig und ein volljährig gewordener Konditorlehrling, mit dem Kickstarter ihre *Simson*-Mopedmotoren. Wir ließen die Hinterreifen im ersten Gang schön durchdrehen. Eine Slow-Motion-Verfolgungsjagd begann. Im ersten Gang durch die Backstube, Eierlauf auf Reifen durch eine noch volkseigene Bäckerei, die dabei – angenehmer Nebeneffekt – durch den von zwei jaulend rotierenden Hinterreifen lückenlos verspritzten Mehl- und Wasserschleim so richtig schön eingesaut wurde. Herrlich! Die Zweitaktmotoren heulten im hohen Drehzahlbereich, die Hinterreifen raspelten den eingeweichten Dreck vom Fußboden und spritzten ihn an die Wände. Born to be wild! Das war mein nachträglicher Kommentar für all die doofen Sportfeste, die Lügengeschichten im Geschichtsunterricht, für Russisch und für die Wehrerziehung. Soziale Errungenschaften hin oder her, aber wenn der Preis dafür war, dass ich mit Haut und Haar dir gehöre, dass du absoluten Anspruch auf mich hast, nur weil ich zufällig in dir geboren wurde, wofür ich nichts kann, dann spritze ich mit Dreck, du Doofland!

Ich spritzte meinen ganzen Frust an die Wand. Frust über den Chef, die Kollegen und zwei Jahre vergeudete Lebenszeit in diesem Loch hier. Frust aufgrund der Gewissheit, einen komplett falschen Beruf zu lernen, Frust über eine ungewisse Zukunft und Frust, weil ich nie so richtig gute Chancen bei den Mädels hatte und meine anfängliche Hoffnung, dass sich das mit der Volljährigkeit und dem Besitz eines Mopeds und überhaupt durch die Grenzöffnung ändert, nicht bewahrheitet hatte. Ich schoss mit Matsch um mich. Und das tat sehr gut!

Was würde morgen sein? Was würde aus uns werden? Wir hatten keine Zeit, darüber nachzudenken. Jetzt hieß es erst mal lüften – die ganze Bude hatten wir mit den Zweitaktabgasen eingenebelt – und sauber machen. Heute etwas mehr als sonst.

Der neue DDR-Ministerpräsident Lothar de Maizière brachte mich zum Lachen. Der Mann lispelte stark und war die Unsicherheit in Person. Meine Güte, da durften wir nach all den anästhesierenden Honecker-Jahren endlich frei wählen, und was kam dabei heraus? Schon wieder einer, dem man nicht lange zuhören konnte.

Die schmale und grob geschätzt ein Meter neununddreißig kleine Erscheinung de Maizières war alles andere als respekteinflößend. Ein graues Bärtchen und eine viel zu große Brille im schmalen Gesicht wussten eventuell aufkommende Restautorität schon im Vorfeld zu verhindern. Sah man in den Nachrichten die halbe Portion aus Ost-Berlin im Schatten des gut im Futter stehenden Helmut Kohl verschwinden, der so groß war wie zwei Einfamilienhäuser, dann war sogar denen, die sich nicht die Bohne für Politik interessierten, klar, welcher der beiden das Sagen hatte und immer seinen Willen bekam. Der schmalbrüstige Ost-CDU-Hänfling jedenfalls nicht. Ich hatte ein bisschen Mitleid mit dem Lispelzwerg, der zu DDR-Zeiten nie in Erscheinung getreten war und jetzt plötzlich Helmut Kohl als Handpuppe diente.

Auch den Rest der neugewählten Ministerriege kannte niemand von uns. Leute vom *Neuen Forum*, die die Wende in der DDR im Angesicht höchster Gefahr maßgeblich vorbereitet hatten, die man verhaftet hatte oder ins Exil zwang wie Bärbel Bohley, saßen nicht in der Regierung. Sie hatten ihre Schuldigkeit getan. Das Wahlvolk konnte die Bärte der Bürgerrechtler offenbar nicht mehr sehen. Außerdem war jedem klar, dass es letztlich zur Wiedervereinigung kommen würde. Da war es dann auch egal, wer die DDR in den Tod regierte.

Im Sommer 1990 führte man in der damals gerade noch so existierenden DDR die D-Mark ein. Und den Kapitalismus gleich mit. Den hatten ja alle gewollt. Jetzt war er da. Ohne Invasion, Waffengewalt, Krieg und Atombomben kam er über das Land. Einfach so, weil das Volk sich dazu entschieden hatte, es mal mit diesem anderen System zu versuchen, das man aus dem Fernsehen, dem *Intershop* und den Besuchen der gut duftenden Westverwandten kannte. Alle wollten die smarte Software, mit der die BRD lief. Weil für den vierzig Jahre alten, muffig riechenden DDR-Sozialismus keine Updates mehr runtergeladen werden konnten.

In der Nacht vom 30. Juni auf den 1. Juli 1990 räumte man im ganzen Osten das alte zerknitterte DDR-Geld aus den rostigen Sparkassentresoren und stapelte darin druckfrische, knisternde D-Mark-Scheine. Parallel dazu säuberten die gestern noch volkseigen gewesenen und zukünftig privat seienden DDR-Geschäfte ihre Regale und Schaufenster von den verpönten, pappigen Ostprodukten und machten Platz für die allseits begehrten, herrlich aromatisierten und kolorierten Erzeugnisse der freien Welt.

Als die Einwohner Sangerhausens am nächsten Tag durch ihre umdekorierte Einkaufsstraße flanierten, hörten sie gar nicht mehr auf zu staunen.

«Oh, guck mal, endlich gibt's auch bei uns homogenisierte und pasteurisierte Milch!» – «Juchhu! Endlich können auch wir Brause mit der geheimnisvollen Zutat E 160 drin trinken – guck mal, in der Rama ist das auch!»

«Rama – macht das Frühstück guuuut. Raamaaaaaaa ...»

War es wirklich erst acht Monate her, dass Erich Honecker

in Berlin mit einer großen Parade vierzig Jahre DDR feierte? Der greise Despot war nur kurze Zeit später weg vom Fenster. Am Tag seines Rücktritts brach in meiner Berufsschule die offene Anarchie aus: Wir Berufsschüler drehten das in jedem Raum hängende Erich-Honecker-Porträt, das uns alle seit der Kinderkrippe mit diesem weltfremden Märchenonkellächeln angelächelt und bis in die Träume verfolgt hat, mit dem Gesicht zur Wand. Einen Tag vorher noch wären deswegen motorisierte Stasikohorten in das marode Schulgebäude eingefallen, hätten uns jugendliche Konterrevolutionäre einkassiert und unsere Eltern an ihren Arbeitsplätzen verhaftet.

Nun passierte – gar nix. Unsere Staatsbürgerkundelehrerin teilte uns lediglich mit, sie wüsste nicht, was sie uns nun noch erzählen solle. Sie empfahl uns, die Stunde zu nutzen, indem wir Hausaufgaben für «wichtige» Fächer erledigten. Sie selbst holte ein Rätselheft, den *Troll* – die auflagenstärkste Wochenzeitung der DDR – aus der Tasche und machte an ihrem Tisch Stillbeschäftigung.

Vierzig Jahre war, bis auf wenige Ausnahmen, so gut wie nichts passiert in der DDR. Für Aufregung sorgten nur die Sonderschichten des strebsamen Kohlekumpels Adolf Hennecke sowie die Gastspiele Willy Brandts in Erfurt, Helmut Schmidts in Güstrow und Bruce Springsteens in Berlin-Weißensee. Letzterer trat dort im Rahmen eines von der FDJ organisierten Open-Air-Konzerts auf. Zweihunderttausend DDR-Bürger brüllten: «Born in the USA!» Irre!

Jahrelang war das Land zwischen *Lolek und Bolek* im Osten und *Modern Talking* im Westen vor Langeweile wie erstarrt. Meiner jugendlichen, noch nicht ganz ausgebildeten Meinung nach würde es vermutlich bleiben, wie es war: Der Rest der Welt mit Ausnahme der ČSSR und einiger weniger Ostblockstaaten würde für mich verbotene Zone bleiben.

Nicht mal mehr seufzend blickte ich in meinem einzigen Ostseeurlaub auf Rügen der Autotransit-Fähre nach Schweden hinterher. Ich hatte mich damit abgefunden, in diesem Leben nicht mehr an Bord gehen zu dürfen. Und insgeheim war ich stolz darauf, den greisen Marxisten im Politbüro den mentalen Mittelfinger zu zeigen. Die schlechtgelaunten, spaßfeindlichen Altkommunisten sollten sich nicht darüber freuen, dass ich mich ärgerte.

So ging das lange Jahre. Aber alles geht mal vorbei. Man soll aufhören, wenn es am ätzendsten ist. Und so überschlugen sich seit Sommer 89 die Ereignisse und hörten gar nicht mehr damit auf, sich zu überschlagen. Man war derart betrunken angesichts der Neuigkeiteninflation, dass der Mauerfall gar nicht richtig wahrgenommen wurde. So war es jedenfalls bei mir. Tatsächlich klärte mich meine Mutter erst am Morgen des 10. November über den am Abend zuvor erfolgten Fall des antifaschistischen Schutzwalls auf. Und ich antwortete, ich weiß es noch wie heute, mit «Ach – na gucke!».

Die deutsch-deutsche Grenze, die Schandmauer oder auch «Der antifaschistische Schutzwall» war das einzige hochqualitative Erzeugnis, das die DDR jemals produziert hatte. Und nun wurde es einfach und schnell über Nacht auseinandergeschraubt, als wäre das Trenngitter bloß ein wackeliger Bauzaun gewesen.

Die Firma, zu der die mich ausbildende Backwarenproduktion gehörte, hieß zu Beginn meiner Lehre «HO» für «Handelsorganisation». Doch die Wirtschafts- und Währungsunion im Sommer 1990 veränderte nicht nur den Tresorinhalt der Stadtsparkasse und die Auslagen der Geschäfte, sondern auch den Namen meines Ausbildungsbetriebes. Aus dem sozialistisch nüchternen «HO – Handelsorganisation» wurde jetzt der schillernde Wirtschaftswundername «SEKA – Sehen und Kaufen».

Damit hatten die Profis in der Führungsetage des Unternehmens alles auf den Punkt gebracht. Denn im mausgrauen DDR-«Handelsorganisation»-Mangelsozialismus musste vor allem gehandelt und organisiert werden – etwa wenn es darum ging, wer aus der Familie wie schnell am Obstladen sein konnte, weil es Gerüchten zufolge drei spanische Apfelsinen in die Stadt geschafft hatten.

Aber nun war die schöne neue Zeit da, alles würde im Überfluss vorhanden sein, und daher hieß es folgerichtig: «Sehen und Kaufen.»

So einfach hatten es sich die Strategen der Ex-«HO» jedenfalls vorgestellt. Die alten «HO»-Ostplaner in der Chefetage der neuen «SEKA» dachten wohl, es wird schon weitergehen wie bisher – nur halt jetzt mit echtem Geld und höheren Westpreisen.

Zum Beispiel wollten sie, als wäre nichts passiert, weiterhin den seit vierzig Jahren zusammengepatschten DDR-

Blechkuchen verkaufen. Darunter: die Eierschecke. Unsere Eierschecke sah seltsam aus und schmeckte noch seltsamer. Ein Ersatzkuchen aus Pampe. Ein leeres Versprechen zum Runterwürgen. Pudding, versetzt mit Eiern als Geschmacksträger für Zucker. Nichts weiter als schnöde Kaumasse. Nachdem man sich ein Stück Eierschecke in den Mund geschoben hatte, begann der gebackene Kaugummi darin ein unkontrolliertes Eigenleben zu führen. Der Wunderkuchen waberte und quoll auf, vermehrte sich, verdoppelte und verdreifachte sein Volumen. Man konnte kauen, wie man wollte, man verlor sofort die Kontrolle über den Ess-Bauschaum im Mund.

Bevor die Eierschecke Oberhand über den von ihr befallenen Organismus gewann und auf dem Weg zur Machtergreifung im Gehirn die Ohren von innen abdichtete, schluckte man sie besser schnell runter. Dort traf sie allerdings auf zwei starke Gegner: den DDR-Magen und die DDR-Magensäure. Zwei Gegner, die es gewohnt waren, zu kämpfen – und zu gewinnen. Außer vielleicht gegen braunen *Goldkrone*-Schnaps – aber das hatten wir ja schon.

Sicher, es gab auch Menschen, denen Eierschecke geschmeckt hat. Aber es gibt ja auch Menschen, die gerne Tofu essen, weil sie das labbrige Gefühl auf der Zunge so mögen. Der Mensch ist nun mal in der Lage, sich die unmöglichsten Dinge schön zu kauen.

Für dieselbe olle, seit Jahren in der kalt verkachelten Großkonditorei zusammengeklatschte Eierschecke, die pro Stück zu DDR-Zeiten ca. vierzig Pfennig oder weniger kostete, sollte der Kunde nun zwei DM auf den Tresen legen bzw. 1,95 DM.

Jeder vernünftige Mensch denkt da natürlich nicht «Sehen und Kaufen», sondern «Sehen, laut lachen und liegen lassen».

Was für eine schamlose Dreistigkeit, den alten Ostdreck für Westgeld und Westpreise anzubieten. Man hätte im

Tausch für die Eierschecke statt D-Mark was anderes verlangen sollen, Altpapier zum Beispiel – daraus war sie doch, so wie sie schmeckte, hergestellt! Aber auch der DDR-Markt für Altpapier und andere Sekundärrohstoffe war über Nacht zusammengebrochen. Niemand wollte das gute, wochenlang gesammelte Glas und Papier mehr annehmen und dafür Geld bezahlen. Stattdessen verlangten Kuchen backende Halsabschneider, gestern noch überzeugte Sozialisten, aber über Nacht zu geldgeilen Erzkapitalisten gewandelt, für ihre alte sozialistische Einheits-Eierschecke jetzt Phantasiepreise in harter Währung. Für das gleiche Geld bekam man wenige Kilometer westlich, in Niedersachsen, anständigen freien Westkuchen mit leckeren Aroma- und Farbstoffen drin!

Waren denn alle verrückt geworden? Leider ja.

Kaum verwunderlich, dass unsere kleine Konditorei ihren Kram nicht mehr loswurde. Frische Ideen mussten her, sonst konnte man den ganzen Laden gleich dichtmachen und alle entlassen.

Eine dieser neuen, unglaublich innovativen Ideen war: Brötchen.

Wir stellten kleine Teigrohlinge für Brötchen her, die sofort tiefgefroren wurden. An den Bäckereitresen der zwei örtlichen SEKA-Kaufhallen installierte man zeitgleich Gärschränke und kleine Backöfen, wo die von uns gedrehten Hefeteig-Rohlinge aufgehen und gebacken werden sollten. Heute ist das die Regel, für uns klang es schwer bekloppt. Es gab doch Bäcker! Bei denen konnte man doch schon seit vierzig Jahren Brötchen kaufen! Brötchen hatte es in Hülle und Fülle in der DDR gegeben. Weltklassebrötchen! Hart, robust, unkaputtbar. An den bissfesten Wurstfundamenten aus Hefeteig hatte nun wirklich kein Mangel geherrscht. Es gab sogar eine Brötchenüberproduktion. Darum wurden die Altbauten in den Innenstädten mit Brötchen ausgebessert. Die Kopfsteinpflasterstraßen: Brötchen. Die Türknäufe an den Häusern: Brötchen. Die Tennisbälle: Brötchen. Ausgehöhlt und mit Brotkrumen gefüllt konnte man sie sogar als Kinderrassel einsetzen!

Wenn es der DDR an etwas garantiert nicht gemangelt hatte, dann an Brötchen. Und jetzt sollten ausgerechnet Brötchen unsere SEKA retten?

Doch auch diese Idee winkten wir gedanklich einfach nur noch durch: Zu viele unfassbare Nachrichten waren seit dem Spätsommer 1989 auf uns eingeprasselt. Da wurde man zum Fatalisten. Alles war einem egal.

Wenn uns damals allerdings einer gesagt hätte, dass eine ehemalige FDJlerin mal Bundeskanzlerin wird und ein Hitlerjunge Papst, dann hätten wir den für verrückt erklärt.

Einige Brötchen buken wir gleich bei uns in der Konditorei. Für den Verkauf auf der Straße. Auch ich musste mit an den Straßenverkaufsstand, um verzweifelt unsere tollen Produkte anzupreisen. Brötchen. Ich, der ich Konditor werden wollte, stand «Brötchen, Brötchen!» rufend in der Sangerhäuser Einkaufsstraße. Brötchen! Als ob es das war, wofür die Leute 89 auf die Straße gegangen waren! Mein Enthusiasmus hielt sich in Grenzen. Und zwar in den Grenzen der DDR.

Neue Gesellschaftsordnung gut und schön, aber doch nicht so! Da wollten die selbsternannten Trendsetter in der Chefetage der SEKA, formerly known as HO, auf einmal kapitalistischer sein als der Kapitalismus. Kein Wunder, dass das mit Anlauf in die Hose ging.

Meiner Vermutung nach hatten sie aber auch schon all die Jahre zuvor nicht an den Käse geglaubt, den sie uns in immer gleichen Litaneien vorgepredigt hatten.

Genau wie unser Berufsschuldirektor. 1988, gerade mal

zwei Wochen nach Beginn der Berufsausbildung, hatte uns der SED-Apparatschik mit den üblichen Floskeln in das Berufsschul-Wehrlager komplimentiert, wobei er auf dem Appellplatz der Berufsschule mit geschwollener Brust vor uns auf und ab stolzierte: «Vor zwei Wochen erst habe ich Sie hier willkommen geheißen. Heute muss ich mich schon wieder von Ihnen verabschieden. Aber ich tu das gern, denn Sie werden für den Kampf gegen den imperialistischen Klassenfeind ausgebildet, um unser sozialistisches Vaterland, die Deutsche Demokratische Republik, Ihre Eltern, Ihre Geschwister, Ihre Freundinnen und Freunde und alle unsere Errungenschaften im Ernstfall mit der Waffe in der Hand verteidigen zu können.»

Kein Jahr später war dieser Mann der Erste, der sich in einer Berufsschule im tiefschwarzen Bayern, in Memmingen, einen gebrauchten Kopierer für die marode Schulausstattung seines Hauses erbettelte. Hätte er heute eine hohe Position in der Landesregierung Sachsen-Anhalts, würde mich das nicht wundern. Dieter Althaus, der zu DDR-Zeiten Schuldirektor war (wofür man besonders zuverlässig zu sein hatte), ist trotz seiner sozialistisch eingetakteten Vergangenheit sogar erzkonservativer Thüringer Ministerpräsident geworden. Nun ist er Lobbyist bei einem Autohersteller, obwohl er erwiesenermaßen bei hohem Tempo das Abbiegen nicht beherrscht.

Wie dem auch sei: Das ganze alte Gerede hatte nix genutzt, und die neuen Ideen, also Brötchen und überteuerte Eierschecke, hatten auch nichts gebracht. Wir waren auf ganzer Linie gescheitert. Somit war das Allererste, was Belegschaft und Führungsspitze der SEKA im Kapitalismus gelernt haben, die folgende Weisheit: Alle sind gleich.

Und zwar: gleich arbeitslos.

Eines traurigen Tages fand meine Ausbildung ihr Ende. Und heute weiß ich, wie es zuging hinter den Kulissen des DDR-Konditorhandwerkes. Man kann mich engagieren, damit ich darüber referiere, dass in der DDR ein Marzipanersatz namens «Legupan» verwendet wurde. Der goldgleiche Rohstoff Marzipan war teuer und knapp, Persipan nicht viel billiger. Aber immer zur Hand und äußerst preiswert war Legupan. Legupan war das Persipan des kleinen Mannes. Die grüne Essknete wurde aus Erbsen hergestellt. Eine Art Falafel mit Zucker. Legupan und das DDR-Orangeat namens Kandinat, das aus halbgekochten Möhren bestand, kamen in den Weihnachtsstollen rein. Außerdem kneteten wir in das Feiertagsgebäck eine Art Ersatzzitronat aus grünen Tomaten. Wie dieses Spitzenprodukt unserer erfinderischen sozialistischen Ersatzmittelindustrie hieß, weiß ich nicht mehr.

Unseren Weihnachtsstollen mussten letztlich die Wessis fressen. Denn es gibt ja wohl fast keine westdeutsche Familie, die von den Ostverwandten oder -bekannten zu Weihnachten keinen Weihnachtsstollen geschickt bekommen hat.

Wie sich die Zeiten ändern. Heutzutage knetet der Trendbäcker Karotten, Erbsen, Mais und andere brotferne Zutaten in den Teig und formt daraus einen *Vollwertlaib*. Oder ein *Joggingbrot*. Aus stinknormalem trockenem Brot ist ein heilsames Fitnessprodukt geworden, angeboten für Apothekenpreise, die dem Mehrfachen eines Oldschool-Mischbrotes entsprechen und von ernährungsbewussten Besserverdienenden nur zu gern bezahlt werden. Man will sich ja was Gutes tun und nicht mehr diesen ganzen Dreck fressen, den einem die skrupellose Nahrungsmittelindustrie alltäglich unterjubelt.

Egal, was man heutzutage so isst – irgendwelche unbekannten Substanzen aus der Weltraumforschung schluckt man dabei immer mit runter. *Antioxidationsstoffe, Hydrogencarbonate* oder welche ausgefallenen Namen diese Wundersubstanzen unserer kreativen Chemieindustrie sonst noch so tragen. Einige dieser Stoffe kommen laut Internetrecherche als aufbereiteter Abfall aus der Erdölindustrie. Ich schätze mal, dass so ein Typ wie Lemmy Kilmister von *Motörhead*, der sich ausschließlich von Whiskey und Orangensaft ernährt, gesünder lebt als jeder andere von uns!

Mir, der im Fach Lebensmittelchemie unterrichtet wurde, krempelt es jedenfalls regelmäßig die Magenschleimhaut nach außen. Denn allein wenn man ein schnödes Wurstbrot verzehrt, führt man sich schon leichtfertig zahllose Konservierungsstoffe, Farbstoffe, Trennmittel, Bindemittel, Stabilisierungsmittel und sonstige künstlichen Substanzen zu. Bis zum heutigen Tage nehme ich mir ausgiebig Zeit, im Supermarkt die Zutatenlisten handelsüblicher Fertiggerichte zu studieren. Sehr interessant, welche Dr.-Frankenstein-Beimischungen in einer ernährungsphysiologisch ausgewogenen Tütensuppe stecken oder im mikrowellenfertigen Ćevapčići («Ohne Fett!»), das bis zum Jahr 2050 haltbar ist. Dieses maschinell hergestellte und maschinell essbare Essen beinhaltet nur das Beste aus dem Periodensystem der Elemente sowie Mononatriumglutamat und Stereonatriumglutamat. Warum kaufen potenzielle Terroristen heutzutage die Zutaten für ihre Bomben immer noch in der Apotheke oder im Baumarkt? Einmal bei *Netto* den Einkaufswagen mit

Fertignahrung vollmachen, schon hat man lange haltbare Chemie in ausreichender Menge in der Garage, um die GEZ, die Gema, die Kassenärztliche Vereinigung oder die Sendeantenne von RTL II in die Luft zu jagen. Es kann mir doch außerdem keiner weismachen, dass diese ganzen Cyborg-Zutaten im Essen keine Beeinträchtigungen normaler Körperreaktionen auslösen.

Zucker macht dick. Salz macht durstig. Alkohol macht besoffen. Warum soll dann ein rostfreier Brotaufstrich, der dank seiner Zusatzstoffe nicht schimmelt, nicht grau wird, nicht antrocknet und bis minus sechzig Grad Celsius wasserdicht ist, ohne Folgen für die menschliche Gesundheit bleiben? Vielleicht plagen mich irgendwann nervöse Zuckungen am Ohr, weil ich vor vier Jahren einen Erdbeerjoghurt gegessen habe, der mit «natürlichem Aroma» geschmacklich verfeinert wurde – wobei «natürlich» heißt, dass das Aroma der Harn speziell gezüchteter Schimmelpilze ist. Mir wurde also in den Joghurt gepullert. Ähnlich tierisch verhält es sich bei *Natürlichem* roten Joghurt-Farbstoff: Er stammt aus der Panzerung von kleinen Wasserkrebsen.

Gegen den Chemiecocktail in einer herkömmlichen Packung Tütensuppe war unsere Top-Backzutat, das naturbelassene DDR-Legupan, eine lupenreine Bio-Vollwertkost aus dem Reformhaus! Legupan wäre heute eine hochpreisige Ingredienz, die ein Bioladen guten Gewissens seiner *Jack Wolfskin* tragenden metrosexuellen Kundschaft verhökern würde. Und die würde dankbar zugreifen, weil die grüne weiche Masse viel weniger Fett enthält als das Teufelszeug Marzipan!

Ich wundere mich jedenfalls kein bisschen, dass jeden zweiten Menschen nicht mehr nur noch eine, sondern gleich eine ganze Horde originelle Lebensmittelunverträglichkeiten peinigen. Viele der heutigen Lebensmittelzutaten kommen in der Natur gar nicht vor. Wer ursprünglich mal Chemie studiert hat, findet problemlos einen Job als Ernährungsberater. Kein Wunder, dass auf Schokoriegeln die albernen Hinweise *Ohne Farbstoff! Ohne Zusatz von Konservierungsmitteln!* prangen. Es steht drauf, was nicht drin ist. Das ist dann ein Verkaufsargument. Toll. Dieser kranke Wahnsinn geht so weit, dass auf dem Deckel der *Zentis*-Marmelade für kurze Zeit mal der Hinweis *Ohne Fett* zu lesen war. Marmelade ohne Fett. Stimmt. Da war noch nie Fett drin. Nicht mal, als es den Leuten gutging, war Fett in der Marmelade. *Ohne Fett* könnte man nach dieser Logik auch auf einen *IKEA*-Schrank schreiben, das wäre genausowenig falsch. Es sei denn, im Schrank hockt einer drin. Einer aus der IT-Abteilung.

Was kommt als Nächstes? Steht auf dem Käse bald *Koffeinfrei*? Das wäre ja auch ein korrekter Hinweis. Auf der *Sprite* steht es schon. Ich habe auf Gummibärchentüten schon das Wort *Laktosefrei* erspäht. Zu meinem großen Erstaunen gibt es sogar laktosefreien Schinken, der erfreulicherweise auch noch glutenfrei ist. Als ob wir all die Jahre unter glutenverseuchtem Fleisch leiden mussten. Schön auch, dass *Kellogg's Cornflakes* seit neuestem *Für Vegetarier geeignet* sind – früher enthielten diese Flocken ja noch Schweinskopfsülze! Und neulich fanden meine entzündeten Augen auf einer Schale Eiersalat die Allergikerwarnung: *Enthält Hühnerei.* Sensationell: Hühnerei im Eiersalat. Na, das will ich doch schwer hoffen!

Ich rege mich allerdings schon lange nicht mehr darüber auf, dass auf der Erdnusspackung steht *Kann Spuren von Nüssen enthalten.* Diesen Hinweis musste man uns damals in der DDR nicht geben. Denn wir wussten, dass da nur Spuren von Nüssen drin sind. Damals, als Casting noch Musterung hieß.

Jede Menge Autos

Anfang 1991. Mein Ausbildungsbetrieb hatte mich dann doch noch nicht sofort entlassen, sondern erst mal auf *Kurzarbeit Null* gesetzt. Der Umsatz war immer stärker zurückgegangen, das Ende stand bevor, und ich war der, auf den man am leichtesten verzichten konnte. *Kurzarbeit Null* war der letzte Vertröstungsversuch vor der absehbaren Höchststrafe *Arbeitslosigkeit.* Pro forma war ich zwar noch bei der SEKA angestellt, bekam aber nur noch sechzig Prozent meines Gehalts. Als Gegenleistung durfte ich zu Hause bleiben und ausschlafen. Herrlich! Ab und zu ließ man mich zum Warenauspacken in einer Kaufhalle der SEKA antanzen, wo ich die Tiefkühltruhen mit den tiefgefrorenen Billigprodukten meiner Jobvernichter *Coppenrath & Wiese* bestückte. Aber auch in der Kaufhalle wurde ich bald schon nicht mehr benötigt. Man entließ mich fristlos.

Nun war ich schon einige Monate ohne Arbeit und hatte kein großes Interesse, an diesem schönen Zustand etwas zu ändern. Warum auch? Ich verfügte über bezahlte Freizeit ohne Limit und konnte in Ruhe über meine Zukunft nachdenken. Theoretisch jedenfalls. Praktisch dachte ich keine fünf Minuten nach vorne. Ich lebte jetzt, ich lebte hier, und mein Freund Maik, mit dem ich zehn Jahre zur Schule gegangen war und der Dreher in der *Mafa* gelernt hatte, besaß seit neuestem ein Fahrzeug, mit dem wir am Wochenende in die Disco fuhren und tagsüber in der Gegend rumcruisten. Es war kein richtiges Auto, aber doch irgendwie ein Auto im weitesten Sinne: ein Trabi. Nicht unbedingt geeignet, um direkt nach der Wende groß gegenüber Kumpels und Mädchen aufzutrumpfen. Aber die Kiste passte zu Maik, denn Maik besaß keinen Führerschein.

Verdammt günstig war er an das Gefährt gekommen! In den Monaten rund um die Wiedervereinigung sahen die Besitzer eines Ostautos zu, dass sie ihren stinkenden, knatternden Reinsetzrollator schnell loswurden, bevor sie für die Rostlaube West-Kfz-Steuer und West-Kfz-Versicherung abdrücken mussten. In Westgeld!

Mit etwas Glück erhielt man für die Karre aus Mitleid noch einige wenige Münzen. Am besten verschenkte man die lästige Ostblock-Schüssel jedoch einfach an den nächstbesten Deppen. Man kam jetzt nämlich sehr leicht an schöne gebrauchte Westautos ran. Jeder wollte eins, jeder bekam eins, und alle waren bereit, jeden Preis für ein schnelles Spitzenmodell zu zahlen, egal, wie viele Kilometer der Wagen auf dem Tacho hatte. Westautos gingen ja nicht kaputt! Geld für den Kauf erhielt man leicht bei jeder Bank. Der Zauberspruch lautete «Kredit zu unglaublich günstigen Konditionen». Einfach das Kreditformular unterschreiben und wupp, raus aus dem Geld- und rein in das Autohaus. Oder, was der Regelfall war, zum neuen Gebrauchtwagenmarkt vor den Toren der Stadt, wo dieser vertrauenswürdige Mann aus dem Morgenland neuwertige Gebrauchte zu fairen Preisen verkaufte!

Ausnahmslos alle mitteleuropäischen Gebrauchtwagenhändler haben sich in den Jahren nach Währungsunion und Wiedervereinigung im Osten nicht nur goldene Nasen verdient, sondern goldene Nasen mit Platinüberzug, Mondsteinbelag und Diamantenverzierung! Denn die nach Autos gierenden ostdeutschen Brüder und Schwestern ließen sich so richtig schön übers Ohr hauen. Nicht nur über das linke, sondern auch über das rechte. Einigen besonders vertrauensseligen Neubundesbürgern wuchs sogar noch ein drittes Ohr, über das sie sich hauen ließen. Die Ossis waren zu allem bereit. Hauptsache, schnell ein Auto! Sie waren bereit, dafür ihre eigene Großmutter zu verkaufen, nur um für die allerletzte Nuckelpinne einen Preis hinzulegen, der jenseits aller Vernunft lag. Auf der Gegenseite fuhren Subjekte, die schon als Halsabschneider auf die Welt gekommen waren, als Gebrauchtwagenhändler eine fette Ernte ein. Je höher der Gewinn für den schrottigen Gebrauchten, desto größer stand darüber: «Supergünstig!» Diesen Gebrauchtwagenhändlern wuchs ein kilometerbreites Grinsen im Verbrechergesicht, sodass viele von ihnen nicht mehr durch einen Türrahmen passten.

Die Nachfrage nach Autos bestimmte nun mal den Preis. Und sie war riesig. Und was Preisvergleich hieß, davon hatten wir doch noch keine Ahnung! Wir besaßen plötzlich Westgeld und wollten schöne Sachen damit kaufen. Auf ein Auto – egal ob neu oder gebraucht – hatte man vorher ein halbes Leben lang warten müssen. Plötzlich konnte man jedoch einfach so zum Händler gehen und sagen: «Doa, dos will isch!»

Und dann waren die Westautos auch noch so preiswert!

Schlagartig füllten sich die Straßen im Osten mit *VWs*, *Audis*, *Opels*, *BMWs*, *Mercedes*, *Renaults*, *Citroëns* und so weiter und so fort. In Sangerhausen bildete sich plötzlich täglich ein Stau. Ein Stau nur aus Westautos. Sensationell! Manchmal stand ein Trabi mit im Stau. Das war dann der von Maik, dem frischgebackenen Trabibesitzer ohne Fahrerlaubnis. Ich selbst hatte meinen Führerschein gerade gemacht – ausgestellt am 2. Oktober 1990, dem letzten Tag, an dem die DDR existierte. Praktischerweise in einem Trabant. Leider aber schon zu Westtarif und in D-Mark. Das muss man sich mal vorstellen: Ich habe in einem sozialistischen Pappauto mit eingebautem Tempolimit, Pistolenhandschaltung, handgeschmiedetem Benzinhahn, der Windschnittigkeit eines Plattenbaus und einem Zweitaktaggregat mit amputierten Zündkerzen Fahren gelernt. Das war eine Unverschämtheit. Und Abzocke war es außerdem. Das ist so, als hätte man irgendwann mal einen blassen Kassenbrillen-Tölpel aus dem Agrarland Niedersachsen zum Bundespräsidenten gemacht!

Trabis waren entsetzlich schwach auf der Brust. Die Leistung eines Trabimotors hätte man nicht in PS für Pferdestärke angeben dürfen, sondern in RS für Rollstuhl! In einem tempolimitierten Holzfaserspielzeug bereitete meine Fahrschule mich auf die Raserei auf bundesdeutschen Hochgeschwindigkeitstraßen vor!

Als DDR-Bürger kannte man bisher nur die Höchstgeschwindigkeit hundert km/h. Schneller durfte man auf DDR-Autobahnen nicht fahren, und schneller konnte man auch nicht fahren. Der Straßenbelag der DDR-Autobahnen stammte zum größten Teil aus dem Zweiten Weltkrieg. Die von Adolf Hitler gebauten «Schnellstraßen» waren dafür bestimmt, dass man mit dem Panzer darauf fährt und nicht mit einem in der Planwirtschaft hergestellten Pappauto, folglich polterte man über plattenartige Betonsegmente, die mit dicken Teerritzen begrenzt waren.

Wenn Maik und ich doch mal versuchten, seinen Trabi an die Hunderter-Marke zu bringen, mussten wir befürchten, dass ihn die Tackerfrequenz in alle seine zwanzig Einzelteile zerlegte. Wir ließen es also sein. Denn es wäre ja noch nicht mal mehr ein junger Pionier erschienen, um die herumliegenden Sekundärrohstoffe einzusammeln.

Jede Menge Freizeit

Ich war froh, dass ich aufgrund meiner Arbeitslosigkeit über Freizeit im Überfluss verfügen konnte. Das war damals wichtig, denn Ostdeutschland wurde überschwemmt von neuen Freizeitangeboten. Denen musste man sich ja widmen. Dafür war man schließlich 89 auf die Straße gegangen! Spielotheken eröffneten, die Wirte stellten Glücksspielautomaten in ihren Kneipen auf, und der Zeitungsladen verkaufte Rubbellose.

In Sangerhausen eröffneten viele Videotheken. Bis vor kurzem hatte niemand gewusst, was ein Videorekorder ist, und jetzt schossen an jeder Ecke Videotheken aus dem Boden. Am liebsten liehen sich die neuen VHS-Cineasten Videokassetten mit Kung-Fu-Filmen aus Hongkong aus. Stadtgespräch war auch die obskure Videoreihe *Gesichter des Todes*. Dabei handelte es sich um seltsame Compilations abgefilmter Verkehrs- oder Arbeitsunfälle, die von irgendwelchen kranken Freaks auf den Markt geworfen wurden. Vermutlich waren das dieselben Leute, die einige Jahre später, nach Erfindung des Internets, die seltsame Seite www.rotten.com ins Internet stellten. Menschen gucken halt gerne bei Unfällen zu – wenn es nicht der eigene ist. Ganz weit oben in der Beliebtheitsskala rangierten natürlich Pornos – eine führende Position nahmen dabei die Rein-raus-Filme aus den Hannoveraner Fickfabriken von Theresa Orlowski ein.

Stundenlang starrte man auf die fleischfarbenen Fotos auf den Kassettenhüllen der Pornofilme, andächtig schweigend, vollkommen fassungslos und mit stark erhöhter Pulsfrequenz. Und breit grinsend wegen der bescheuerten Filmtitel.

Erregt wurde man da nicht. Trotzdem: Es war eine unbändige Quälerei, den halben Vormittag vor dem Pornoregal in der «Ab-18»-Abteilung der Videothek rumzulungern, um in Ruhe jede der hundertzwanzig Kassettenhüllen, die da in sechs Reihen übereinander präsentiert wurden, zu studieren.

Heute ist das viel einfacher. Man sitzt im Jugendzimmer, hat eine Flatrate und hämmert den entsprechenden Suchbegriff bei *YouPorn* rein. Im letzten Jahrhundert musste man dafür noch das Haus verlassen.

Zusammen mit den anderen Teilzeitgeilen zelebrierte man im muffigen Hinterzimmer der Videothek ein Stelldichein des Jammers. Mit krummem Rücken und hochrotem Gesicht stand man vor den fleischfarbenen Kassettencovern und schwitzte beim Anblick der Verpackung. Meine Güte, in welcher Form und Anzahl waren menschliche Geschlechtsteile eigentlich noch miteinander kombinierbar? Das hier war eindeutig mehrere Stufen sportlicher als der Kuschelsex, mit dem mich das DDR-Fernsehen konditioniert hatte. Nicht für möglich gehaltene Weichteil-Verkoppelungen waren da auf den Kassettenhüllen zu bestaunen, viele der Abbildungen sahen aus wie nachgestellte Kampfszenen aus *Raumschiff Enterprise*, in denen sich vollgeschleimte Aliens ineinander oder in Käpt'n Kirk verbissen und sich gegenseitig zu Tode würgten.

Da bekam man beim Angucken ganz schön Hunger. Doch zum Glück hatte ja direkt gegenüber der Videothek auch eine neue Imbissbude eröffnet. Dort stärkte man sich, bevor man zur Mittagsschicht in der neueröffneten Spielothek erschien.

Überhaupt waren Imbissbuden das neue große Ding! Gegessen wurde schließlich immer. Ich holte mir mal bei einer neuen Imbissbude einen Hamburger. Dieser Hamburger war kein echter Hamburger, sondern ein Phantasieburger. Ein handelsübliches Luftbrötchen mit einer Flachbulette als Kern. Der Burgermacher klatschte eine seltsame gelbgrüne Soße auf die Bulette und deckelte sie mit der oberen Brötchenhälfte. Das Ding schmeckte nach Rätselsoße mit Muttiklops in Weißbrot. Lecker! Satt sagte ich zu Hause das Abendbrot ab. Mein Vater schimpfte: «Warum hast'n dir so 'nen Quatsch gekauft? Wir haben doch genug zu essen zu Hause!»

Wenn ich diesen Satz schon höre: «Wir haben doch genug zu essen zu Hause!»

Ja, und weil ich weiß, dass da zu Hause nur langweiliges Graubrot mit langweiliger Wurst auf mich wartet, kaufe ich mir einen Hamburger! Auch wenn es ein Post-DDR-Burger aus der Straßenbude ist, ein echter handgemachter McBautzen. Ich will was erleben, verdammt! Ich kaufe das Ding ja nicht, weil ich Hunger habe, sondern weil ich es kaufen will, weil ich jetzt gerade Lust darauf habe, weil es so herrlich sinnlos ist und vor allem weil ich es mir kaufen kann, so!

Wer vom Pech verfolgt war und arbeiten gehen musste, wurde davon abgehalten, die neuen, reichhaltigen Freizeitangebote auszukosten. Doch das betraf nur wenige. Viele Glückspilze waren dankenswerterweise schon kurz nach der Währungsunion von der Arbeit freigestellt worden. Die Gewinner der deutschen Einheit waren nicht nur die glücklichen Gebrauchtwarenhändler, sondern auch die phantasievolle Freizeitindustrie mit ihren unfassbar ausgeklügelten Angeboten.

Da brauchte man direkt mal Freizeit von der Freizeit. Mindestens einmal pro Woche setzte ich mich deshalb mit Maik in seinen Trabi, und wir zwei fuhren irgendwohin. Der Weg war das Ziel, die Zeit unser Feind. Sie galt es totzuschlagen.

Der Mann mit den Eiern

Am 10. Mai 1991 knatterten Maik und ich im Pappauto nach Halle. Einfach mal die Lage checken. Angeblich sollte an diesem Tag nämlich Helmut Kohl, der Kanzler der Einheit, dort zu Besuch sein. Vielleicht würden wir den Pfälzer Monolithen ja zu sehen bekommen? Das wäre dann die zweite Berühmtheit, die ich mit bloßem Auge erblickt hätte. Mein erster so richtig von mir selbst gesehener Prominenter, der Polit-Superstar Hans-Dietrich Genscher, hatte im Herbst 1990 anlässlich der ersten gesamtdeutschen Bundestagswahl auf dem Sangerhäuser Marktplatz einen umjubelten Wahlkampfauftritt absolviert. Ein richtiger Event war das damals. Der Marktplatz war prall gefüllt, an den FDP-Ständen verschenkte man Kugelschreiber, Aufkleber und viele andere bunte Sachen an die Eingeborenen. Große Spannung lag an jenem Nachmittag in der Luft. Gleich würde hier was Einzigartiges geschehen, das spürten alle. Und dann, plötzlich, wie von Zauberhand, stand Genscher auf der Bühne. Selbst aus großer Entfernung konnte man erkennen, dass seine Ohren tatsächlich so groß waren wie im Fernsehen. Er sprach auch genau so wie im Fernsehen. Er war es wirklich: Hans-Dietrich Genscher, unser Herr und Meister. Der deutsche Freiheitsminister, der jeden Einzelnen von uns höchstpersönlich aus dem Garten der Prager Botschaft rausgeholt hat. Unser Retter, ein Superheld, der Hulk der FDP! Und außerdem ein echter Ostdeutscher. Einer von uns, einer aus Halle an der Saale – dem einzig wahren Halle! Wir jubelten, klatschten und hatten Tränen der Rührung in den Augen. Der Messias persönlich war vom Himmel zu uns einfachen Menschen in unsere kleine unbedeutende Kreisstadt herabgestiegen, um uns genau das zu erzählen, was wir hören wollten. Dass es im endlich wiedervereinigten Deutschland ausschließlich mit seiner Partei, den freien Demokraten von der FDP, als verlässlichem Partner des CDU-Kanzlers Helmut Kohl blühende Landschaften geben wird. Jawohl, so würde es werden. Und nicht so, wie dieser SPD-Kanzlerkandidatendarsteller Oskar Lafontaine rumsalbaderte: «Die deutsche Einheit wird Geld kosten!» war dessen Lamento. So ein Quatsch! Gerade hatten wir den saarländischen Gerontokraten Honecker gestürzt, da streckte mit Lafontaine unfassbarerweise schon wieder ein realitätsfremder Saarländer seine ungewaschenen Finger nach der Macht aus! Schon allein seiner Herkunft wegen war die arrogante Spitznase chancenlos, außerdem erzählte der Typ Dinge, die nicht stimmen konnten und die keiner hören wollte. Logischerweise wurde er dann auch nicht gewählt.

Lafontaine hat daraus gelernt und den Leuten einige Jahre später genau das erzählt, was sie hören wollten. Genutzt hat es ihm dann aber auch nichts mehr.

Mit Hilfe der ostdeutschen Wähler durfte Dr. Helmut Kohl schließlich verdient für eine dritte Amtszeit im Bundeskanzleramt bleiben. Doch schnell wendete sich das Blatt, und die blendende Aufbruchsstimmung im Osten war futsch. Viele Menschen hatten ihren Arbeitsplatz verloren, weil ihre ehemaligen volkseigenen Betriebe entweder unrentabel arbeiteten oder von der gleichsam überforderten wie inkompetenten Treuhandanstalt als absolute Schnäppchen an schlitzohrige Immobilienversilberer aus dem Westen verhökert worden waren. Die Fenster zum Westen waren jetzt weit geöffnet. Doch der eiskalte Wind, der hineinpfiff, brachte die Leute zum Frieren und schmerzte beim Einatmen. Und nun, nur ein halbes Jahr später, wurde Kohl von denen beschimpft, die ihm bei der ersten gesamtdeutschen Bundestagswahl noch naiv ihre Stimme gegeben hatten.

Wir waren schon eine Stunde ziellos durch die Altstadt von Halle gelaufen, hatten in einem Café gesessen und Cappuccino getrunken. Das machten wir hauptsächlich, um herauszufinden, in welchen Cafés man den Cappuccino mit aufgeschäumter Milch servierte. Dass man Milch aufschäumen konnte, war selbst für mich als gelernten Konditor eine vollkommen neue, irre Angelegenheit. Tatsächlich wurde die Milch direkt nach der Wende in der Provinz eher nicht aufgeschäumt; es mangelte am Equipment. Der durchschnittliche Early-Nineties-Cappuccino war analoger Oldschool-Bohnenkaffee mit einem Batzen Sprühsahne obendrauf, der nach einer Weile in der Hitze des heißgebrühten Kaffees zerschmolz und als trauriger Milchfettfilm auf der Oberfläche der braunen Flüssigkeit schwamm. Die Flüssigkeit in der Tasse sah exakt so aus wie das gute alte verseuchte DDR-Flusswasser. Die italienische Lebensart war in den Neunzigern noch nicht so richtig in ganz Deutschland angekommen. Doch der Spraydosencappuccino war der Stolz der Ost-Gastronomie. Er war ein Bekenntnis zur Improvisation. Er war die klare Ansage: «Wir machen hier doch nicht jeden modernen Scheiß mit. So geht's auch, gucke!» Dass es ohne die neue Zeit keine Sprühsahne gegeben hätte, war egal!

Es war Nachmittag. Der Hallenser Marktplatz füllte sich mit Menschen. Vor einem großen Haus standen Absperrgitter. In diesem Haus musste sich also der deutsche Bundeskanzler Helmut Kohl befinden, und dort würde er wohl auch bald rauskommen. Doch seltsame Stimmung lag in der Luft. Sie war in keiner Weise vergleichbar mit der absolut positiven Jubelstimmung bei Hans-Dietrich Genschers Auftritt in Sangerhausen. Die Leute hier in Halle guckten verkniffen und verbiestert, einige sogar richtig wütend. Nur wenige schienen begeisterte Kanzlerfans zu sein. Diese Enthusiasten waren leicht an ihrem mitgebrachten Zubehör auszumachen. Ihre traurigen schwarz-rot-goldenen Fahnen hingen schlaff an den dünnen Fahnenstangen, die mit halbgarer Euphorie in die Höhe gehalten wurden.

Es herrschte eine gewisse Unruhe auf dem Platz. Und diese Unruhe schien sich auf Maik zu übertragen.

«Alter, ich muss nach Hause, hab ich meiner Mutter versprochen. Die will heute einen Fernseher kaufen und braucht mich dafür.»

«Was? Ey, Alter, Helmut Kohl ist in der Stadt und wird gleich rauskommen! Das ist unsere Chance, den mal zu sehen. Wir können doch jetzt nicht fahren, komm, ein paar Minuten warten wir noch, der kommt gleich da raus!»

Maik sagte: «O.k., fünf Minuten, aber dann müssen wir los!»

War das sein Ernst? Nur um einen popligen Fernseher zu kaufen, wollte er mir die Chance nehmen, endlich mal Helmut Kohl live zu sehen? Den Fernseher konnte er doch auch morgen kaufen. Man konnte jetzt jeden Tag Fernseher kaufen. Sogar jeden Tag mehrere!

«Was soll's denn sein? Welche Marke?»

«Nordmende. Sind die besten!»

«Nicht Saba?»

«Nö, zu grünstichig.»

«Und Grundig?»

«Flimmert zu stark. Kriegt man Augenbrennen von. Nordmende. Sind die besten.»

Aha. Der Herr Fernsehspezialist hatte all die Jahre auf

einen DDR-Schwarzweißfernseher gestarrt und wollte mir, dem Sohn eines Funkmechanikers, welcher höchstselbst zu DDR-Zeiten einen Farbfernseher für seine Familie zusammengelötet hatte, die Qualitätsunterschiede von Farbfernsehern erklären? Na, egal. Mein Vater wusste, dass die besten Geräte von Telefunken kommen. Und dass das Bild der Nordmende-Geräte Kopfschmerzen erzeugt. Aber dieses Insiderwissen behielt ich schön für mich, höhö!

Wir warteten fünf Minuten und beobachteten die Leute. Es wurden immer mehr. Die Luft war aufgeladen mit negativer Energie. Einige Leute hatten Stoffbeutel dabei – der Stolz des DDR-Bürgers war sein Stoffbeutel. Und ich schwöre, dass ich zu Maik sagte: «Guck mal, was die da in ihren Beuteln haben, das sind doch Eierpackungen!»

Maik grinste nur. Er glaubte mir nicht. Doch ich war der felsenfesten Überzeugung, dass sich die Umrisse handelsüblicher Eierverpackungen in den Beuteln abzeichneten. Und ich ahnte auch, was die Eier hier zu suchen hatten. Doch Maik wollte von meinen Vorahnungen, dass wir hier gleich ein einmaliges Schauspiel von historischen Ausmaßen erleben würden, nichts wissen.

«So, die fünf Minuten sind rum. Der Kohl kommt nicht raus. Wir müssen jetzt los, sonst gibt's Ärger mit meiner Mutter, Alter!»

Maiks Mutter war mächtiger als Dr. Helmut Kohl, der Kanzler der Einheit! Was für ein Mist! Ich fuhr uns zurück nach Sangerhausen. Mann, war ich sauer! Ich glaube, ich habe die ganze Fahrt über kein einziges Wort mit Maik gewechselt.

Abends dann saß ich zusammen mit meinem Vater vor dem Fernseher und biss mir wütend auf die Lippen, als ich die Nachrichtenbilder sah: Eierattacke auf Helmut Kohl in Halle an der Saale! Die Meldung war der Aufmacher der

Tagesthemen. Verdammt! Ein langhaariger Bombenleger – Mitglied der Jusos, wie sich später herausstellte – bewarf den Einheitskanzler mit ostdeutschen Eiern. Und traf. Doch was machte Kohl? Er versteckte sich nicht feige hinter seinen Personenschützern! Das wäre angesichts seiner Statur auch gar nicht möglich gewesen, es sei denn, zehn von denen hätten eine menschliche Pyramide gebildet. Nein, Kohl stürmte wie ein Kampfhund auf seinen Feind los, erwischte den schmalen Aggro-Ossi mit seinen Händen und langte dem undankbaren Querulanten eine. Und noch eine. Und beinahe noch viele weitere. Nur ganz knapp entging der schmächtige Eiermann einem Tod durch stumpfe Gewalteinwirkung, denn die ursprünglich zum Schutz des Bundeskanzlers aufgestellten Absperrgitter schützten nun den feige zurückweichenden dünnen Eierschmeißer vor den in rascher Abfolge in seine Richtung schnellenden tödlichen Schlägen der Kohl'schen Kampfpranken.

Und ich hätte live dabei sein können! Nur einmal deutsche Geschichte direkt miterleben. Wer weiß – vielleicht wäre ich ja sogar ins Fernsehen gekommen, bei einem Schwenk der Kamera über den vollen Hallenser Marktplatz. Doch nix! Der Hauch der Geschichte hat mich wieder mal nicht angepustet. Und Maik?

Der hat das Ganze natürlich auch im Fernsehen verfolgt. Mit dem neuen Nordmende-Gerät. In Farbe. Das war für ihn sicher noch schöner, als wäre er live dabei gewesen. Hoffentlich hat er vom Nordmende-Fernseher ordentliche Kopfschmerzen bekommen, der Drecksack!

Immer unaufhaltsamer ging ich auf die zwanzig zu. Ich lungerte nach wie vor arbeitslos zu Hause rum. Hat man erst mal das achtzehnte Lebensjahr erreicht, beschleunigen sich die Jahre von selbst. Schwuppdiwupp würde ich dreißig sein und ein paar Tage später bereits vierzig. Die Horrorvision meiner Mutter, dass ihr fauler Sohnemann zu einer ungewaschenen, bierbäuchigen Raupe Nimmersatt aufquillt, deren einziger Lebenszweck essen, verdauen und fernsehen ist, zeichnete sich immer furchteinflößender am Horizont ab. Meine Eltern mussten Initiative ergreifen, bevor ich ihnen die Haare vom Kopf fraß. Und tatsächlich bahnte sich auf Drängen meiner Mutter ein erstes Arbeitsverhältnis an, das mich Anfang 1991 nach Augsburg verschlug. Dort konfrontierte mich das Leben zum ersten Mal überhaupt mit privatwirtschaftlicher Arbeitsweise und fremdartig sprechenden Südländern, also Schwaben. Es war die Hölle! Die Augsburger *Bäckerei Peter* (Name von der Redaktion geändert), die aus dem Stammhaus mit Backstube und Konditorei sowie einem großen Filialnetz besteht, hatte unfassbarerweise ausgerechnet mich eingestellt! Nur weil ich mich auf einen Aushang meldete, der im Arbeitsamt Sangerhausen an der Pinnwand hing. Im Stammhaus des Augsburger Traditionsbetriebes, in dem Backstube und Konditorei das Untergeschoss dominierten, wohnte ich in einem Zimmer unter dem Dach. Das Zimmer teilte ich mir mit einem traurigen Lehrling, der aus Dresden stammte und unter fürchterlichem Heimweh litt. Ein wenig

Heimweh hatte ich auch, aber noch mehr litt ich darunter, dass ich Tag für Tag zu einer absolut unchristlichen Zeit von meinem Wecker aus dem Schlaf gerissen wurde: morgens um drei! Kein normaler Mensch kann sich das vorstellen! Viele wissen ja gar nicht, dass es diese Uhrzeit überhaupt gibt. Müde quälte ich mich aus dem warmen Bett und zog mir meine Bäckereiuniform aus weißem T-Shirt, grau-weiß karierter Hose, Bäckerkäppi, Schuhen und Schürze an, die gleich neben dem Bett über dem Stuhl hing. Dann trottete ich lustlos runter ins Untergeschoss. Bis dreizehn Uhr hieß es «Arbeiten!». Dann erschöpft wieder hoch ins Zimmer kriechen, hinlegen, zwei Stunden Schlaf nachholen, wieder aufwachen, nicht richtig munter werden, die überflüssige Lebenszeit am Nachmittag totschlagen, bevor es dunkel wird, wieder ins Bett gehen, um dort stundenlang waagerecht auf der von Gesellen-Legionen durchgelegenen Bäckerknecht-Matratze wach zu liegen beim sinnlosen Versuch, zumindest sechs oder sieben Stunden Nachtschlaf am Stück zu erheischen. Was hatte ich mir da bloß für einen Drecksjob ausgesucht? Das war doch kein Leben! Außerdem machte mir die Arbeit überhaupt keinen Spaß, und als weitere Hürde erwies sich die Tatsache, dass ich die Augsburger Arbeitskollegen nicht verstand. Ich erriet einfach nie, was sie mir sagen wollten, wenn sie mir was sagen wollten. In dieser Stadt wird die Unsprache Schwäbisch gesprochen, ein verschlüsseltes Idiom. Ein Privilegiertendialekt, der für einen aus der ehemaligen DDR stammenden, kein bisschen integrierten Menschen unmöglich zu decodieren ist! Man hatte mich in der Schule ja fälschlicherweise auf gänzlich andere Sachen vorbereitet. Auf Russisch hätte ich mich mit den Schwaben unterhalten sollen, ha!

Zugespitzt wurde das Ganze noch dadurch, dass mich die schwäbischen Gesellen auch nicht besser verstanden –

denn damals artikulierte ich mich noch in meinem schweren Mansfelder Wackenschäddeldialekt. Dieser Dialekt ist nicht nur eine regionale Sprachfärbung, sondern eine eigene Sprache. Harte Konsonanten werden nicht nur gründlich entgratet, sondern mit der Zungenfeile zerraspelt. Vokale werden so brutal verbogen, dass sie beim Aussprechen eine neue Interpretation erfahren. Diesen stolzen Dialekt kann man nicht erlernen – man wird in ihn reingeboren. «Unten» wird zum Beispiel zu «ungene», «hinten» zu «hingene», einen guten Kumpel nennt man «Meiner», und überhaupt wird die komplizierte doofe deutsche Quatschgrammatik vollkommen verdient außer Kraft gesetzt. Die im Mansfelder Land gelebte gesunde Grundgemütlichkeit kommt im Mansfelder Wackenschäddeldialekt perfekt zur Geltung. Ein typischer, liebevoller Satz unter Freunden geht in dieser Mundart ungefähr so: «Alter, ich tu dich gleich eine wummen, wenn de nich gleich klejen kommen tust!» Soll heißen: «Wenn du nicht gleich auf Arbeit erscheinst, gibt's ein paar aufs Maul!» Wer wissen will, wie dieses schöne Idiom gesprochen klingt, gebe einfach mal bei YouTube den Suchbegriff «Elsterglanz» ein. Das nach einer DDR-Metallpoliturpaste benannte, sehr lustige und brachiale Kult-Komikerduo aus Eisleben wurde durch Neuvertonungen von Filmausschnitten saumäßig bekannt und tourt seit Jahren durch ausverkaufte Säle in Ostdeutschland. «Elsterglanz» hört sich genau so an, wie ich damals sprach. Logisch, dass mich in Augsburg keiner verstand. Ich wiederum musste mehrmals nachfragen, wenn einer der eingeborenen Kollegen mir in seiner Bergvolksprache begreiflich machen wollte, dass ich Tortenböden aufschneiden oder Mürbeteigrundlinge mit Marmelade zu bestreichen hatte. Zwei Minderheitendialekte krachten mit hoher Geschwindigkeit zusammen. Und auch zwei verschiedene Arbeitsauffassungen. Zielorientiert, furchtlos und eigenverantwortlich war die der Augsburger Angestellten. Unselbständig, verzagt und fehlerhaft die meine. An zwei der damaligen Kollegen kann ich mich noch erinnern: Der Backofenmann beispielsweise hatte einen bösartigen Gesichtsausdruck, war schweigsam und offensichtlich rechtsradikal. Er besaß ein Feuerzeug der *Republikaner*, das er offen herumliegen ließ, damit jeder seine Gesinnung mitbekam. Nie, wirklich nie sagte er ein Wort. Ein anderer Kollege hingegen war aufgedreht, laut und offenkundig homosexuell. Regelmäßig verkündete er plappernd, wie sein privates Abendprogramm verlief, wen er in der Disco getroffen und was er da getrunken hat oder was er am kommenden Abend vorhatte. Nur mir gegenüber wurde er seltsam einsilbig. Ich antwortete aber auch nie, wenn ich angesprochen wurde. Ich konnte einfach nicht aus meiner Haut. Die armen Augsburger hatten mich während des Höhepunktes einer offenbar autistischen Phase kennengelernt. Wie war ich damals eigentlich drauf?

Weltfremd wie ein Außerirdischer lief ich in meiner Freizeit durch die Augsburger Straßen. Ich kannte niemanden und wollte auch keinen kennenlernen. Ich wusste nicht, wer oder was die *Fugger* sind. Ich kannte nur die *Augsburger Puppenkiste*, die hatte ich als Kind im Fernsehen gesehen, allerdings war das immer eine Sendung des Hessischen Rundfunks. Warum lag Augsburg dann in Bayern? Und warum wurde in Bayern schwäbisch gesprochen? Mein Leben war doch bisher schon verwirrend genug gewesen! Und überhaupt wollte ich gewiss einiges im Leben, aber doch nie nach Augsburg! Die fremden Arbeitskollegen wollten auch nicht wissen, wer ich bin, noch, woher ich komme. Ich traute mich auch nicht, auf sie zuzugehen und von selbst ein Gespräch anzufangen – ich schämte mich für meinen Deppendialekt.

Man stellte mich einfach an einem Tisch ab. Dort sollte ich Torten bauen – etwas, das ich in meiner Lehre so gut wie nie gemacht habe. Hat dann auch nicht geklappt. Der Einzige, mit dem ich mich ab und zu unterhielt, war der Dresdner Lehrling, mit dem ich das Zimmer teilte. Doch meistens hat er bei seinen Erzählungen von daheim vor Heimweh geweint, was meine Laune nicht unbedingt verbesserte. Ich kam mir unfassbar einsam vor.

Glücklicherweise besaßen meine Eltern seit neuestem etwas Exotisches: einen Telefonanschluss! In Windeseile hatte die Deutsche Post ganz Sangerhausen verkabelt. All die DDR-Jahre lag der Antrag meiner Eltern auf einen Telefonanschluss auf Eis. Rohstoffmangel, Kapazitätsengpässe und viele andere faule Ausreden ließ sich das System als Erklärung einfallen. Telefonnetze in Mexiko und Erdgasleitungen im sibirischen Permafrost verlegen, Sigmund Jähn ins Weltall schießen lassen oder Industrie in Nicaragua aufbauen, das konnte die DDR, aber ihr eigenes Volk in der Provinz war auf Rauchzeichen und Buschfunk angewiesen, um zu kommunizieren! Doch jetzt, nach der Wende, brach endlich der Fortschritt an. Und so konnte ich fast täglich aus einer Telefonzelle mit daheim telefonieren, meine Eltern sprachen mir Mut zu, trösteten mich und appellierten an mein Durchhaltevermögen. Doch es half nichts, mein Heimweh setzte mir jeden Tag ärger zu. In Augsburg sah ich für mich keinerlei Perspektive. Die Zeit dort war eine einzige große höllische Qual!

Doch das Schicksal meinte es gnädig mit mir. Nach eineinhalb Monaten nahm das schreckliche Abenteuer Augsburg ein jähes Ende. Bäckermeister Peter persönlich sprach mir eines Tages aus heiterem Himmel die Kündigung aus, offensichtlich hatten sich die lieben Kollegen über mich beschwert.

«Herr Heinrich, nehmen Sie bitte Platz.»

Ich setzte mich auf den Stuhl, auf den er zeigte. Seine Körpersprache und Stimmlage prägte sich mir damals so sehr ein, dass ich einen richtigen Riecher für Kündigungsgespräche entwickelte.

«Für das, was Sie hier leisten, verdienen Sie zu viel Geld», knallte er mir in seinem Büro an den Kopf. Seine undiplomatische Begründung für meinen Rauswurf gipfelte in der Anklage, dass ich mich, für jeden erkennbar durch ständiges Nachfragen und übertrieben langsames Ausführen der mir erteilten Arbeiten, ja wohl kategorisch dumm gestellt hätte. Dass meine großen Probleme sprachliche Hürden und Heimweh in der Fremde waren, brauchte ich ihm jetzt auch nicht mehr darzulegen. Es war zu spät. Nicht mal ein eventueller Volkshochschulkurs «Schwäbisch für Neudeutsche» hätte jetzt noch geholfen, mich in die Eigenheiten der Augsburger Mundart einzuweihen. Und ich wollte das auch gar nicht mehr. Denn dank der Entlassung war ich endlich wieder frei. Bald würde ich wieder zu Hause sein. Endlich morgens wieder ausschlafen, endlich abends länger aufbleiben, endlich wieder ein richtiges Leben!

Doch die Schonfrist dauerte nicht lange. Wieder war es meine Mutter, die dafür sorgte, dass ich nicht auf dem Sofa Wurzeln schlug. Sie schlug mir vor, nicht wie sonst viele halbherzige Pseudobewerbungen rauszuhauen, sondern nur eine einzige, richtig gute Bewerbung zu verschicken – diese aber einem Multiplikator zukommen zu lassen. Im Radio hatte sie gehört, dass das funktionieren soll. Ich adressierte also mein Jobgesuch an die Konditoreninnung Niedersachsen. Dort wurde meine Bewerbung mehrfach kopiert und an interessierte Betriebe in ganz Niedersachsen weitergeleitet. Wenige Tage nachdem ich die Bewerbung verschickt hatte, trudelten bereits Einladungen zu Vorstellungsgesprächen ein. Krass! Arbeitgeber aus Bad Harzburg, Hildesheim und anderen Kleinstädten wollten mich kennenlernen, man riss sich um mich. Ein tolles Gefühl. Nun war ich mal derjenige, der Bewerber auswählte. Da hatte ich ja eine ordentliche Karriere gemacht! Von allen um mich buhlenden Firmen sagte mir aber nur eine zu, weil sie in einer großen, wichtigen Stadt lag – wie ich meinte. Ich fuhr also zu einem Bewerbungsgespräch nach Hannover. Alles lief glatt, und als ich am Abend nach Sangerhausen zurückkehrte, konnte ich meinen Eltern sogar einen konkreten Einstellungstermin verkünden. Sie tanzten innerlich Lambada vor Erleichterung. Mein Schicksal war besiegelt. Ich würde Sangerhausen für längere Zeit den Rücken kehren. Oder für immer. Es hieß, Lebewohl zu sagen. Meine kleine Verabschiedungsrunde führte mich unter anderem zu meinem Exkollegen Schneider. Er arbeitete, obwohl es kaum noch was zu tun gab, immer noch in der SEKA-Backwarenproduktion. Er würde wohl dort als Letzter das Licht ausmachen. In seiner Freizeit nahm er jetzt immer mit seinem neuen Videorekorder Musikvideos auf. MTV war das neue große Ding, und Schneiders Schrank war voll mit Videokassetten voller Musikvideos. Ein paar Pornos hatte er sich auch kopiert, aber hauptsächlich liefen MTV-Videos auf seiner Mattscheibe. Als ich ihn zum letzten Mal zu Hause besuchte, hatte er heiße Facts aus der SEKA-Kuchenbude zu berichten. In einem revolutionären Akt hatte sich die Restbelegschaft der Backwarenproduktion gegen den Betriebsdespoten Rudolf aufgelehnt. Zu DDR-Zeiten hatte der Fistel-Choleriker schalten und walten können, wie ihm gerade zumute war. Er hielt damals nicht nur die Firma für sein Eigentum, sondern auch die Angestellten. Der Backstuben-Stalin behandelte alle wie Idioten. Nur wenige, meistens die Meister in der Backstube, ließ er in Ruhe. Sie besaßen nämlich einen Meisterbrief und er nicht. Was hatte den Mann bloß qualifiziert, unser Vorgesetzter zu sein? Fachwissen oder eine besondere menschliche Eignung schieden jedenfalls aus. Unser Produktionsleiter war dumm wie ein Toastbrot. Nein, irgendein schmutziges Geheimnis über einen in der Hierarchie über ihm Stehenden musste ihn auf seinen Chefsessel katapultiert haben.

Ich erinnere mich an einen irren Dialog, den er mit einem seiner Meisterfreunde, dem nicht minder verhassten Meister Kobel, führte. Es ging um den neuen Trabi, den *Trabant 1.1*, der im Jahr 1989 mit einem VW-Polo-Motor auf den Markt kam. Der Wartburg war kurz zuvor mit einem VW-Golf-Motor versehen worden. Die DDR baute jetzt, viel zu spät, echte Motoren in ihre Autos ein, mit Unterstützung der westdeutschen Autoindustrie. Der Dialog der beiden Geistesgrößen ging folgendermaßen:

Kobel: «Hier, du, horche mal, haste schon gehört? Der Trabi kriegt jetzt einen Ottomotor.»

Rudolf: «Quatsch! Der kriegt einen Viertaktmotor.»

Kobel: «Wo hastn den Unsinn her? 'nen Ottomotor bauen die da rein, aus'm Westen, aus'm Polo.»

Rudolf: «Nein, das stimmt doch gar nicht. Das iss'n Viertaktmotor, was die da rinbauen tun, kein Ottomotor!»

Kobel: «Also ich hab was anderes gehört. Ein Ottomotor kommt da rein, da muss man endlich kein Gemisch mehr tanken.»

Rudolf: «Der Viertaktmotor braucht auch kein Gemisch. Und der kommt da auch rein. Kein Ottomotor. Ich kann's dir zeigen, steht in der Zeitung.»

Kobel: «In meiner Zeitung steht Ottomotor!»

Jahrelang drangsalierte der Kfz-Sachverständige Rudolf aus seinem Büro heraus seine Untergebenen. Und auch seine

Kunden ließ er an seiner Schlechtigkeit teilhaben. Fettgebäck, also Krapfen und Spritzkuchen, wurden zum Beispiel oft in viel zu altem Fett gebacken, weil der Geizknochen Ausgaben sparen wollte. Auf Kosten der Verbraucher! Und auf unsere Kosten. Altes Fett qualmt sehr stark, wie ein noch kalter Dieselmotor kurz nach dem Anlassen im Winter. Stundenlang muss der Krapfenbäcker giftige Dämpfe einatmen. Tauscht man das Zeug längere Zeit nicht komplett gegen neues Fett aus, wird es schwarzbraun wie Schweröl und gerinnt im kalten Zustand sogar. Man weiß dann auch gar nicht, ob die Krapfen ihre Farbe dem Backzustand verdanken oder einfach vom Altöl koloriert worden sind. Ein kompletter Ölaustausch durfte nur mit Genehmigung Rudolfs vorgenommen werden. Hauptsächlich wurde die braune Plörre also hin und wieder nur ein bisschen gestreckt und immer wieder weiterverwendet.

In den Tiefkühltruhen der Backwarenproduktion lagen direkt neben den Käsesahnetorten hin und wieder große, rohe Fleischbrocken. Rudolf züchtete privat Hunde und lagerte das blutige Futter für seine verlausten Bestien, das er über Beziehungen direkt vom Schlachthof erhielt, dort, wo das Zeug überhaupt nichts zu suchen hatte. Tote Tierkadaverteile neben Sahnetorten! Freie Bahn für Salmonellen, lustige Bandwurmpolonaise! Nur um Haaresbreite entgingen Stadt und Landkreis über Jahre einem saftigen Lebensmittelskandal. Der Grund dafür wäre niemals rausgekommen, denn niemand, wirklich niemand hätte sich getraut, Rudolf zu verpfeifen. All die langen Jahre unternahm niemand etwas gegen diesen Typen. Er fühlte sich also sicher und nutzte das allseits herrschende Mitsprachedefizit und Kritikvakuum geschickt für seine Zwecke aus. Hatte sich das Gesundheitsamt mal wieder für eine Hygienekontrolle angekündigt, dann ent-

nahm der Mann vom Amt nur an einer einzigen Stelle der Backstube eine Probe. Und exakt diese Stelle war auch kurz vorher auf Geheiß Rudolfs sehr gründlich gereinigt worden.
Der Rest der Backstube stockte vor Fettschmutz, zertretenen Kakerlaken, Hautschuppen, ausgerissener Konditorgesellenbehaarung und angetrocknetem Bier. Selbst ein Blinder mit Krückstock konnte das sehen. Nur der Mann vom Gesundheitsamt sah nichts, denn Rudolf bestach ihn regelmäßig mit Bananen, die er heimlich vom Kontingent für die Bananentortenherstellung abzweigte.

Doch mit dem Ende der DDR kehrte die Demokratie endlich auch in die korrupte Backwarendiktatur ein. Wie mir Schneider bei meinem Abschiedsbesuch erzählte, tauchte eines Tages unangekündigt mal ein anderer Mitarbeiter vom Gesundheitsamt in der Backstube auf. Der vollkommen verblüffte Rudolf kannte den Mann nicht und konnte ihn auch nicht davon abhalten, zielgerichtet die besonders verseuchten Hotspots der verdreckten Kuchenbude einer genaueren Inspektion zu unterziehen: Tiefkühltruhen, Ölbackwannen und diverse Kakerlaken-WGs. Der Mann wusste sehr genau, wo er zu suchen hatte. Und er wurde überall fündig. Irgendjemand musste dem Kontrolleur einen Tipp gegeben haben. Aber wer???

Die Belegschaft feierte ihren Erfolg abends in einer Kneipe. Rudolf wurde umgehend seines Postens enthoben. Schnell kamen weitere Gaunereien ans Tageslicht. Man entließ ihn schließlich ganz. Seit vielen Jahren schon ist er tot. Und über Tote soll man nur Gutes sagen. Er ist tot – gut.

Ortswechsel

Mein neuer Lebensmittelpunkt sollte nun ab sofort Hannover heißen. Ich war also definitiv im Westen gelandet. Das schien die einzige Möglichkeit zu sein, aus meinem Leben was zu machen. Im Osten ging gar nichts mehr.

Hannover war zwar nicht gerade ein Traumziel wie Berlin oder München, aber für den Anfang gar nicht schlecht. Ich erwartete nichts von der Stadt. Und das war gut so. Um Hannover nämlich so richtig, richtig gut zu finden, muss man bescheiden sein. Aufregendere Dinge als einen Bahnhof, in dem der ICE hält, ein Messegelände und den Maschsee hat der Ort nicht vorzuweisen. Man wohnt dort nur, weil man ja irgendwo wohnen muss. Nicht mal der ganz kurz als *Bundesschnäppchenpräsident* in die jüngere deutsche Geschichte eingegangene Christian Wulff mochte nach seiner Kapitulation und der Flucht aus Berlin in Hannover wohnen. Obwohl Wulff mit seiner Fielmann-Brillen-Physiognomie und seinem Mainstream-Charakter bestens in die großflächige Beton- und Ziegelsteineinöde zwischen Lehrte und Bielefeld gepasst hätte, haust er mit seiner Bettina im günstig geschossenen Ziegelsteinhäuschen im für ihn viel aufregenderen Großburgwedel. Dass jedoch ausgerechnet der Rotweingourmet, Brioni-Träger und Havanna-Schmaucher Gerhard Schröder in Hannover ein Reihenendhaus bewohnt, ist vielen ein großes Rätsel. Mir nicht. Hinter der raffinierten Tarnung der harmlosen Hütte verbirgt sich, das weiß ich hundertprozentig, eine Einfahrt in einen großen Tunnel, der direkt nach

Nizza führt. In Nizza steht Schröders wirkliches Wohnhaus: eine schneeweiße Villa mit beheizbarem Schuhschrank, selbstreinigendem Pinkelbecken und satellitengesteuertem Flaschenöffner. Dort ruht sich Exkanzler Schröder am Wochenende von seiner anstrengenden Arbeit im russischen Gasgeschäft aus. Im Erdgeschoss, direkt neben dem Schlafzimmer, paradieren die Nobelkarossen des Topmanagers aufgereiht in einer gläsernen Garage. Wenn er abends im Bett liegt, nicht einschlafen kann und keine Lust hat, mit seiner Doris in Hannover zu skypen, zählt er seine Autos. Logischerweise ist das die komplette VW-Produktpalette vom Lupo über den Phaeton bis zum LT-Bus, sanft illuminiert von indirektem Licht im Erdgeschoss des südfranzösischen Luxusdomizils, von dessen Existenz niemand je erfahren wird. Denn Gerhard Schröder, der *Genosse der Bosse*, hat mit Hilfe eines gleichermaßen geheimnisvollen, einflussreichen und gefährlichen Netzwerkes aus *VW*, *ARD*, *ZDF*, Carsten Maschmeyer und *Bahlsen* die Bundesrepublik immer noch fest im Griff. Das weiß aber keiner – außer vielleicht Kai Dieckmann von der *BILD*. Doch selbst der würde damit nie an die Öffentlichkeit gehen, aus lauter Angst vor Gerhard Schröder. Und das sagt doch alles!

Aber zurück von Nizza nach Hannover. Menschen mit viel Phantasie, wenig Hoffnung und noch weniger Geld müssen dort wohnen. Die Hauptstadt der großen Schweinemastanlage namens Niedersachsen, das mehr als die Hälfte der Deutschen bei Umfragen regelmäßig den neuen Bundesländern zuordnet, präsentiert sich dem Besucher mit dem rauen Charme, den Plattenbausiedlungen für Angestellte russischer Kernkraftwerke ausstrahlen. Äußerst lustlos wurde das in Grund und Boden gebombte Hannover nach dem Krieg wieder hochgezogen. Ein besonders eindrucksvolles Bauverbrechen ist das Ihme-Zentrum, eine Plattenbautrutzburg im Stadtteil Linden.

«O Gott, ist das hässlich!», dachte ich, als ich es zum ersten Mal sah. Vor mir ragte ein verunglücktes Konzentrat des Plattenbaughettos Halle-Neustadt in den niedergeschlagen wirkenden Hannoveraner Himmel. Diese Festung zum Verwahren von Menschen war nicht direkt grau. Die Farbe Grau kannte ich ja noch aus DDR-Zeiten. Der Farbton, den ich hier sah, hieß: «Lass alle Hoffnung fahren. Und fahr mit.»

Erschüttert betrachtete ich das gefängnisartige Mahnmal westdeutscher Schizophrenie. Der DDR attestierte man wegen ihrer Plattenbauten visuelle Menschenrechtsverletzung, gleichzeitig zog man selbst völlig schmerzfrei einen grau-in-grau-in-grauen Stadtteil mit seriell eingebauter Weltuntergangsstimmung hoch. In Grau!

Viele Menschen fragen sich ja angesichts schockierender Berichte über Gewaltdelikte im öffentlichen Raum Folgendes: «Wie werden süße kleine unschuldige Babys zu skrupellosen S-Bahn-Schlägern?» Die schlichte Antwort: «Indem süße kleine Babys in einem Komplex wie dem Ihme-Zentrum aufwachsen.»

Ein Ort wie das Ihme-Zentrum ist in der Vorstellung eines typischen Boulevardmagazin-Redakteurs die ideale Zuchtstation für Halbkriminelle und Schwerdepressive. Wer als Kind dort hineingeboren wird, sollte zusehen, die Gegend möglichst noch vor der Eingewöhnung in der Kita zu verlassen.

Nichts entspricht dem Begriff «Ghetto» mehr als dieses schwer verunglückte innerstädtische Raumschiff aus ineinander verkeilten Plattenbauten und leerstehenden Ladenlokalen, die seit Ende der neunziger Jahre vor sich hin rotten. Eine von der RAF genutzte konspirative Wohnung, die 1978 mitten im Ihme-Zentrum ausgehoben wurde, soll RAF-intern die treffende Bezeichnung «Klotz» getragen haben. Terroristen bringen Sachen eben manchmal doch auf den Punkt – außer in ihren umständlich formulierten Bekennerschreiben. In der Wohnung der Möchtegern-Umstürzler fand man, wie bei Wikipedia zu lesen ist, Pläne zum Bau eines Granatwerfers, einer richtigen Stalinorgel. Sieh an! Ob die Berufsrevolutionäre mit ihrer Superwaffe das städtebauliche Desaster zu Müsli zerschießen wollten, ist unbekannt. Jedoch hätte solch ein Terrorakt Hannovers Attraktivität zweifelsfrei erhöht.

Zum Glück wohnte ich nicht im Ihme-Zentrum. Auch wenn dort Anfang der neunziger Jahre noch ein Hauch soziales Gleichgewicht herrschte, die Läden nicht leer standen und es sogar einen *Saturn*-Elektromarkt gab!

Meine bescheidene Bleibe befand sich in der Südstadt. Ich fand Hannover zunächst erst mal gut, weil ich in dieser Stadt endlich eine Arbeitsstelle angeboten bekam, und das sogar in dem Beruf, welchen ich erlernt hatte. Und es war nicht irgendein Arbeitgeber, der wild darauf bestanden hatte, mich einzustellen. Es war quasi die erste Konditorei am Platze, mitten in der Hannoveraner Innenstadt, seit Jahrzehnten DER Treffpunkt, wenn man einen richtig guten Kaffee oder Kakao und dazu noch hervorragenden Kuchen genießen wollte. Diese stadtbekannte Konditorei in der Nähe des innerstädtischen Platzes namens «Kröpke» sollte für die nächsten achtzehn Monate meine Arbeitsstätte sein.

In den allerersten Monaten hatte ich noch in einem kleinen Zimmer unterm Dach gewohnt, zur Untermiete bei einer jungen, netten Lehrerin. Endlich mein eigenes Heim, endlich abgenabelt, endlich nicht mehr mit den mürrischen Eltern in einer Wohnung hausen müssen. War ich froh! Primär auch deshalb, weil ich ab jetzt beim heimischen Biertrinken nicht mehr die missbilligenden Blicke meiner Mutter zu ertragen

hatte, die mich schon längst unentwindbar in den Fängen des Bruders Alkohol wähnte.

Die erste Anschaffung in meinem neuen Heim war also ein gebrauchter Kühlschrank, dessen erster Inhalt einige Dosen Bier. Die trank ich abends vorm Schlafengehen allein in meinem Zimmer, vor mir auf dem Tisch spielte das Kofferradio – meine zweite Anschaffung – pflegeleichte Musik, die ein freundlicher Radiomoderator mit durchformatierten Floskeln unaufdringlich umrahmte.

Das musste sie sein, die Freiheit, von der ich schon immer geträumt hatte. Nach drei halben Litern Bier ging ich dann in der Regel ins Bett und stellte den Wecker auf halb sechs. Halb sieben hatte ich auf Arbeit zu erscheinen.

Mit meiner dritten Anschaffung – einem Tauchsieder – machte ich mir morgens dann eine Tasse Wasser heiß. Einen Löffel löslichen Kaffee rein, Kaffeeweißer, trinken. Dann ab zur Arbeit. Einmal vergaß ich im morgendlichen Tran, den Tauchsieder in die Tasse zu tauchen. Als ich vom Zähneputzen im Bad zurück ins Zimmer trat, schlug mir beißender Qualm entgegen. Dort, wo der Tauchsieder lag, stand der Teppich in Flammen. Ein kleiner Brandherd hatte sich gebildet. Die Flammen fraßen sich langsam dicker, sie hatten noch den ganzen Kunstfaserteppich vor sich. Nüchterner Automatismus ließ mich das Fenster aufreißen, den Stecker des Tauchsieders aus der Steckdose ziehen und das Teppichfeuer mit den Füßen löschen. Ich war wach. Kaffee würde ich heute nicht mehr brauchen.

Als Neuling in der fremden Großstadt legte ich den Weg zur Arbeit zu Fuß zurück. Ich wusste zwar, dass eine U-Bahn in die Innenstadt fuhr, doch stand ich diesem Verkehrsmittel schüchtern bis skeptisch gegenüber. Ich war noch nie in meinem Leben U-Bahn gefahren, in meiner Heimatstadt Sangerhausen gab es nur Linienbusse. Schon die Fahrten in einer Straßenbahn bei Besuchen in Nordhausen oder Halle an der Saale, den beiden größeren Städten in der Nähe meiner Heimat, waren für mich mit Aufregung verbunden. Ich war jung, ich kam aus der Provinz, noch dazu aus dem Osten, ich gestand mir einfach noch nicht das Recht zu, dieses moderne Verkehrsmittel zu benutzen. Bescheuert eigentlich, aber so war es!

Also ging ich zu Fuß. Morgens einen Kilometer zu Fuß zur Arbeit, am Nachmittag, ebenfalls zu Fuß, den gleichen Weg zurück nach Hause ins Dachbodenzimmer, neben dem die Hausbewohner ihre Wäsche aufhängten. Vorher noch zu *Penny*, Dosenbier, *Harry*-Brot und Scheibenwurst von *Zimbo* kaufen – das Abendbrot für Siegertypen!

Noch verlorener fühlte ich mich, als ich meinen neuen, maschinenlesbaren bundesdeutschen Personalausweis in den Händen hielt. Unter Geburtsort stand: Sangershausen.

Ein s zu viel! Ein Tippfehler! In einem offiziellen Dokument! Man hatte meine Geburtsstadt falsch geschrieben: Sangershausen. So eine Stadt gibt es gar nicht. In meinem modernen fälschungssicheren Personalausweis stand ein falscher Geburtsort! Eine himmelschreiende Dreistigkeit. Ich war fassungslos! Die bekloppten Ausweishersteller hatten keinen blassen Schimmer, wie die Städte ihres eigenen Landes hießen, und schrieben einfach irgendwas da rein. Sangershausen! Ich war absolut sauer, hatte aber nicht vor, diesen Beweis dummer westdeutscher Arroganz zu reklamieren. Die fälschungssicher dokumentierte Inkompetenz würde ich jedem zeigen, der es nicht sehen wollte. Eine grobe Beleidigung war das, ein Schlag ins Gesicht. Eine weitere Demütigung nach der Null, die man uns Ostdeutschen vor unsere vierstelligen ostdeutschen Postleitzahlen gesetzt hatte und die ein O sein sollte! Wie viel sollten wir Ostdeutschen eigentlich noch einstecken? Sangershausen. Das war so, als gäbe es auch ein Dusseldorf, ein Schielefeld oder ein Arschoffenburg!

Obwohl ich mich eigentlich aufgrund der neuen Arbeitsstelle – und dann auch noch in einer Großstadt im Westen – als Gewinner hätte fühlen müssen, kam ich mir nicht wie einer vor. In dieser Stadt kannte ich niemanden, außer den Menschen, die mir morgens auf dem Weg zur Arbeit entgegenkamen. Es waren immer dieselben Gestalten, die sich müde und widerstrebend an mir vorbeischoben, einer weiteren tristen Schicht entgegen, um Rentenabgaben, Krankenkassenbeiträge, Lohnsteuer und seit neuestem auch noch Solidaritätszuschlag zu erarbeiten.

Wenn ich nachmittags in meine Exilantenkammer schlurfte, kamen mir dieselben Gestalten aus der anderen Richtung entgegen. Diese Menschen und ihre stete kurze Anwesenheit in meinem Tagesablauf waren der Grund dafür, dass ich mich doch bald traute, mit der U-Bahn zu fahren.

Bis ich feststellte, dass es hier nicht anders war, hier drin sogar Tag für Tag dieselben Menschen auf denselben Sitzen saßen. Irgendwann kannte ich sie alle vom Sitzen, nickte ihnen morgens und nachmittags zu, woraufhin sie zurücknickten. Vieles automatisiert sich im Laufe des Lebens. Auch das Nicken. Irgendwann denkt man nicht mehr darüber nach.

Eine weitere Gruppe der ersten Bekannten in Hannover bestand aus meinen Arbeitskollegen. Zur einen Hälfte maulfaule, doch irgendwie nette niedersächsische Landjugend mit groben Gesichtern. Ihre äußerst dosiert angewandten Umgangsformen ließen nicht mehr zu, als einmal täglich im Umkleideraum «Tach» und «Tschüs» zu sagen. Bald schon schätzte ich diese zwei Worte. Aus ihnen bestanden lange Zeit die einzigen Gespräche, die ich in der fremden Stadt mit Menschen führte.

Zur anderen Hälfte waren meine Konditorkollegen Großstadtnorddeutsche, deren Schilderungen über das vergangene Discowochenende mit vergeigten Frauenaufrissen mir schon bald wie Wasserstandsmeldungen aus dem Zeitschleifenuniversum erschienen.

Und dann gab es noch Herrn Mahlmann. Er war Konditormeister und schon seit fünfundzwanzig Jahren dabei. In derselben Konditorei. Er war fast zwei Meter groß, trug eine ebenso riesige Brille und summte unablässig vor sich hin, wie eine große Hummel. Herr Mahlmann nahm seinen Beruf sehr ernst. Morgens im Umkleideraum entledigte er sich als Schnellster der Belegschaft leise summend seiner Alltagstextilien, in denen er kurze Zeit zuvor noch Abschied von seiner Gattin genommen hatte. Schnell wie der Blitz entkleidete er sich bis auf seine gerippte kurze Unterhose.

Das Erste, womit er als Nächstes seinen Konditormeisterkörper uniformierte, war seine hohe Konditormütze. So stand er dann vor uns, in all seiner Pracht, mit nichts weiter bekleidet als seiner Unterhose und seiner hohen Konditormütze. Der Tortenkönig vom Kröpke.

Dieses Bild bot sich mir Morgen für Morgen. In Hannover. Möglicherweise liegt darin die Erklärung verborgen, warum ich Abend für Abend in meiner Dachbude drei Dosen Bier trank: Ich versuchte zu verdrängen. Ein Wunder, dass ich überhaupt mit drei Dosen auskam.

Herr Mahlmann summte nicht nur. Manchmal sang er auch. Näherte sich von hinten das leise im Falsett gesungene «Und der Himmel hängt voller Geigen», lief im nächsten Augenblick Mahlmann langsam an einem vorbei.

Sprach Mahlmann einen an, dann ausschließlich im Plural: «Wo habt ihr denn den Mürbteig hingetan?»

«Denkt ihr nachher noch dran, dass ich saubere Backbleche brauche?»

Anfangs machte ich noch den Fehler, stets «Wer?» zu fragen, bis mich einer der Kollegen zur Seite nahm. «Der meint dich!»

Als ich Mahlmann dann irgendwann, einer wahnsinnigen Eingebung Folge leistend, einmal antwortete, dass nicht ich, sondern WIR bereits einige Backbleche gereinigt hätten, blickte er mich kurz fragend an, zog die Augenbrauen zusammen und stieß beim Fortgehen beinahe gegen einen Türrahmen. Ich schämte mich sofort dafür, den Mann so verwirrt zu haben.

Jeder konnte erkennen, dass Mahlmann mit der Zeit seltsame, personengebundene Psychosen entwickelt hatte. Er litt, so klagte er im Sommer, an heißen Füßen. Linderung verschaffte ihm ein lang anhaltendes Bad in einer Schüssel mit Eiswasser. Er saß an seinem Tisch, verzierte kleine Schokoladen-Leckereien mit Schokoladen-Ornamenten und schickte seine Füße auf Tauchfahrt ins kühle Nass. Irgendwann reichte ihm das nicht mehr. Ich erinnere mich, eines Tages minutenlang dagestanden zu haben, den Blick verwundert in seine Richtung geparkt. Denn er saß tatsächlich wohlig entspannt vor einem geöffneten Kühlschrank und hatte seine Füße im Gemüsefach abgestellt.

Ich blickte mich um und betrachtete meine Kollegen. Ich sah Uschi, die an Taubheit leidende Kollegin an der Mürbteigstation, die den Kollegen vom Tortenstand sehr fragend ansah. Er versuchte, ihr einen Witz zu erzählen, und erntete dafür kein Lachen, sondern ein «HÄ?». Uschi hatte den Witz nicht verstanden. Also akustisch.

Und ich sah all die anderen, die ruhig und konzentriert, aber doch schon stark vom Windhauch berufsbedingter Stupidität umweht, Tätigkeiten ausführten, die sie jeden Tag immer wieder und immer wieder zum selben Zeitpunkt ausführten und die ihnen verrieten, welche Uhrzeit wir gerade hatten.

Dann blickte ich noch mal auf Herrn Mahlmann, der sich den Kühlschrank gerade noch ein Stückchen mehr über seine Füße stülpte. In Gedanken sah ich ihn, ausschließlich mit seinem Schlüpfer und seinem Papierhut bekleidet, vorm Kühlschrank sitzen.

Dann dachte ich noch kurz an die Menschen, denen ich auf dem Heimweg in der U-Bahn zunicken würde, obwohl ich sie überhaupt nicht, sondern lediglich ihre Gesichter kannte.

So sah also der goldene Westen aus.

Nach ein paar Monaten hatte ich mir einen richtigen kleinen Haushalt zusammengekauft und mich wohnlich verändert. Ein Arbeitskollege war mit seiner Freundin zusammengezogen und hatte mir netterweise seine Exwohnung vermittelt. Ich wohnte also jetzt nicht mehr zur Untermiete, sondern selbständig. Mein Name stand unten am Klingelschild! Ich hatte meinen eigenen Briefkasten! Ich war endlich mein eigener Herr in einer sechsundzwanzig Quadratmeter großen Einraumwohnung. Ein Riesenreich, ganz für mich allein. Mit Balkon zum Hinterhof! Ein Telefon hatte ich auch. Es war der Wahnsinn! Ich erlebte einen Aufschwung, eine richtige Mikrokonjunktur! Heiliger Bimbam, das wäre in der DDR so schnell nicht möglich gewesen. Der terroristische Brandstifter-Tauchsieder war längst einer hochmodernen Filterkaffeemaschine gewichen. Und im Wohnzimmer stand sogar ein kleiner Fernseher. Morgens, zur ersten Tasse Kaffee, guckte ich immer die Sendung *Elf 99*. Das ehemalige Jugendmagazin des DDR-Fernsehens, das zur Wendezeit dank seiner frechen Machart und der regimekritischen Berichterstattung unzählige Fans fand, hatte mit dem Ende des DDR-Fernsehens und der Einstellung des Nachfolgers *Deutscher Fernsehfunk (DFF)* seine Heimat verloren und lief ab Januar 1992 im Vorabendprogramm von *RTLplus* – zu sehen nur über Satellit. In Hannover bekam ich *RTLplus* über Antenne rein. Doch auf der *RTLplus*-Antennenfrequenz lief zur abendlichen *Elf 99*-Sendezeit blöderweise das doofe *RTLplus*-Regionalprogramm für Niedersachsen, das mich nicht die Bohne interessierte. Wen interessieren schon Nachrichten aus Niedersachsen? Morgens jedoch wiederholten sie *Elf 99* auch über Antenne, und so konnte ich die Sendung vom Vorabend gucken. Doch immer häufiger wurde ich enttäuscht, denn dem einstmals hippen Magazin fehlten zusehends Würze und Pfiff. Außerdem nervten mich die Werbeunterbrechungen. Die Sendung bestand gefühlt nur noch aus Musikvideos. Nach zwei Jahren wurde *Elf 99* endgültig eingestellt. Die Epoche des einstmals revolutionären Jugendmagazins war vorüber. Und ich hörte morgens wieder Radio.

Auch eine Waschmaschine schaffte ich mir irgendwann an. Dieser Investition ging das monatelange Martyrium voraus, jedes zweite Wochenende mit Reisetaschen voller Dreckwäsche nach Sangerhausen zu fahren. Freitags hin, sonntags zurück. Immer mit der Bahn. Zweimal umsteigen, vier Stunden Fahrt pro Strecke. Ätzend! Meine Dreckwäsche bestand zu zwei Dritteln aus meinen Arbeitsklamotten. Schürzen, T-Shirts, Hosen, Socken, Käppies – alles stand vor Dreck. Einmal habe ich am Ende einer Arbeitswoche eine Schürze und eine Hose an eine Wand gelehnt. Ich schwöre: Die Klamotten sind stehen geblieben wie ein Mann. Man hätte sie zerknicken können wie Pappe. Denn all die Lebensmittelspritzer, die sich an den Wänden und auf dem Fußboden einer Backstube ansammeln, reichern sich in der Berufsbekleidung an. In der Regel geben sich zwei Stoffe ein schmutziges Stelldichein: Zucker und Eiweiß. Substanzen, die unkaputtbar und stahlhart werden, wenn sie erst mal so richtig angetrocknet sind. Schloss ich in Sangerhausen die Wohnungstür auf, ließ meine Mutter immer schon die Badewanne ein, um die Drecksklamotten einzuweichen. Denn einweichen, wir erinnern uns, ist die Mutter des Saubermachens. Die versiffte Konditorenkluft ohne Einweichen in die Waschmaschine zu stecken wäre sinnlos gewesen. Das Zeug

hätte die Waschmaschine genau so dreckig verlassen, wie es hineingestopft worden war.

«Sag mal, wann kaufst du dir denn endlich mal selber eine Waschmaschine?»

«Warum? Das klappt doch ganz gut hier bei euch.»

«Ja, aber auch nur, weil ich das immer mache. Du selber machst es ja nicht.»

«Ich weiß ja auch gar nicht, wie das geht.»

«Wie – wie das geht? Dann gucke halt zu, ich erklär dir das.»

«Aber ich muss doch meine Kumpels besuchen!»

«Wen willst du besuchen? Maik ist weggezogen, Martin wohnt nicht mehr hier, deine ehemaligen Schulfreunde sind alle verschwunden – wen also willst du besuchen?»

Da hatte meine Mutter einen wunden Punkt getroffen.

«Äh, wenn du mir erklärst, wie das geht, dann kann ich mir ja auch selber eine Waschmaschine kaufen.»

«Sag mal, rede ich mit der Wand? Ja, kauf dir endlich eine. Eine gebrauchte kostet auch nicht so viel.»

«Aber wenn die kaputt geht?»

«Dann kauf dir halt eine neue.»

«Und welche Marke? Siemens oder Privileg? Oder Bosch? Was gibt's denn da?»

«Lass dich halt beraten.»

«Ich bin doch keine Frau.»

So ging das stundenlang hin und her. Die Stimmung zu Hause war jetzt nicht mehr so ausgeglichen wie früher. Meine Mutter war eines der ersten Opfer einer Entlassungswelle geworden, ihre Firma steckte in der Klemme, und es war abzusehen, dass der Betrieb bald komplett dichtmachen würde.

Mein Vater reparierte keine Fernsehapparate mehr. Es war nichts mehr zum Reparieren da. Die Leute besaßen jetzt alle Westgeräte, die erst mal eine Weile nicht kaputtgehen würden. Und wenn doch, würde die Kiste neu gekauft – das war jetzt billiger, als sie zu reparieren. Vater fuhr nun auf Montage, seine Firma verkabelte Wohnhäuser in diversen Städten; er war gerade fünfzig geworden. Einerseits ist man mit fünfzig noch blutjung, andererseits ist das aber nicht gerade ein Alter, um noch mal ganz von vorne anzufangen. Aber er hatte keine andere Wahl. Nur noch fünfzehn Jahre bis zur Rente, Endspurt! Die kurze Zeit wollte mein alter Herr auf jeden Fall noch arbeiten gehen. Auf der faulen Haut liegen konnten andere, er war dafür nicht gemacht. Montag für Montag setzte er sich also in aller Herrgottsfrühe ans Steuer eines Kleinbusses und fuhr sich und seine Kollegen nach Rostock, Berlin, Chemnitz und viele andere Städte vor allem im Osten. Die emsigen Sangerhäuser Funkmechaniker zogen Fernsehkabel durch mausgraue Mietskasernen, in denen frischgebackene Arbeitslose hausten. Privatfernsehen über Kabel oder Satellit war das neue heiße Ding, und allen voran sollten die Einwohner der neuen Bundesländer zu ihrem guten Recht kommen, *Tutti Frutti* oder *Glücksrad* zu gucken. Die Voraussetzung für den durchschlagenden Erfolg kommender Highlights deutscher Fernsehkunst wie *Astro TV, Die dümmsten Eltern Deutschlands, Promi-Dinner* und *Dschungelcamp* wurde von niemand anderem als von meinem Vater und seinen fleißigen Kollegen geschaffen, jawohl!

Meine große Schwester hatte derweil geheiratet, war schon längst ausgezogen und Mutter geworden. Meine kleine Schwester steckte mitten in der Pubertät. Die Teenagerin im hormonalen Burn-out und meine frischgebackene arbeitslose Mutter gingen sich unter der Woche in der leeren Wohnung auf die Nerven. Am Wochenende kam kurz der Montage-Vater auf Besuch vorbei, und an jedem zweiten Wochenende leerte der antriebslose Herr Sohnemann einen Seesack dreckstarrender, stinkender Textilien aus. So konnte es nicht weitergehen.

Ich kaufte mir also eine Waschmaschine. Eine nagelneue, mit Frontladerguckloch. Manchmal hockte ich noch lange nach dem Einschalten vorm Plexiglasfenster und sah meiner Wäsche dabei zu, wie sie von der Maschine nass rotiert wurde, wie sie immer mehr Wasser schluckte, schwerer und schwerer wurde und klumpig gegen die Luke schlug. Schließlich öffnete sich irgendwo im Innenleben der Waschmaschine die Waschpulverluke, und weiße Krümel verteilten sich zwischen den rotierenden nassen Stoffklumpen, lösten sich auf und wurden zu Schaum geschlagen. Jetzt kamen die magischen Wunderstoffe aus der Persilwerbung zum Einsatz und lösten Dreck, Verkrustungen und hartnäckige Flecken aus den Fasern. Meine Wäsche wurde vor meinen Augen neu geboren! Ich hatte auch schon mit Flüssigwaschmittel experimentiert, aber da gab es nix zu sehen. Wer Flüssigwaschmittel benutzt, braucht keinen Frontlader. Das Waschprogramm wurde nur durch Pulver aufregend. 1994 kamen *Megapearls* auf den Markt, das war eine nochmalige Steigerung für einen diplomierten Waschmaschinenanstarrer wie mich. Stundenlang konnte ich den Minimurmeln beim Auflösen zugucken, das entspannte und machte herrlich müde. Die Wäsche drehte sich im Kreis, bis sie von der Maschine sauber gedreht worden war. Dann hing sie zum Trocknen auf der Leine und begann schon bald einen neuen Tragezyklus im Rahmen ihrer Lebensdauer.

Auch mein Leben drehte sich im Kreis. Es war zum Zyklus aus Arbeit und Wochenende geworden. Arbeit, Wochenende,

Arbeit, Wochenende. Frühjahr, Sommer, Herbst und Winter. Arbeit, Wochenende, Arbeit, Wochenende. Aufstehen, Arbeiten, Fernsehen, Schlafen. Aufstehen, Arbeiten, Fernsehen, Schlafen. Aufstehen, Arbeiten, Fernsehen, Schlafen.

Nach Hause fuhr ich so gut wie gar nicht mehr. Trostlosigkeit konnte ich auch da haben, wo ich gerade war. Mein Abnabelungsprozess war beendet. Ich war ein junger Mann, der seiner eigenen Wege ging! Und die führten mich morgens auf Arbeit und nachmittags nach Hause. Am Wochenende ging ich manchmal gar nicht raus. Draußen empfing mich ja doch nur Hannover.

Mein großer Traum, beim Radio zu arbeiten, ruhte ebenfalls. Ich hatte über Monate ohne Ende Bewerbungen verschickt, allesamt handschriftlich. Denn ich besaß weder Computer noch Schreibmaschine. Viele öffentlich-rechtliche und private Radiosender beglückte ich damals mit handschriftlich verfassten Bewerbungen. Selbstverständlich erstrebte ich nicht weniger als ein Volontariat. Für so was war ich ja auch hochgradig qualifiziert. Mein tabellarischer Lebenslauf vermeldete stolz, dass ich ausgebildeter Konditor bin. Logischerweise schoben die Adressaten alle meine Bewerbungen umgehend in das Ablagefach für die Absagen – entweder mit lautem Lachen oder betretenem, pietätvollem Mitleidsschweigen. Denn der arme Junge mit der bemühten Krakelbewerbung hat es bestimmt nicht leicht mit seiner schlimmen geistigen Behinderung.

Um die sechzig Absagen habe ich mir damals eingefangen, ausnahmslos alle waren bis in die Nebensätze hinein identisch formuliert. Noch heute bewahre ich die Quittungen meiner maßlosen Selbstüberschätzung in einem Aktenordner auf. Einige Sender, die mich damals nicht haben wollten, zum Beispiel *Radio Xanadu* in München, existieren schon lange nicht mehr oder tragen nach der x-ten Programmreform mittlerweile ganz andere Namen.

Temporär resigniert, gab ich mich meiner gleichförmigen Lebenstaktung hin. Denn die würde schon bald ein unschönes Ende finden. Sie hatten mir meinen Einberufungsbescheid zugestellt. Und ich war felsenfest entschlossen, gleich bei der Musterung einen Kriegsdienstverweigerungsantrag zu stellen. Denn auch für das Recht, den Dienst an der todbringenden Waffe zu verweigern, war ich 89 auf die Straße gegangen.

Selbstverständlich kannte ich im Haus niemanden meiner Nachbarn. Und keiner kannte mich. Ich verhielt mich, wie ich es für einen Großstadtbewohner angemessen fand: ruhig und unauffällig. Niemand wollte etwas von mir, und ich wollte nichts von niemandem. Mir wurden keine Pakete geliefert, und ich empfing keinen Besuch – eigentlich hätte ich meine Klingel nebst Klingelschild auch ganz gut abschrauben können. Kam mir zufällig im Treppenhaus jemand entgegen, sah ich kurz auf, grüßte halblaut und ließ meinen Blick schnell in eine andere Richtung fliehen. Niemand hätte sich je an mich erinnert. Und wäre mein kleines unbedeutendes Lebenslicht nach vielen Jahren durch einen Herzinfarkt oder ein ähnliches Finish für Alleinstehende ausgepustet worden, hätte man mich erst nach Wochen oder Monaten in meiner kleinen Wohnung aufgefunden.

Man kann sich also vorstellen, wie ich zusammenzuckte, als es eines Abends klingelte. Das allein wäre schon erschreckend genug gewesen. Zusätzlich hämmerte der Unbekannte aber auch noch aggressiv mit seiner Faust gegen meine Tür! Paralysiert kauerte ich auf dem Sofa, mein Körper hatte sich vor Angst zusammengekrempelt. Das Hämmern und Klingeln hörte nicht auf. Gleich würde ich wohl sterben. Mein Kopfkino spielte mir ein Best-of sämtlicher Raubmorde vor, deren Zeuge ich in meiner Jugend bei *Aktenzeichen XY ... ungelöst* und danach in unzähligen Krimis geworden war. Mein Schicksal war besiegelt. Gleich würde eine Axt das Holz der Wohnungstür spalten. Wenn das eingebeilte Loch groß genug war, würde sich der Psychopath hindurchzwängen und ich nur Sekunden später unter den brutalen Schlägen seines Mordwerkzeuges mein Leben aushauchen, während der Sprecher der im Fernsehen laufenden *heute*-Nachrichten unbeteiligt dabei zusah. Resigniert stand ich also auf, um die Tür zu öffnen und den Störenfried hereinzubitten. Vielleicht konnte ich den Mörder durch meine unerwartete höfliche Geste verwirren und mein Lebensende noch einige Sekunden herauszögern? Oder aber ich nutzte das Überraschungsmoment, um mich an ihm vorbeizustehlen. Vielleicht würde ich es sogar bis zur Haustür schaffen? Dann waren es nur noch wenige Schritte bis zum Zeitungskiosk nebenan. Dort würde man mir helfen. Zumindest jedoch liefe der Mord an mir vor Zeugen ab, die meinen Mörder präzise beschreiben konnten, sodass er letztlich von der Polizei dingfest gemacht werden könnte. Ja, vielleicht würde ich heute Nacht in dieser großen anonymen Stadt in Westdeutschland sterben.

Kaum war nach dem Zusammenbruch des Ostens die neue Zeit im Westen für mich angebrochen, wäre sie auch schon wieder schlagartig beendet. Und dabei hatte ich noch nicht einmal Gelegenheit gehabt, mich ordentlich vom Kapitalismus ausbeuten zu lassen. Geschweige denn, eine Idee zu haben, wie ich mich selbständig machen könnte, um andere auszubeuten. Wie auch immer – ich hatte meine Lebenszeit sinnlos verstreichen lassen. Ich fügte mich meinem Schicksal und öffnete die Tür.

Vor mir stand ein circa eins achtzig großer junger Mann mit schmalem Schnauzbart. Er hielt einen Baseballschläger in der Hand. Ich schloss die Augen und wartete auf den Tod. Doch es passierte nichts. Er hielt sich die Finger vor seine geschürzten Lippen und machte «Pscht!».

War der Typ gestört? Erst klingelt er Sturm wie ein Einsatzkommando und zerboxt mit lautem Wummern beinahe meine Wohnungstür – und ich soll leise sein???

«Kann ich mal auf deinen Balkon?»

Klarer Fall: Der Mann war gestört.

«Ich bin der Mieter der Wohnung nebenan. Der Typ da drin wohnt nur zur Untermiete. Der hat seit Monaten nichts bezahlt. Ich will die Zecke raushaben. Ich muss mal eben über deinen Balkon in mein Wohnzimmer klettern.»

Aha.

«Na dann!», sagte ich.

Und schon stand der Baseballschlägermann auf meinem Balkon. Ich war wie ferngesteuert mitgelaufen und fand mich neben ihm stehend wieder. Hier passierte gleich was Spannendes! Sein Bein hing schon über der Balkonwand. Das blieb nebenan nicht unbemerkt, wie ich beim Blick durchs Wohnzimmerfenster in die Nachbarwohnung registrierte. Wie eine Rakete schoss der mir bis dato unbekannte junge Mann in der Nachbarwohnung vom Sofa hoch und rannte aus dem Zimmer. Der selbsternannte Gerichtsvollzieher mit dem Baseballschläger zog sein Bein auf den Balkon zurück, stürmte aus meiner Wohnung und setzte dem Fliehenden noch zwei Stockwerke nach. Dann kam er gemütlich wieder nach oben geschlendert. Die Wohnungstür nebenan stand offen.

«Na, dann werden wir uns jetzt wohl öfter sehen. Ich bin Uli», sagte Uli. «Der Typ war mal mein Kumpel. Der Verbrecher hat mich aber seit Monaten nur noch verarscht. Und beklaut hat er mich auch. Na ja. Ab heute wohne ich wieder hier. Wir sehen uns.» Sprach's und zog die Tür hinter sich zu. Das mit dem anonymen Sterben in meiner Wohnung würde nun also nichts mehr werden. Denn zumindest ein Nachbar wusste ja jetzt, wer in der Wohnung im vierten Stock/Mitte wohnt. Und wer in der Wohnung daneben nicht mehr wohnt.

Meinen Eltern verriet ich am besten gar nicht, welch ein Freak mein neuer Nachbar war. Sie hätten sich sonst große, große Sorgen gemacht und mich möglicherweise ins sichere, weil kaum noch bevölkerte Sangerhausen zurückgeholt. Aber ich wollte auf gar keinen Fall in die Kleinstadt zurück. Darum verschwieg ich meinen Eltern lieber auch den Typen aus der Wohnung weiter unten im ersten Stock.

Die ganz spezielle Macke dieses Menschen lernte ich einige Wochen nach dem Baseballschläger-Zwischenfall kennen. Eines Nachts erwachte ich schlagartig. Es war zwei oder drei Uhr morgens. Vom Hinterhof ertönten laute Schreie. Ein heftiger Streit schien sich unten im Haus abzuspielen. Der Krach drang dort durch ein offenes Fenster nach draußen, wo ihn der ganze Häuserblock sehr gut hören konnte. In den Wohnungen rund um den Hof gingen mehr und mehr Lampen an. Ein Mann brüllte mit vor Zorn zerrissener Stimme offenbar auf andere Leute ein. Und diese Leute waren Nazis, wie seinem Geschrei zu entnehmen war. Scheinbar befanden sie sich in seiner Wohnung. Er hielt ihnen sehr laut und gut hörbar vor, was für Arschlöcher sie seien und warum sie solche Arschlöcher waren. Und die Nazis hörten sich das an. Minutenlang. Und widersprachen rätselhafterweise nicht. Das war seltsam. Ich hätte erwartet, dass sie zurückbrüllen oder dass dort unten eine tödliche Schlägerei ausbricht. Ich hörte aber nichts außer dem Gekreische eines offenbar ernsthaft bedrohten Menschen. Widerspruch gegen sein Gekeife kam von anderer Stelle. Einem der anderen Hinterhofanrainer, den die hysterische Schimpftirade ebenfalls aus dem Schlaf gerissen hatte, platzte der Kragen. Er war im Gegensatz zu mir nicht bereit, sich das spannende Wortgefecht noch stundenlang weiter anzuhören, sondern brüllte in den Innenhof: «Halt dein Maul, du Vollidiot! Hast du wieder deine fünf Minuten? Ist wieder Vollmond, oder was? Friss deine Tabletten und gib endlich Ruhe, ich will pennen, du Arschloch!»

Und schon war Ruhe. Einige Wochen später kam wieder Gebrüll von unten. Diesmal fielen auch Schläge. Es hörte sich an, als ob dumpfe Gegenstände gegen die Wand geschlagen wurden. Nach einigen Minuten endete der Spuk wieder so unvermittelt, wie er begonnen hatte.

Ich fragte am nächsten Tag Uli, ob er wüsste, was da abging. Er klärte mich auf, dass der Typ aus dem ersten Stock eine schwere Psychose habe und ab und an nachts leider komplett austicke, wenn seine Pillen nicht mehr wirkten. Menschen mit Psychosen, echte Psychopathen also, hatte ich bis dato auch noch nicht erlebt! Mich interessierte, was der Mann mit der Nazimacke für eine Erscheinung war, und begann, ihm in sicherer Distanz aufzulauern. Irgendwann sah ich ihn mal aus dem Haus kommen. Er war eins neunzig groß, hatte lange Haare wie ein Heavy-Metal-Musiker und ein sehr freundliches Gesicht mit sanftem Blick. So gestört sah der gar nicht aus. Aber gerade das machte ihn unberechenbar! Hinter den unscheinbarsten Fassaden lauert in der Regel das größte Unheil – das weiß jeder Freund gepflegter Splatter-Unterhaltung.

Es war Samstagnachmittag. Ich hatte eigentlich frei und wollte mich gerade für ein kleines Nickerchen auf mein Sofa legen, da klingelte es an meiner Tür. Kein gutes Zeichen. Als es das letzte Mal geklingelt hatte, stand ein Mann mit einem Baseballschläger im Hausflur. Wer würde mir heute nach dem Leben trachten? In Erwartung meines Schicksals öffnete ich. Draußen stand der Psychopath aus dem ersten Stock. Na super! Warum gerade ich? Ich hatte doch niemandem was getan! Vermutlich war das aber genau der Grund, warum mich meine Nachbarn totschlagen wollten: Es gab kein Mordmotiv, also könnte die Polizei ihnen später nichts nachweisen. Ich schloss die Augen und war bereit für den Tod. Doch es passierte wieder nichts. Stattdessen fragte mich eine sanfte, jesusmäßige Stimme, die nicht im Entferntesten so klang, als würde sie nachts schreiend Nazis runterputzen, ob ich einen Teebeutel hätte.

Wie bitte? Einen Teebeutel? Aber selbstverständlich, drei Beutel Pfefferminztee lungerten noch in einer Teepackung herum, die ich mir mal wegen einer Erkältung gekauft hatte. Ich gab dem Mann seinen Teebeutel. «Hier, bitte.» Der Mann war Teetrinker. Er erlebte seine Nazi-Psychosen also auch noch stocknüchtern. Wie gruslig!

«Ah, danke, das ist wirklich sehr freundlich. Ich bring den zurück, das verspreche ich!» Ein Versprechen, das er ein paar Tage später tatsächlich einlösen sollte.

Einige Wochen darauf drang wieder wildes, unartikuliertes Geschrei raus auf den Innenhof, dazu donnerten aus der Wohnung des Nazimannes besonders kraftvoll ausgeführte Schläge. Meine Wand, zwei Stockwerke über ihm, wackelte direkt ein bisschen. Und ebenso spontan, wie die Attacke begonnen hatte, war sie auch wieder zu Ende.

Am nächsten Morgen auf dem Weg zur Arbeit sah ich, dass das Treppenhaus zwischen der Haustür und der Wohnung des Psychos mit Blutflecken übersät war. Der Türrahmen seiner Wohnungstür sah gar nicht gut aus, ein sehr kräftiger und brutaler Mensch musste ihn mit einem Hackebeil oder einem Gewehrkolben bearbeitet haben. Es hatte sich dort wohl letzte Nacht etwas sehr Tragisches abgespielt. Was das war, erfuhr ich nie. Vermutlich hatten sie ihn abgeholt. Denn von nun an war das Geschrei aus dem ersten Stock verstummt.

In der DDR wär das nicht passiert. Da gab es schließlich

keine Baseballschläger. Und keine Psychopathen. Und auch keine Nazis. Zumindest offiziell.

Ab sofort stellte ich meine Klingel ab. Wer was von mir wollte, hatte anzurufen!

Im Herbst 1992 lernte ich eine interessante Lebensmittelunverträglichkeit näher kennen, die mich dank meines mitteleuropäischen Metabolismus nicht betraf. Anschauungsobjekt dieser Unverträglichkeit war ein eins fünfundsiebzig großer, dem Klischee entsprechend immer lächelnder asiatischer Mann mit Namen Kozumo. Durch ihn erfuhr ich aus nächster Nähe, dass die bedauernswerten Menschen aus Ostasien keinen Alkohol vertragen, also noch schlechter als ich. Was echt jämmerlich ist.

Den armen Asiaten fehlt, ich hab's nachgeschlagen, das Enzym *Alkohol-Dehydrogenase*, das im menschlichen Körper – vereinfacht gesagt – Alkohol abbaut. Vermutlich, weil die Asiaten vor Tausenden von Jahren begannen, ihr Trinkwasser abzukochen, um Keime abzutöten. Wir Europäer haben unsere Durstlöscher aus diesem Zweck gebraut oder gären lassen. Dann ließen wir uns mit dem vergorenen Zeug volllaufen und haben uns gegenseitig unkoordiniert verprügelt. Die Asiaten haben heißes Wasser getrunken und sich koordiniert verprügelt. Seit ich das weiß, frage ich mich, warum die Leute in Asien heutzutage Bier und Wein und Pflaumenschnaps trinken. Sie vertragen das Zeug doch gar nicht! Schon nach einem Schluck bricht ihnen der Schweiß in Strömen aus, bevor sie schließlich noch mehr lächeln als sonst und wie ein Brett umfallen – das ist der Schnelldurchlauf.

Aber der Reihe nach. Kozumo Wakanawa war aus Osaka in die BRD gekommen. Beruflich machte er, was in meinen

Augen unüblich für einen Japaner war, nichts mit rohem Fisch, Mikrochips oder Kampfsport. Er war Konditor so wie ich und arbeitete in meiner Hannoveraner Konditorei. Wir hatten uns schnell angefreundet. Genau wie ich war er alleine in Hannover und kannte dort zunächst niemanden. Es ist ja so: Die einzigen Bekannten, die man für lange Zeit hat, wenn man in einen fremden Kulturkreis gerät, sind die Arbeitskollegen. Sie sind die einzigen Menschen, die man tagsüber zum Reden hat. Schon kurz nach Feierabend ist man allein, schlendert vielleicht noch kurz durch die Innenstadt und guckt sich die Auslagen der Schaufenster an. Oder die Werbeplakate. An eine eher schlechte Kampagne von damals kann ich mich noch erinnern, sie betraf das 1991 erschienene Album des Mainstreamrockers Richard Marx. Seine neue Platte wurde beworben mit dem Spruch «Karl Marx ist out, Richard Marx ist in». Was wohl Friedrich Engels dazu gesagt hätte?

Wie dem auch sei, ich war mit meinen zarten zwanzig Jahren noch nicht reif dafür, wie ein hungriger Wolf nachts durchs Unterholz des Hannoveraner Nachtlebens zu streifen, um im Schutz der Dunkelheit Witterung aufzunehmen, fremde Frauen anzusprechen und vielleicht mein Revier zu markieren, um letztlich das Feld zu bestellen und die eigenen Gene weiterzugeben.

Man hätte mir erst mal im Rahmen eines Volkshochschulkurses beibringen müssen, wie man das macht. Bisher bin ich immer mit anderen Leuten meines Alters zusammen in die Kneipe, ins Kino oder in die Disco gegangen. Aber hier in Hannover kannte ich am Anfang niemanden. Alleine aber hätte ich mich nie in eine Kneipe rein getraut. Alleine ins Kino zu gehen – das war noch im Bereich des Möglichen, denn im Kino war es schön dunkel, da fiel man nicht auf. Nicht mal als Brille tragender Einzelgänger aus der ostdeutschen Provinz, der der felsenfesten Überzeugung ist, dass ihm trotz neuer *C&A*-Klamotten und neutralen Fassonschnitts jeder die Herkunft ansieht. Vielleicht machte ich ja auf andere gar nicht den verklemmten und provinziellen Eindruck, den ich in dieser Zeit von mir selber hatte. Aber trotzdem: alleine in die Disco zu gehen – unvorstellbar. Fremde Mädchen anstarrend hätte ich mich sowieso nur sinnlos an Flaschenbier festgehalten. Zu schüchtern wäre ich gewesen, mal eine anzusprechen. Ich war außerdem Zielscheibe für häufige nicht böse gemeinte Nachwendescherze meiner westdeutschen Arbeitskollegen.

«Ey, Ossi, kennst du das hier? Das ist keine Kartoffel, das ist eine Kiwi.»

«Die kommt aus einem Land, in das ihr nie durftet.»

«Sag mal, wie war das eigentlich bei euch – es gab doch auch kein Brot zu kaufen, oder?»

«Durftet ihr im Kommunismus eigentlich Weihnachten feiern?»

«Kennst du das hier? Das sind Rosinen.»

Arschlöcher!

Eines Tages hatte der Juniorchef beim Aufräumen auf dem Dachboden einen überraschenden Fund gemacht, den er seinen Angestellten stolz präsentierte: «Guckt mal, was ich gefunden habe: Ein original *Care*-Paket. Das ist das, was sie damals nicht gekriegt haben, Herr Heinrich.»

Als hätte er einen Pokal gewonnen, reckte er eine mindestens hundert Jahre alte, riesige rostige Konservendose in die Höhe. Sie enthielt altes Nachkriegsschweineschmalz.

«Da bin ich aber froh, dass ich das nicht gekriegt habe!», sagte ich.

«Nanana! Noch so ein Spruch, und ich mach die Dose vor

Ihren Augen auf. Und Sie dürfen als Einziger dran schnuppern!»

Die dummen Sprüche schmerzten nicht, aber nervten. Größte und gleichermaßen einfachste Angriffsfläche bot wie schon in Augsburg mein Mansfelder Dialekt. In der gemeinsam abgehaltenen Frühstückspause krümmten sich die lieben Kollegen vor Lachen, wenn ich fragte, ob ich mal die «Buttor» haben kann. Doch den Zahn, sich wegen meines vermeintlichen Deppenidioms vor Lachen nass zu machen, zog ich den Kollegenschweinen bald. Ich gab mir beim Sprechen Mühe, und tatsächlich war der Dialekt nach einigen Monaten verschwunden – und ist es seitdem so gut wie geblieben. Mit der Zeit hatte ich dann auch den Bogen raus, die flachen Witzchen meiner lieben Kollegen durch eine trockene, tief fliegende und hochdeutsch artikulierte Replik ins Leere laufen zu lassen. Irgendwann hatten sie all ihre Munition komplett verschossen. Und ich meine Ruhe. Die Unterhaltungen mit den Kollegen fanden zunehmend auf einer sachlichen, ich möchte fast sagen, freundschaftlichen Ebene statt. Sie akzeptierten mich als vollwertiges Mitglied des Kollektivs. Der dumme Ossi hatte aufgehört zu existieren. Sogar der Juniorchef verwickelte mich ab und an in private Plaudereien. Eines Tages erzählte er mir jovial, in den Achtzigern an den Feiertagen abends immer DDR-Fernsehen geguckt zu haben, wegen «der Sendungen da». Er meinte *Erotisches zur Nacht*. Ob er sich «die Sendungen da» alleine angeguckt hat, band er mir natürlich nicht auf die Nase. Ich gab vor, von der Sendung mal *gehört* zu haben. Nie im Leben würde ich ihm beichten, dass ich mir die Blümchensexshow unter Aufsicht meiner Eltern angucken musste.

Hin und wieder startete ich jetzt sogar Freizeitaktivitäten mit meinen lieben Kollegen. Eines Tages schleiften sie mich auf das Hannoveraner Schützenfest, das größte Schützenfest der Welt, und zwangen mich, *Lüttje Lage* zu trinken – ein Gesöff aus Schnaps und Altbier. Der Delinquent schüttet sich das Zeug aus zwei Gläsern gleichzeitig in den Hals. Das Schnapsglas und das Bierglas muss er mit einer Hand halten. Das Schnapsglas liegt über dem Bierglas, die Kippbewegung schüttet den Korn ins Bier, und das Schnapsbier ergießt sich in den Rachen. Ungeübte Laientrinker bekleckern sich dabei mit ziemlicher Sicherheit, darum bieten die schadenfrohen Hannoveraner den Brauchtumsjungfern Schürzen oder Lätzchen an, mit denen sich die Lüttje-Lage-Novizen dann komplett lächerlich machen dürfen. Ein schönes Erlebnis vor allem für Leute, die umgehend würgen müssen, wenn sie Schnaps riechen, weil sie in ihrer Pubertät einmal viel zu viel davon intus hatten.

Der Einzige, der nie irgendwelche dummen Sprüche machte, war Kozumo. Das lag nicht daran, dass er wie ich aus dem östlichen Großraum hinter der Elbe kam. Für ihn war ich auch nur eine von den anderen Langnasen. Allerdings die einzige, die wie er ungebunden war, keine Freundin, Vereinsmitgliedschaft oder gar Familie am Bein hatte und darum über viel Freizeit verfügte. Nicht lange, und wir starteten gemeinsame Unternehmungen. Mit seinem alten, klapprigen VW Golf, den ich ihm – typisch gebrauchtwagengeiler Ostdeutscher – später abkaufte, machten wir Wochenendausflüge auf die Hamburger Reeperbahn, die Insel Fehmarn oder in die nähere Umgebung von Hannover. Im Herbst 1992 fuhren wir schließlich mit seinem *Golf 1* bis nach Bayern runter. Wir wollten unbedingt mal aufs Oktoberfest, von dem wir schon so viel gehört hatten und das wir insofern einfach mal mit eigenen Augen sehen wollten.

Seit diesem Trip mit Kozumo weiß ich, dass das Münchner Oktoberfest, obwohl es Oktoberfest heißt, im September stattfindet, in München *Wiesn* heißt und man dort nicht wegen der Fahrgeschäfte hingeht, sondern um zu saufen, bis man grün wird im Gesicht.

Nach unserer langen Autobahnfahrt stellten wir den total überhitzten *Golf* nicht im Münchner Zentrum ab oder irgendwo am Stadtrand, nein, wir parkten ihn in Murnau. Murnau liegt, das sei für alle Ortsfremden erwähnt, näher an Österreich als an München. Der Grund für die erst auf den zweiten Blick clevere Parkplatzwahl war, dass Kozumo im Murnauer Goethe-Institut nach seiner Ankunft in Deutschland einen Deutschkurs absolviert hatte und dort noch einige Leute kannte. Wir konnten uns also in München schön die Hucke volllaufen lassen, brauchten dort aber nicht in irgendeiner Hecke zu übernachten, sondern würden im Murnauer Goethe-Institut in einem ordentlichen Bett unseren Rausch ausschlafen.

In den Räumen des Goethe-Institutes hingen Werbeposter fürs Goethe-Institut. Lächelnde junge Menschen waren darauf zu sehen. Darunter standen Texte wie: «Juan und Carmen lieben sich, lernen Esperanto und möchten einen Europa-Buchladen in Helsinki eröffnen.» Warum auch nicht? Das war purer Internationalismus. Versponnen, aber nett. Ich war ja auch mit einem Japaner, der in Hannover als Konditor arbeitete, unterwegs zum Münchner Oktoberfest. In einer freien Welt schien alles möglich.

Dass Kozumo in Murnau Deutsch gelernt habe, erzählte er allen, die es wissen wollten. Wobei man bei Nachfragen dieser Art eher wissen wollte, welche Sprache er da eigentlich spricht, wenn er einem was erzählt. Deutsch war das nämlich definitiv nicht. Er artikulierte sich mit nie gehörten Lautverknüpfungen, die er nicht flüssig aneinanderreihte, sondern wie die Schläge beim Karate schnell miteinander kollidieren ließ.

Selbst mit seinem Japanisch konnte er nicht richtig punkten. In einem japanischen Restaurant, in das er uns – seine Arbeitskollegen – mal gelockt hatte, wollte er einmal so richtig angeben und hat beim Kellner auf Japanisch bestellt. Die Servicekraft hörte sich lächelnd die komplette Bestellung bis zum Schluss an. Dann sagte der Kellner höflich und auf Deutsch, dass er gerade leider kein Wort verstanden habe, denn er sei Koreaner und des Japanischen nicht mächtig. Was haben wir gelacht. Der arme Kozumo!

Auch ich habe Kozumo in all der Zeit nicht ein einziges Mal richtig verstanden, sondern lernte nach einer Weile, intuitiv zu erfassen, was er mir mit dem, das er für deutsche Sprache hielt, sagen wollte.

Kozumos unkaputtbare Wolfsburger Rostlaube hatten wir in Murnau abgestellt. Mit dem Zug ging es zurück nach München, wo wir am frühen Nachmittag dann einfach einer Horde Australier in Richtung Theresienwiese hinterhertrotteten. Australier sind die größte ausländische Volksgruppe auf dem Oktoberfest. Die Trinker vom Kängurukontinent schlafen tagsüber in eigens errichteten Zeltstädten auf Campingplätzen vor der Stadt ihren Rausch aus. Am frühen Abend fallen sie dann zur neuerlichen Biermahlzeit auf dem Oktoberfest ein. Auf Kozumos Drängen hin gingen wir umgehend in ein Bierzelt. Wobei Bierzelt ein viel zu bescheidener Begriff ist. Saufkathedrale ist der treffendere Terminus. Weiß man schon draußen auf der riesigen Theresienwiese nicht mehr, wo welche Himmelsrichtung ist, hat man in der riesengroßen Trinkhalle erst recht die Orientierung verloren. Am frühen Nachmittag ist es in den Bierzelten noch relativ leer, das war unser Glück. Wir setzten uns einfach an den nächstbesten freien Biertisch. Die Luft war noch klar und geruchsneutral. Das sollte sich nur wenige Augenblicke später ändern. Denn zwischen fünfzehn und sechzehn Uhr füllen sich auf ein geheimes Signal hin schlagartig alle Bierbänke von einer Sekunde auf die andere mit Saufwilligen. Die Luft trübt sich durch die vielen Körperausdünstungen schnell ein, und man versteht sein eigenes Wort nicht mehr, weil die Blaskapelle zu spielen beginnt. Das ist sie, die berühmte bayerische Gemütlichkeit, ein Stützpfeiler der vielbeschworenen deutschen Leitkultur, um die uns die ganze Welt beneidet.

Saufköpfe aus allen Erdteilen versammeln sich hier, um im zeltförmigen Picheldom drei Wochen lang täglich ihrem Gott, dem Wiesnwirt, Opfer zu bringen. Geldopfer. Unglaublich, welches Vermögen man für ein einfaches Bier und ein halbes vertrocknetes Hähnchen abdrücken muss. Ich bin mir sicher, dass besonders rücksichtslose, ausschließlich ihrer Leber und ihrem Bluthochdruck verpflichtete bayerische Oktoberfestgänger zur Finanzierung der alljährlichen Hirnzellenertränkung ihre armen Familien auf den Volksmusikstrich ins öffentlich-rechtliche Fernsehen schicken. Womit auch geklärt wäre, warum es nach wie vor so viele dieser Sendungen gibt.

Münchner Wiesnwirte sind die reichsten Menschen der Welt, sie sind noch reicher als russische Oligarchen. Weil Wiesnwirte aber äußerste Diskretion pflegen, weiß das keiner. Die steinreichen Zapfpaten sind noch verschwiegener, als es die *ALDI*-Päpste Karl und Theo Abrecht waren. Nie im Leben würde es einem Wiesnwirt in den Sinn kommen, sich nur zum Spaß flugzeugträgergroße Jachten zu kaufen, um nur einmal jährlich damit in See zu stechen, zum *Formel-1*-Rennen nach Monaco beispielsweise. Auf solche einfältigen Ideen kommen nur Leute wie der Internetgeldscheffler Kim Schmitz oder diese ordinären russischen Milliardäre. Münchner Wiesnwirte kaufen sich einmal jährlich einen neuen *BMW* und einen neuen Minister, das reicht. Der Freistaat Bayern gehört nicht der CSU, er ist das Eigentum der überschaubaren, verschwiegenen Kaste der Münchner Wiesnwirte, die jeder für sich mächtiger sind als ein popliges Drittweltland, das sich im Besitz der Atombombe befindet. Selbstverständlich werden die Lizenzen, die Voraussetzung sind, um auf dem Oktoberfest ein Bierzelt zu betreiben, jährlich nur pro forma ausgeschrieben. In Wirklichkeit stehen sie seit Jahrhunderten fest und werden vererbt. In Großbritannien wählt man ja auch nicht alle vier Jahre eine neue Queen.

Kaum hatten Kuzumo und ich unsere zwei Maß bestellt, standen die gläsernen Biertanks auch schon vor uns. Wir prosteten uns zu und tranken. Lecker war das! Und groß das Glas. Mehr als einmal lief mir das Bier zu beiden Seiten am Kinn runter, da ich beim Ankippen zu hastig vorging. Typischer Anfängerfehler. Doch am Ende der ersten Maß hatte ich den richtigen Dreh raus. Kozumo auch. Schnell stand die zweite Maß vor uns.

«Mann, die Bedienung ist verdammt flink!»

«Jae, proste, due!»

Wir tranken, als hätten wir nie was anderes getan. Und noch schneller lag Kozumos Kopf auf dem Biertisch, direkt neben der Maß, die mein Japaner immer noch mit einer Hand festhielt.

«Kozumo, was ist los? Bist du müde?»

Das wäre nach der langen Autobahnfahrt von Hannover nach Bayern nur allzu verständlich gewesen.

Keine Antwort. Er sah nicht mal auf. Seine Stirn lag wie festgetackert auf der Tischplatte. Ich bückte mich unter den Tisch und hörte ein leises Gurgeln. Dann sah ich die Bescherung: Aus meinem japanischen Kollegen brach es leidenschaftlich heraus. Hochkonzentriert, präzise und auf eine seltsam elegante Weise, wenn man mal davon absieht, dass er sich unter der Bierbank erbrach und nicht etwa, wie es sich auf dem Oktoberfest gehört, draußen vor einem Fahrgeschäft. Er hatte seinen Schädel mit der Stirn auf dem Tisch abgelegt, hatte den Mund aufgemacht und ließ es einfach aus sich rauslaufen. Seine Füße hatte er unter die Sitzbank gezogen, sodass beim Brechen seine Schuhe sauber blieben.

Völlig überflüssigerweise stellte ich ihm eine Frage: «Wie geht's dir?»

Er reckte den Daumen nach oben. Das konnte alles bedeuten. Sowohl: «Vielen Dank für die Frage. Ich antworte später, ich habe gerade den Mund voll.» Als auch: «Gerade war mir noch schlecht, aber gleich können wir weitertrinken. So jung kommen wir nicht mehr zusammen!»

Irgendwann hatte er fertiggegöbelt. Langsam hob er den Kopf, was ihn große Anstrengung kostete. Er sah erschöpft aus und hatte eine kranke Gesichtsfarbe, irgendwas zwischen Rot, Grün und Blau. Ich blickte auf die Uhr. Es war gerade mal kurz vor vier am Nachmittag.

«Habe falsche gegessene», versuchte er sich lächelnd zu entschuldigen.

So ein Komiker. Gar nichts gegessen hatte er! Sein asiatischer Teetrinker-Stoffwechsel war schlichtweg überfordert vom Oktoberfest! Aber nun war es auch egal. Eine viel zu große Menge Alkohol war bereits in Kozumos Blutkreislauf eingesickert. Die Invasion seiner Gefäße und der Verdauungsorgane war in vollem Gang. Ich blickte mich um, hoffentlich hatte keiner seine verdeckte Brechaktion mitbekommen! Oder man war in den Bierzelten solche Bilder gewohnt, vor allem von den internationalen Gästen aus den fernöstlichen Kulturkreisen.

Ich drehte mich zurück zu unserem Tisch und wollte einen schönen großen Schluck trinken, mir schadete das Bier ja nicht. Ich kam aber nicht dazu, sondern bekam einen ordentlichen Schreck. Kozumo war verschwunden. Er lag nicht unterm Tisch und nicht auf der Sitzbank. Er war verpufft. Einfach weg! Verdammt! Da hatte ich ihn nur kurz aus den Augen gelassen und jetzt das! Schlagartig war ich nüchtern, obwohl ich vorher gar nicht betrunken gewesen war. Was tun? Ich musste ihn suchen. Das hieß, ich musste mein für teures Geld gekauftes Bier zurücklassen und auch meinen schönen Sitzplatz aufgeben. Kozumo per SMS fragen, wo er steckt, ging nicht. Hier im Zelt hatte ich kein Netz. Ich hatte ja auch noch kein Handy. Handys gab es 1992 noch nicht. Es war auch noch nicht mal dran zu denken, dass man ein Telefon einfach so in die Hosentasche stecken kann. Abschweifende Gedanken, die ich damals ebenfalls nicht hatte. Ich stand kurz vor einer sehr berechtigten Panikattacke. Es hatte keinen Sinn, das Bierzelt zu verlassen, um auf dem riesigen Areal mit der Suche nach Kozumo zu beginnen. Ich musste außerdem dringend auf die Toilette und steuerte das Bierzeltklo an. Davor standen bayerische Lederhosenmänner, die Tränen in den Augen hatten, weil sie sehr lachen mussten. Im Lärm des zunehmenden Gedrängels drangen bayerische Sprachfetzen an mein Ohr: «Host du den gsehn?» und «Mei, is der fertig, der Zipfelklatscher, der japanische» oder so ähnlich.

Als ich die Tür zum Klo aufstieß, sah ich die Bescherung: Ach du meine Güte! Da versuchte ein windschiefer Kozumo hochkonzentriert, beim Pinkeln nicht in die Pissrinne zu rutschen. Sein Oberkörper hing über dem vollen Massen-Pissbecken, in das er langsam reinsackte. Ein übriggebliebener Funke Körperspannung schien gerade zu verglühen. Im letzten Augenblick zog ich meinen japanischen Freund an Land zurück, sonst wäre er in den stechend riechenden Hinterlassenschaften der Berggorillas versunken, die draußen vorm Klo über ihn lachten.

Das war es wohl für Kozumo mit dem Oktoberfest. Aber auch für mich. Ich hatte jetzt einen Pflegefall am Hals, den ich halbwegs heil zum Bahnhof schaffen musste. Ein Taxi würde ich mir nicht mehr leisten können. Also wuchtete ich den koordinationsunfähigen Sack Mensch zu einer U-Bahn-Station, was sehr viel Zeit in Anspruch nahm. Die Wege zum Oktoberfest, auf dem Oktoberfest und vom Oktoberfest weg sind lang. Erst recht, wenn man einen fremdländischen Besoffenen, der sein Limit nicht kennt und dessen Sprache man weder spricht noch versteht, davor bewahren muss, in sein eigenes Erbrochenes und das der anderen zu fallen. Erschwerend kam hinzu, dass die Fülltoleranz meiner Blase am Ende war. Der ziehende Schmerz einer pflückreifen Bierschwangerschaft hatte sich zwischen meinen Lenden eingenistet. Langsam und breitbeinig laufend, erreichte ich mit meinem sturmreif geschossenen Blutsbruder unterm Arm die Bahnhofshalle, wo ich Kozumo auf der nächstbesten Sitzbank ablegte. Ich konnte nicht mal mehr richtig gucken, vor lauter Schmerz stand mir das Wasser in den Augen. Meine Blase war wie ein prallgefülltes Kondom, das gerade bei der Klassenabschlussfahrt aus dem vierten Stock der Jugendherberge geworfen wurde und jeden Moment auf dem Parkplatz zerplatzt. Es konnte sich nur noch um Sekunden handeln, bis sie detonierte.

«Kozumo, ich bin gleich wieder da, ich muss mal dringend aufs Klo!»

Ob meine Worte überhaupt zu ihm durchdrangen? Egal, er würde mir schon nicht weglaufen.

Als ich unglaublich erleichtert und mit rot unterlaufenen Augen vom Bahnhofsklo zurückkam, empfing mich ein Déjà-vu. Mein Japaner hatte sich erneut in Luft aufgelöst! Womit hatte ich das bloß verdient? In einer fremden Großstadt un-

ter lauter fremden Menschen hatte ich, ein schmaler Provinzler aus dem Mansfelder Land, eine asiatische Alkoholleiche am Hals, die ständig verschwand! Als wäre diese Strafe nicht schon groß genug gewesen, erlebte ich das alles auch noch nahezu nüchtern.

Es half nichts, ich musste Kozumo aufstöbern, bald würde unser Zug fahren, und da hatte er unter allen Umständen mit drinzusitzen. Ich ging zum Bahnhofsmanagement oder Serviceschalter oder wie das damals zu Zeiten der Deutschen Bundesbahn noch hieß. Eine Frau saß dort.

«Entschuldigen Sie bitte, ich müsste jemanden ausrufen lassen.»

«Jo mei, wie ist denn der Name der Person, bitt schön?»

«Kozumo Wakanawa ist der Name, der kommt aus Japan.»

«Ja, des hört ma! Könnens des nochamal langsam sagn?»

«K-O-Z-U-M-O W-A-K-A-N-A-W-A.»

«Na. Des wird nix.»

«Wie bitte?» Ich war nicht kurz davor zu verzweifeln, ich war mittendrin.

«Hier hams des Mikrophon, rufns den fei selber aus, i wui mir net die Zunge brechn.»

Sie schob mir das Mikrophon vor die Nase und drückte auf einen Schalter. Mir wurde heiß und kalt, ich würde jetzt zu mehreren tausend Menschen sprechen, die sich gerade in der riesigen Halle des Münchner Hauptbahnhofs befanden. Ich würde das Gleiche tun wie ein Radiomoderator. Das wollte ich doch immer! Ich räusperte mich. Und los: «Achtung, Achtung, Herr Kozumo Wakanawa wird dringend gebeten, sich umgehend am Schalter des Bahnhofsmanagements zu melden. Ich wiederhole: Herr Kozumo Wakanawa wird dringend gebeten, sich am Schalter des Bahnhofsmanagements zu melden. Vielen Dank!»

Der Nachhall meiner Worte war gigantisch. So laut hatte ich mich noch nie sprechen hören. Kurz flackerte ein Spurenelement Allmachtsphantasie in mir auf.

Ich gab der Frau ihr Machtinstrument zurück, bedankte mich und wartete.

Und wartete.

Und wartete.

Der Zug nach Murnau stand schon länger abfahrbereit am Gleis. Zwei Minuten noch, dann wäre er weg, es war der letzte Zug, der an diesem Abend nach Murnau ging.

Ich rannte zum Bahnsteig und stieg ein. Mir war alles egal. Das verdammte Goethe-Institut würde ich schon irgendwie finden, und wenn Kozumo, sollte er die kalte Septembernacht irgendwie überleben, morgen mit Kopfschmerzen erwachte, würde auch er über kurz oder lang nach Murnau zurückkehren, er war schließlich kein Kind mehr. Ich stieg also ein und lief langsam durch den anfahrenden Zug. Und wen sah ich da im Sitz hängen? Meinen lieben grüngesichtigen japanischen Kollegen, diesen zähen Burschen! Erstaunlich!

Er schien matt zu lächeln. Ich wertete dies als Zeichen, dass er am Leben war. Japaner sind Großmeister darin, Probleme einfach wegzulächeln. Selbst wenn das Problem eine Kernschmelze ist, die sich gleichzeitig in mehreren Atomkraftwerken abspielt: Einfach lächeln, und die Katastrophe ist aus der Welt. Wir Deutschen hingegen lächeln nicht mal, wenn wir gar keine Probleme haben. Denn wenn wir keine Probleme haben, haben wir ja damit auch wieder ein Problem. Wir können noch so viel von den Japanern lernen. Nur die Sache mit dem Alkohol, die haben wir Deutschen eindeutig besser raus!

Wenn ich nicht gerade Abenteuer mit einem Japaner bestand, der sich in einer Phantasiesprache artikulierte, stand ich am Backofen der Hannoveraner Konditorei und stieß präzise wie ein Uhrwerk rohe Backwaren in den schwarzen Ofenschlund hinein und zog sie, heiß dampfend und ausgebacken, wieder heraus. Ich trocknete filigranen Eierschaum zu feinen Baisernaschereien und buk schweren Hefeteig zu delikatem Weihnachtsstollen. Die harte, heiße Arbeit machte mir nichts aus. Diese Gleichförmigkeit jedoch belastete mich zusehends und machte mich immer nachdenklicher. Ich hatte doch noch so große Pläne in meinem Leben. Die ganze Welt stand mir offen. Reisefreiheit, Berufswechsel, Showbusiness: Alles schien möglich. Und doch war der junge, leidenschaftliche Mann, der so viel Feuer in sich verspürte, hier im Kellergeschoss einer Konditorei gestrandet. So konnte es nicht weitergehen. Ich musste da raus. Diesmal nicht durch einen Rausschmiss wie in Augsburg. In der kleinen, feinen Hannoveraner Konditorei hätte man mir auch gar nicht gekündigt, da ich mich am Backposten unentbehrlich gemacht hatte.

Also reichte ich selbst sechs Wochen vorm Quartalsende meine schriftliche Kündigung ein. Vorgeblich wegen einer neu ausgehandelten Festanstellung in einer anderen Firma, die mir mehr Geld zahlte. Das schien mir glaubwürdiger, als in die Kündigung zu schreiben: «Ich will in Ruhe einige mir am Herzen liegende Projekte verwirklichen und mich selbst finden.» Mich selbst zu finden hätte zu dieser Zeit aber nicht mal ein Privatdetektiv geschafft. Ich wusste ja gar nicht, was ich wollte. Ich wusste nur, was ich definitiv nicht wollte: als Backofenposten in einer Kellerbackstube versauern. Und dann noch in Hannover!

Meine Kündigung schlug ein wie eine Bombe. Denn klugerweise hatte ich mir für meinen Absprungtermin mit Ende September den perfekten Zeitpunkt ausgesucht: das extrem brummende Geschäft in der langsam heraufziehenden Vorweihnachtszeit. Wenn im Spätsommer noch die Freibäder geöffnet haben, taktet sich so eine Backstube langsam, aber zielorientiert auf das weihnachtliche Fressfestival am Jahresende ein. Stollen, Lebkuchen, Baumkuchen – bereits Ende August startet die Herstellung der etwas länger haltbaren Weihnachtsleckereien. Nicht selten rettet das Weihnachtsgeschäft einem kleinen Betrieb die Jahresbilanz. Alle Mitarbeiter müssen jetzt an einem Strang ziehen, keiner darf aus der Reihe tanzen. Krankschreibungen gelten als Vaterlandsverrat. Die Arbeitstage dauern in diesen Wochen gerne mal zwölf Stunden – länger, als es draußen hell ist. Man kommt im Dunkeln und geht im Dunkeln. Sechs Tage pro Woche. Alles! Muss! Klappen! Vor allem am Backofen.

Und da kam ich mit meiner Kündigung an. Nie werde ich den entsetzten Gesichtsausdruck meines Seniorchefs vergessen. So guckt nur jemand, dessen Familienfirma gerade vom obersten Stadtsowjet enteignet wurde.

«Herr Heinrich, wie stellen Sie sich das vor? Das geht nicht, Sie wissen, wir brauchen jetzt jeden Mann!»

«Ja, ich weiß, es geht aber nicht anders. Die wollen mich so schnell wie möglich einstellen.»

«Und die können nicht noch warten?»

«Nein, die haben ja auch Weihnachtsgeschäft. Je eher ich da anfange, umso besser.»

«Hm. Was kann ich denn tun, damit Sie noch bis Jahresende hierbleiben?»

«Aber ich kann doch gar nicht hierbleiben. Ich fange doch Anfang Oktober woanders an, steht doch alles in meiner Kündigung.»

«Ja, ich hab's gelesen. Aber das geht so nicht. Also, was kann ich Ihnen anbieten?»

Kunstpause meinerseits. Was jetzt? Ich wollte mir doch mit meiner Kündigung ausgerechnet die extrem kräftezehrende Arbeit vor Weihnachten ersparen, die für den Mann am Backofenposten zum auslaugenden Knochenjob wurde. So hart wie ich vor Weihnachten musste nicht mal ein Stahlwerker am Hochofen ackern! Verdammt! Ich musste härtere Geschütze auffahren. Ich sagte also: «Ich rede mal mit denen. Brutto vierhundert Mark mehr, das wäre dort mein Einstiegsgehalt.»

Einstiegsgehalt als Backofenposten, haha. Ich konnte kaum glauben, was ich da gerade zusammenlog. Aber vielleicht ließ er mich gehen, wenn ich mehr Geld wollte. Denn ein bisschen knauserig war der alte Patriarch schon.

«Hmm. Sie kriegen aktuell zweitausendzweihundert Mark brutto und wollen jetzt auf einen Schlag vierhundert mehr. Herr Heinrich, das ist natürlich sehr viel Geld auf einmal. Ich weiß nicht. Hm. Geben Sie mir Bedenkzeit bis morgen, dann teile ich Ihnen mit, ob das möglich ist.»

Verdammt, ich wollte hier raus! Und man ließ mich nicht. Verrückte Welt.

In der folgenden Nacht schlief ich denkbar schlecht, obwohl ich fünf Dosen Bier getrunken hatte. Am nächsten Tag quälte mich ein Kater. Beinahe hätte ich nicht mitbekommen, wie mein Chef an mir vorbeirauschte und mir mit unbewegter Miene zuraunte: «Geht klar.»

Hä? Ich bekam auf einen Schlag mehr Geld? Ich musste nur ein bisschen drohen – das war ja einfach! Allerdings saß ich jetzt bis Silvester in der Falle. Na egal, dann hatte ich danach mehr Kohle zur Verfügung, um wirklich erst mal in Ruhe ein bisschen auszusetzen – zumindest bis mein Zivildienst anfing.

Doch wie würde es dann weitergehen? Was würde mir die Zukunft bringen? Würde ich eine Karriere als professioneller Dauerarbeitsloser einschlagen, der ausgefuchste Gegenstrategien zur Dauerdrangsalierung durchs Arbeitsamt entwickelt, um nur ja nicht in stupide Beschäftigungsverhältnisse vermittelt zu werden? Man muss nur feine, idiotische Rechtschreibfehler in seine infantil formulierten Bewerbungen einbauen, auf den unterbelichteten Passbildern debil an der Kamera vorbeigucken und leicht schielen. Das im Mund steckende, leicht durch die halbgeöffneten Lippen quellende Pferdegebiss aus dem Scherzartikelladen verstärkt die abschreckende Wirkung. Der Lebenslauf ist außerdem dezent mit Fettflecken zu garnieren, die nach Leberwurst riechen. Wie viele andere ausgefuchste Strategien würde ich entwickeln, nur um bloß nie wieder regulär arbeiten zu müssen? Würde ich mich vielleicht mit einer todsicheren Geschäftsidee selbständig machen? Würde ich endlich doch als rollender DJ durchs Land fahren und auf Hochzeiten und achtzigsten Geburtstagen die großen Hits der Flippers und die auch in hundert Jahren noch tanzbaren, versauten Klassiker von Roland Kaiser abspielen? Würde schon kurze Zeit später mein großer Traum, als beliebter Radiomoderator die Menschen zu fanatisieren, in Erfüllung gehen? Ich wusste es nicht. Nur eins war mir klar: Der Kapitalismus war eine Gesellschaftsordnung, auf die mich meine Jugend im Sozialismus bestens vorbereitet hatte. Denn nur in einer Gesellschaftsordnung, die ihre Prinzipien jeden Tag anders auslegt, lernt man, aus Lügen Wolkenkuckucksheime zu bauen. Und dafür bekommt man auch noch von einem auf den anderen Tag mehr Geld. Jetzt war ich offenbar endlich im Westen angekommen.

Und heute?

Ab dem 3. Oktober 1990 gab es plötzlich keinen Bezirk Halle mehr. Man hatte uns dem Bezirk Magdeburg zugeschlagen und das Ergebnis *Sachsen-Anhalt* genannt, womit ich überhaupt nichts anfangen konnte. Mein Land war dieses Kunstgebilde jedenfalls nicht. Doch das ist jetzt zwei Dekaden her. Die Wiedervereinigung ist erledigt. Seitdem lautet die Frage aller Fragen: Wie geht's mit mir weiter?

Ich habe den Zivildienst hinter mich gebracht und viele Länder bereist. Ich habe in Hannover gewohnt, in München-Schwabing und in Berlin-Wedding, ich habe sogar in Stuttgart gewohnt. Zwischenzeitlich bin ich tatsächlich für knappe zehn Jahre beim Radio gelandet. Ich habe mehrstündige Interkontinentalflüge absolviert, um Städte auf Erdteilen zu bereisen, die trister aussehen als Orte im Südharz. Ich durfte unglaubliche Dummköpfe kennenlernen, die erschreckend viel Einfluss hatten. Und ich traf sehr kluge Menschen, die ungerechterweise unfassbar einflusslos sind. Wie früher in der DDR. Ich konnte Vergleiche anstellen. Und ich kann mit Gewissheit sagen: Wer rumkommt, hat genug Gelegenheiten, Vorurteile abzubauen. Aber auch, neue Vorurteile zu entwickeln. Ich bin älter geworden. Höre ich mal Radio, murmele ich immer häufiger: «Von dem Lied, das da gerade läuft, kenne ich noch die Originalversion!» Nach einem Abend in der Kneipe mit lediglich vier Bier bin ich noch zwei Tage später wie gelähmt. Früher habe ich am nächsten Morgen einmal kurz den Kopf geschüttelt, und der Kater war verschwunden. Jetzt bin ich Zeuge meines schleichenden Verfalls und auf dem besten Weg, alkoholmäßig ein Japaner zu werden. Sowieso trinke ich mittlerweile lieber Rotwein als Bier, aber in Maßen. Gern unternehme ich ausgedehnte Spaziergänge und drehe zu Hause die Musik leiser, wegen der Nachbarn. Manchmal gucke ich nachts heimlich Helene-Fischer-Videos auf YouTube (mit Kopfhörern).

Mein Körper wird komisch. Einige Jahre nach der Wende litt ich plötzlich, aus heiterem Himmel, an Katzenallergie. Als Kind hatte ich sehr häufig mit Katzen gespielt, ohne Atemprobleme oder brennende Augen zu bekommen. Wenn ich nun so ein Tier streichelte, ließen mich meine blutunterlaufenen Augen und mein röchelnder Atem schon nach wenigen Augenblicken wie einen Suchtkranken aussehen, bei dessen Erscheinen man besser die Straßenseite wechselt. Ich ähnelte jemandem, der tagelang in einer Bahnhofskneipe die Aschenbecher ausgeleckt hat.

Eine Staubmilbenallergie bekam ich seltsamerweise auch. Betrete ich irgendwelche Wohnungen mit Teppichen oder Auslegeware, überfällt mich eine anstrengende Niesattacke. Als ob mein Gehirn den Beschluss gefasst hätte, durch die Nase in die Freiheit zu fliehen – irgendwohin, Hauptsache weg von hier und auf keinen Fall in ein Taschentuch!

Fürs Auftreten von Staubmilbenallergie braucht es die namensgebenden Staubmilben bzw. deren Kot, weswegen sie eigentlich Staubmilbenkackeallergie heißen sollte. Das klingt aber nicht gut. Außerdem wäre dann jedem erschreckend klar, dass unzählige winzige Krabbeltiere unablässig damit beschäftigt sind, einem die Wohnung vollzukacken. Und was fressen diese Tierchen so? Die Hautschuppen, die man abends ins Sofa rieseln lässt, während man ahnungslos daliegt und *Wetten, dass ...?* kuckt. Herabrieselnde Vergänglichkeit, gelebter Verfall, der sofort aufgefressen, verdaut und ausgeschieden wird. Will man daran erinnert werden, wenn man sich beim Dermatologen die Allergien aus dem aufgedunsenen Unterarm lesen lässt? Nein.

Warum litt ich in achtzehn Jahren DDR nie an einer Allergie? Dieses kleine dreckige Land war doch so unglaublich verseucht! Die Luft war pures Gift. Wegen der vielen Kohleheizungen im Osten bestand sie zu einhundert Prozent aus Schwefel und war trotzdem noch aufnahmefähig für Autoabgase, die ja überwiegend von Zweitaktmotoren rausgeblasen wurden. Deren Abgase waren ein Gemisch aus Ölqualm und purem Blei. Ja, ich habe jahrelang Blei eingeatmet – bleifreies Benzin gab es im Osten nicht, mit Ausnahme einiger weniger Tankstellen an Transitautobahnen. Jahrelang habe ich exakt das in meine unschuldigen Lungen gezogen, was man bei unerforschten Planeten als lebensfeindliche Atmosphäre bezeichnet. Außerdem hatte ich auch den Mund voller Blei, ich kaute täglich darauf rum. Die DDR-Zahnärzte stopften die Löcher in den Zähnen ihrer wehrlosen Patienten serienmäßig mit hochtoxischem Amalgam, und zwar alternativlos, nachdem sie ohne Betäubung mit groben Bohrern riesige Krater in die zarten Beißer geschlagen hatten. Ich aß Obst und Gemüse, das sich bis unter die Schale mit Insektiziden vollgesaugt hatte. Ich trank Bier, das in Wirklichkeit flüssiger Giftmüll war, der auf keinen Fall ins Grundwasser gelangen darf. Und man versuchte, mich vermittels Zeitungen und riesigen, im ganzen Land herumstehenden Tafeln lückenlos mit sozialistischen Parolen zu indoktrinieren. Aber trotz allem hatte ich zu DDR-Zeiten keine Allergie – weder als körperliche Abwehrreaktion noch psychosomatisch.

Warum dann jetzt, wo die Luft sauber, das Wasser klar

und ich endlich frei war? Griff mein über Nacht arbeitslos gewordenes Immunsystem aus purer Langeweile den eigenen

Körper an?

So oder so: Ich versuche, auf halbwegs gesunde Ernährung zu achten, und denke einmal pro Woche daran, joggen zu gehen. Das tue ich dann zwar nicht, aber immerhin denke ich schon daran.

Hin und wieder koche ich selbst, aber Kuchen backe ich so gut wie nie. Backen macht Dreck, das schaumig gerührte Fett-Zucker-Ei-Gemisch spritzt in unerreichbare Ecken, und Mehlstaub setzt sich auf den Küchenschränken ab. Ich bin schlicht zu faul, den ganzen Kladderadatsch hinterher wegzuputzen. Wenn meine Frau mal einen Kuchen backt, gucke ich ihr aber beim Teigrühren zu und weise sie diplomatisch darauf hin, was sie gerade falsch macht. Ich muss es ja wissen. Gelernt ist gelernt. Ich werde ebenfalls nie verlernen, jeden Handgriff so effektiv wie möglich zu setzen. Schnelles und effektives Handeln liegt mir im Blut, seit ich Glied in einer Produktionskette namens Backstube war. Wie ein Berserker wirbele ich beim Ausräumen der Spülmaschine durch die Küche oder verstaue bei *Aldi* flink alle Produkte in der Tüte, mit denen die Kassenfrau mich bewirft, nachdem sie sie eingescannt hat. Noch bevor sie mir sagt, was ich zu zahlen habe, ist mein Einkauf fix und fertig verstaut. Und darum macht es mich auch fuchsig, wenn vor mir einer dieser entspannten Bremser zuerst bezahlt und dann in aller Seelenruhe seinen Kram einpackt. Er hat ja gerade passend bezahlt und hält es für sein gutes Recht, sich mit dem Einpacken bis zum Ladenschluss Zeit zu lassen. Ich entwickle richtiggehenden Hass, wenn ich nicht an meine Waren komme, weil dieser Lahmarsch den Bereich zwischen meinem Kaufkram und mir für sich okkupiert hat! Ich glaube, ich wäre als Vorgesetzter eine menschliche Katastrophe. Pausenlos würde ich meine verängstigten Mitarbeiter zu noch mehr Schnelligkeit antreiben, aber auch zum Ableisten dringend nötiger Überstunden anhalten. Ein Glück, dass ich kein Chef bin.

Und sonst?

Sangerhausen ist entvölkerter als vor zwanzig Jahren. Sobald an Wochentagen die Geschäfte in der Innenstadt schließen, sind die schmalen Straßen menschenleer. Als zufälliger Besucher der Stadt kommt man sich dann vor wie der letzte Überlebende einer Pandemie, die alles Leben hinweggerafft hat. Dennoch empfiehlt sich Sangerhausen derzeit noch nicht als Kulisse für Endzeitfilme oder Zombieserien wie *The Walking Dead*, denn dafür sehen die Häuser der Stadt viel zu gepflegt aus.

Wer sich gerne gruselt und eine Geisterstadt sehen möchte, die den Niedergang des Ostens genau so illustriert, wie man sich das gemeinhin vorstellt, sollte sich ins thüringische Altenburg wagen und dort direkt durchs Stadtzentrum schlendern. Der gruslige Anblick sich selbst auflösender Altbausubstanz in bester Innenstadtlage ist ein feines Schmankerl für Freunde des Morbiden.

Altenburg wäre ein idealer Veranstaltungsort für ein internationales Gothic-Festival. Vielleicht ist die Stadt ja schon Forschungsobjekt von Naturwissenschaftlern. Denn in ihr findet man reichhaltige Anschauungsbeispiele, wie die erodierende Kraft von Wind, Wasser und Sonneneinstrahlung an den steinernen Zeugen der menschlichen Zivilisation nagt.

Kurz gesagt: An den zahllosen verrotteten ehemaligen Mietshäusern im zerbröselnden Stadtzentrum von Altenburg kann man sehen, wie die Welt eines Tages ohne uns Menschen aussieht. Selbst ich war beeindruckt, und ich habe wirklich schon viel Schreckliches gesehen.

Auch die Sangerhäuser Mammut-Brauerei steht längst nicht mehr. Dort, wo engagierte Braumeister einst *Mammut Hell* und *Edel Bräu* zusammenbrauten, steht heute ein gigantischer *Kaufland*-Supermarkt, der sich bezeichnenderweise auch über das Areal des vorher bereits platt gemachten städtischen Kulturhauses erstreckt.

Die Marke *Mammut* scheint nun für alle Zeiten im Bier-Nirwana verschwunden zu sein. Meine Recherchen im Internet und bei Zeitzeugen lassen darauf schließen. Apropos schließen: Das musste zuletzt auch das städtische Kino. Allmählich scheinen in Sangerhausen die Lichter auszugehen. Von meinem Ausbildungsbetrieb steht nur noch die vordere Fassade, ein Ladengeschäft versteckt sich darin. Wenn ich heute durch Sangerhausen laufe, dann beginne ich meine Sätze immer häufiger mit «Hier stand doch mal ...». Ich bin noch keine siebzig, aber rede schon wie ein Kriegsveteran.

Immerhin arbeitet das städtische Krankenhaus noch. Doch auch dies ist längst ein Teil eines renditefixierten Krankenhauskonzerns. Aber solange noch ausreichend Alte, Kranke, Schwache und Unfallopfer der Geschäftsbilanz der Klinik am Ende des Geschäftsjahres eine schwarze Zahl bescheren, ist der letzte große Arbeitgeber in Sangerhausen nicht von einer akuten Schließung bedroht. Noch nicht.

Sangerhausen ist heute eine Stadt mit Lücken. Häuser verschwinden, große und kleine Wiesen entstehen. Still und leise wird die Stadt zukunftsfähig gemacht. Denn wenn sich die Menschen nach dem Zusammenbruch der Eurozone und dem endgültigen Versiegen des Erdöls wieder an das Wunder der Subsistenz zurückerinnern und wie früher ihr Getreide, Gemüse und Obst als Selbstversorger anbauen, müssen viele Städte erst urbar gemacht werden. Sangerhausen hingegen ist es dann längst.

Die Toten von Sangerhausen werden mittlerweile immer häufiger per anonymer Feuerbestattung unter die Erde gebracht. Nicht mangelndes Geld, um die Bestattung zu bezahlen, ist der Grund dafür, sondern die Tatsache, dass niemand mehr da wäre, um ein normales Grab zu pflegen. Die Angehörigen der beerdigten Toten sind längst aus Sangerhausen weggezogen. Weit weg. Auch die Asche meines Vaters liegt an einer namenlosen Stelle unter Gras.

Ich denke oft darüber nach, was durch die deutsche Einheit alles anders geworden ist. Hatte sie nicht auch ihr Gutes? Reden wir zum Beispiel übers Fernsehprogramm. Wo dürften denn die grinsenden Janker-Innereien Florian Silbereisen und Andy Borg all ihre hausmeistergesichtigen, alpenländischen Volksmusikhampelmänner noch präsentieren, wenn es die Stadthalle Chemnitz, die Erdgas-Arena Riesa und die Lausitzhalle Hoyerswerda nicht gäbe?

Außerdem wären viele drogensüchtige Fernsehmanager mit Spielschulden ohne die Einheit und die segensreiche Existenz der langjährigen Wohlfahrtseinrichtung namens Mitteldeutscher Rundfunk gezwungen gewesen, tatsächlich arbeiten gehen zu müssen.

Und womöglich – und Gott bewahre! – hätte sich im Kanzleramt ohne die deutsche Einheit nicht die schlitzohrige und abgebrühte Ex-FDJlerin Angela Merkel breitgemacht, sondern das heimtückische hessische Lippengesicht Roland Koch. Der wiederum längst in der freien Wirtschaft arbeitet – wo man heute offenbar mehr Macht hat als in der Politik. Außerdem gibt's dort mehr Geld zu verdienen.

Viele Ostdeutsche sind mittlerweile aus den neuen in die gebrauchten Länder gezogen. Und eine kleine Anzahl westdeutscher Spätaussiedler hat sich den Osten zum Lebensraum auserkoren. Davon haben doch alle was! Nicht nur die

NPD, deren Führungspersonal, namentlich Holger Apfel und Udo Pastörs, aus dem Westen kommt und jetzt im Osten Propaganda gegen den Zuzug von Ortsfremden macht. Verrückt.

Doch in unserem Land ist Platz für alle, nicht nur für die unheilbar Schizophrenen – an dieser Stelle entschuldige ich mich bei allen echten Schizophrenen für den NPD-Vergleich.

Die deutsche Einheit sorgt auch dafür, dass sich Menschen mit Orientierungsschwierigkeiten besser zurechtfinden. Denn welche Läden finden wir in allen, wirklich allen deutschen Innenstädten? Richtig: *H&M*, *Starbucks*, *Fielmann*, *Karstadt* und *McDonald's*. Knapp achtzig Millionen Individualisten essen das gleiche Essen, tragen die gleichen Klamotten und hören dieselbe Musik im Radio. Egal also, wie stark uns die PS-Anzahl unter der Haube auseinanderdividiert – wir stehen landesweit zur selben Radiomusik einheitlich im Stau, weil auf allen Hitradiowellen dieselben zehn Lieder in *Heavy Rotation* durchgenudelt werden. Man könnte das glatt Kommunismus nennen.

Darüber hinaus telefonieren die meisten auch noch mit dem gleichen Smartphone, das in einem kommunistischen Land gebaut wurde.

Deutsche Einheit heißt aber auch: bittere Realität – regelmäßig verdrängt. So wissen milliardenschwere Steuerflüchtlinge und Zahnärzte oft nicht, dass ihr *Porsche Cayenne* in Leipzig gebaut wurde. Von Ostdeutschen! Die im Übrigen – auch das dürfte vielen neu sein – ebenfalls Solidaritätszuschlag zahlen. Für sich selber! Völlig verrückt.

Die harmlosen Überreste der DDR findet man schon längst im Museum. Weniger harmlose Überreste sind immer noch unterwegs in der Weltgeschichte, zum Beispiel alte NVA-Panzer, die von der frisch wiedervereinigten Bundesrepublik in die Türkei verkauft worden sind. Die türkische Armee schüchtert seit Jahren mit den immer noch fahrtüchtigen Ungetümen die Kurden ein.

Tja, und meiner alten Heimatstadt drücke ich die Daumen. Vielleicht kommt ja doch irgendwann mal ein Märchenprinz mit einer prall gefüllten Investorenschatulle und ernsthaften Ambitionen. Vielleicht baut er in der verwunschenen Kleinstadt eine aufstrebende mittelständische Firma auf, von deren bioenergetischem, CO_2-neutralen Geschäftsmodell wir alle derzeit noch keinen blassen Schimmer haben. Sie könnte zukunftsfähige Produkte herstellen, selbstreinigende Erwachsenenwindeln etwa, oder GPS-gesteuerte *Bobby Cars*, die fliegen können. Vielleicht besteht ja zum Beispiel das Smartphone, wie wir es heute kennen, in einigen Jahren nur noch aus einem Stück Folie? Flugzeuge mit Solarantrieb, *Segways*, glutenfreier Schinken, Intimrasur, *Bubble-Tea* und ähnlicher Firlefanz waren ja vor wenigen Jahren auch noch komplett unbekannt. Insofern: toi, toi, toi.

Ein Hinweis noch in Sachen Hintergründe zur DDR: Die Schilderungen derjenigen, die gegen den Strom schwammen, Dinge beim Namen nannten, die dem Staatsapparat die Stirn boten oder den Rücken zudrehten – die also den Zorn des Systems heraufbeschworen –, finden sich in einschlägiger Literatur, zum Beispiel im extrem spannenden Roman «Krokodil im Nacken» von Klaus Kordon.

Sehr lesenswerte Hintergründe, Zusammenhänge und ernüchternde Geheimnisse über die DDR, die auch mir teilweise neu waren, stecken in den sehr gut zu lesenden Berichten namens «Generation Fußnote» des Ex-DDR-Journalisten und Insiders Klaus Taubert. Das Buch wird, soviel ich weiß, leider nicht mehr verlegt. Aber immer mal wieder gibt es gebrauchte Exemplare davon im Internet zu kaufen.

Danksagung

Dieses Buch basiert auf dem Hörbuch «Als ich ein FDJler war – eine Kreisstadtjugend mit Systemwechsel». Julia Vorrath vom Rowohlt Verlag ist es zu verdanken, dass aus einer Live-CD mit einigen lustigen Jugendgeschichten eine intime Lebensbeichte zum Nachlesen wurde.

Ich danke meiner Familie und Freunden in Sangerhausen, meiner Frau sowie DJ Örny für Auskünfte sowie Claudia Ruther und Sandra Hülse für wertvolle Ratschläge und Hinweise. Dank und Grüße gehen auch an Gerald Neuschl, Falk Freygang, meine Facebook-Gutfinder, Twitter-Follower, YouTube-Abonnenten und an alle Käufer dieses Buches.

MIX
Papier aus verantwortungsvollen Quellen
FSC® C014496

Das für dieses Buch verwendete FSC®-zertifizierte Papier *Lux Cream* liefert Stora Enso, Finnland.